TRAITÉ

DES

BIENS PARAPHERNAUX.

TRAITÉ

DES

BIENS PARAPHERNAUX,

Par M. Xavier Benoit,

AVOCAT,

Auteur du *Traité de la Dot.*

GRENOBLE,

PRUDHOMME, IMPRIMEUR-LIBRAIRE, ÉDITEUR,

RUE LAFAYETTE, Nº 5.

PARIS, RUE DES POITEVINS, Nº 7.

1834.

PRÉFACE.

Lorsque je me livrai à la composition du *Traité de la dot* que j'ai publié en 1829, j'eus l'intention de consacrer un chapitre de cet ouvrage à l'explication des principes relatifs aux biens paraphernaux ; je recueillis d'abord quelques matériaux, mais je m'aperçus bientôt que cette matière, féconde en questions graves et difficiles, ne pouvait être traitée dans les bornes étroites que je lui avais assignées : dès-lors je conçus le dessein d'en faire l'objet d'un traité particulier ; je le livre aujourd'hui au public.

Personne avant moi n'avait écrit sur ce sujet, parce que les écrivains jurisconsultes n'avaient pas cru, sans doute, qu'on pût lui donner quelques développements utiles. M. Toullier ne leur a consacré que quelques pages dans son chapitre sur le régime dotal, et M. Duranton s'est contenté de rappeler les dispositions du Code sur la matière.

Les nombreuses questions que nous avons agitées dans ce livre feront voir au lecteur combien un ouvrage spécial sur les biens paraphernaux était devenu nécessaire. La jurisprudence, bien loin d'éclairer l'étude des principes qui leur sont propres, n'avait fait que la rendre plus difficile. On avait généralement mal interprété les dispositions de la loi relatives à cette matière, en un mot, on ne les avait pas comprises. Nous croyons avoir été plus heureux ; l'opinion de la magistrature et du barreau confirmera, nous l'espérons, notre conviction.

Les mauvaises doctrines, en droit, peuvent avoir des résultats trop funestes pour les justiciables, pour qu'un jurisconsulte ne fasse pas tous ses efforts pour les combattre ou les dénoncer aux tribunaux; c'est cette pensée qui m'a fait rapporter dans le cours de ce traité un nombre d'arrêts peut-être un peu trop grand, mais dont il était urgent de signaler les erreurs; je me suis, au reste, livré à leur critique avec cette réserve consciencieuse qui doit régner dans toute discussion ayant pour objet la recherche de la vérité.

Cette partie polémique de mon travail a

fait naître en moi une pensée qu'il est peut-être utile de manifester ici, bien qu'elle soit étrangère à mon sujet : il existe en France un grand nombre de jurisconsultes dont l'autorité est devenue, en quelque sorte, une nécessité dans l'examen des questions importantes; pourquoi ces jurisconsultes ne se réuniraient-ils pas pour créer un journal critique de la jurisprudence et de la doctrine des auteurs? à quelle entreprise plus utile pourraient-ils consacrer leurs profondes connaissances et la pureté de leur jugement ?

Et qu'on ne pense pas que cette critique, essentiellement impartiale et désintéressée, pût attaquer l'indépendance de l'opinion du magistrat : en réfutant ses décisions on respecterait la religieuse conviction qui les aurait dictées, car en France le titre de magistrat fut toujours la garantie de la probité la plus sévère.

Ce journal aurait pour résultat de préparer les éléments d'une révision éclairée du Code civil; de fixer les points sur lesquels le législateur devrait arrêter plus particulièrement son attention; de concourir, en un mot, au perfectionnement de cette œuvre conçue par le grand génie de Napoléon et exécutée par les plus habiles jurisconsultes de l'époque.

Puisse la pensée que je viens d'émettre frapper l'esprit de nos grands maîtres et les déterminer à cette publication ! Ils en recevraient bientôt la plus douce récompense : le succès de leur précieuse entreprise et la reconnaissance de leurs concitoyens.

TABLE

DES CHAPITRES ET PARAGRAPHES.

CHAPITRE V.

TRAITÉ

DES

BIENS PARAPHERNAUX.

CHAPITRE PREMIER.

Quels biens sont réputés paraphernaux.

1. Nous apprenons par la loi 9, ff. *de jur. dot.*, que les biens extra-dotaux étaient connus des peuples de l'antiquité : les Grecs les appelaient παράφερνα, mot composé qui veut dire *en dehors de la dot*; les Gaulois *peculium; pecule, ce qui appartient en propre.* Long-temps avant Ulpien, Aulu-Gelle avait expliqué ce qu'on entendait à Rome par biens paraphernaux : *Quando mulier*, dit cet auteur, *dotem marito dabat, tum, quæ ex suis bonis retinebat, neque ad virum transmittebat, ea recipere dicebatur : sicuti nunc quoque in venditionibus, quæ excipiuntur neque veneunt.* Sous l'ancien droit français, les pays de droit écrit, régis par le droit romain, en avaient adopté les principes sur les paraphernaux. On les divisait en deux classes : l'une comprenait les biens que la femme s'était réservés, soit expressément, soit tacitement par son contrat de mariage; dans l'autre se plaçaient tous

les biens qui étaient échus à la femme pendant le mariage, soit par donation, succession ou par toute autre voie légitime (voy. Merlin, *Répertoire*, mot *Paraphernal*). Dans les coutumes d'Auvergne et de la Marche, qui admettaient aussi les biens para- phernaux, on y suivait aussi cette distinction qui n'avait au reste aucune influence sur la solution des questions qui s'élevaient sur la matière.

2. Dans la coutume de Normandie les parapher- naux ne se composaient pas des mêmes biens que dans les provinces de droit écrit. On entendait par biens paraphernaux, dans cette coutume, les meu- bles servant à l'usage de la femme « comme seraient « lits, robes, linge, et autres de pareille nature » (art. 39 de cette coutume); aussi Loyseau, dans son *Traité du Déguerpissement*, liv. 2, chap. 4, dit, en voyant la femme si mal partagée, que « le pa- » raphernal des femmes, en Normandie, est leur » *infernal*, parce que ce n'est qu'un effet de leur » misère et de leur mauvaise fortune. »

3. Sous le droit actuel la loi répute parapher- naux « tous les biens de la femme qui n'ont pas » été constitués en dot » (Cod. civ., art. 1574). Il semblerait, d'après cette définition, que tous les biens qui ne font pas partie de la constitution de dot, proprement dite, sont paraphernaux; cependant ce serait une erreur de le croire; car les biens donnés par contrat de mariage à la femme ne sont pas pa-

raphernaux, bien qu'ils n'aient pas été constitués en dot dans le sens rigoureux de cette expression. La loi les déclare dotaux, mais c'est par une disposition spéciale; l'art. 1541 dispose, en effet, que tout ce que la femme se constitue, *ou qui lui est donné par contrat de mariage, est dotal*, s'il n'y a stipulation contraire. Il faudrait donc ajouter à l'article 1574, pour compléter sa définition, ces mots: *ou qui ne lui ont pas été donnés par contrat de mariage.*

4. Puisque tous les biens qui ne sont pas dotaux à la femme sont paraphernaux, il est nécessaire de bien connaître quand les biens de la femme sont frappés de dotalité. Avant la promulgation du Code civil, c'était une grande question dans les pays de droit écrit, que celle de savoir si les biens de la femme qui se mariait sans contrat de mariage étaient dotaux ou paraphernaux; nous avons rapporté dans notre *Traité de la Dot*, tom. 1er, p. 13, toutes les autorités que l'on pouvait invoquer pour arriver à la solution de cette question; on peut y recourir au besoin. Aujourd'hui, pour que les biens deviennent dotaux, il faut : 1° que les époux stipulent leurs conventions matrimoniales dans un contrat de mariage authentique ; 2° qu'ils y déclarent formellement se soumettre au régime dotal ; 3° qu'il y ait une constitution de dot. Il faut qu'il soit dressé un contrat authentique, parce que si les époux se mariaient sans contrat, ils seraient censés s'être

soumis au régime de la communauté, droit commun
de tous les Français qui n'y dérogent pas. Il faut,
en second lieu, qu'il y ait soumission expresse au
régime dotal, parce que ce régime formant exception au droit commun, il faut que l'intention des
parties qui l'adoptent soit clairement manifestée;
enfin, il faut qu'il y ait une constitution de dot,
parce que, sans constitution dotale, alors même
que les époux aurait déclaré se soumettre au régime
dotal, les biens de la femme ne jouiraient pas des
avantages de la dotalité. Mais dès le moment que
ces trois conditions ont été remplies, tous les biens
constitués en dot ou donnés par contrat de mariage
à la femme deviennent dotaux et sont inaliénables;
dès ce moment aussi tous les biens de la femme qui
n'ont pas été désignés dans le contrat comme formant la constitution de dot, ou qui lui échoient pendant le mariage, sont paraphernaux.

5. Nous venons de dire que sans constitution de
dot il n'y a pas de dotalité, alors même que les
époux ont déclaré se marier sous le régime dotal;
telle est l'opinion de M. Toullier, tom. 14, p. 58.
Cet auteur décide aussi que dans ce cas tous les
biens de la femme sont paraphernaux; voici comment il s'explique sur ces deux points : « Il ne suf-
» fit pas, sous l'empire du Code, aux époux qui
» désirent que les biens de la femme soient soumis
» à toutes les règles du régime dotal, de faire,
» dans leur contrat de mariage, la déclaration,

» même la plus expresse, qu'ils se soumettent à ce
» régime ; il faut, de plus, qu'il soit constitué une
» dot à la future ; sans cette condition, la déclaration
» de se soumettre au régime dotal perdrait son effet
» caractéristique, celui de donner au mari la
» jouissance des biens de la femme pour supporter
» les charges du mariage; elle produirait, néan-
» moins, l'effet d'*une séparation de biens contrac-*
» *tuelle;* car, en déclarant expressément qu'elle
» veut se soumettre au régime dotal, exclusif par
» sa nature de la communauté légale, et en ne se
» constituant point de dot, quoiqu'en se soumettant
» au régime dotal, elle a voulu que tous ses biens
» fussent paraphernaux, conformément à l'ar-
» ticle 1574, afin de s'en réserver l'administration
» et la jouissance. »

Nous avions également professé cette opinion dans
notre *Traité de la Dot*, t. 1er, p. 6; toutefois, nous
ne croyons pas, comme le pense M. Toullier, que
la déclaration des époux de se soumettre au régime
dotal produise à la fois l'effet d'*une séparation de
biens contractuelle* et qu'elle rende paraphernaux
tous les biens de la femme : il y a entre ces deux cas
des nuances qui s'aperçoivent facilement. La clause
qui imprime aux biens de la femme le caractère de
paraphernalité ne ressemble en rien à celle qui aurait l'effet d'établir une séparation de biens entre les
époux : ce n'est pas par induction que peut s'établir
entre ces mêmes époux un contrat de séparation de
biens; il faut aussi une stipulation formelle, sans

quoi ils retombent sous l'empire de la communauté, comme dans le cas où il n'y a pas eu soumission expresse au régime dotal.

6. Remarquons cependant qu'à l'opinion que nous venons d'émettre avec M. Toullier, que le seul effet de la soumission au régime dotal est de rendre paraphernaux les biens de la femme, on peut faire de graves objections : ainsi, on peut dire qu'en suivant cette doctrine il peut y avoir adoption du régime dotal sans dotalité, ce qui implique contradiction; en second lieu, que s'il fallait une constitution expresse et une indication spéciale des biens qu'on voudrait rendre dotaux, il deviendrait inutile d'obliger les époux de déclarer sous quel régime ils veulent se marier; enfin, qu'en se soumettant au régime dotal, les époux ont exclu par là tous les autres régimes sous lesquels ils pouvaient contracter et par conséquent toutes les règles qui régissent les biens des époux dans ces divers cas, d'où la conséquence forcée que les principes de la dotalité sont les seuls applicables dans l'hypothèse de la soumission au régime dotal sans constitution. Ces raisons qui, nous devons le dire, ne sont pas sans force, sont sans doute celles qui ont déterminé M. Bellot-des-Minières à se déclarer pour l'opinion contraire à la nôtre, dans son *Traité du Contrat de mariage*, tom. 4, p. 16. « Relativement aux biens que la » femme apporte elle-même en mariage, dit cet auteur, si elle a dit qu'elle se soumettait au régime

» dotal, et qu'aucune dot ne lui soit faite, *la dot*
» *ne s'entend que des biens qu'elle a ; mais tout ce*
» *qu'elle a s'y trouve compris.* » Cette doctrine est
aussi professée par M. Dalloz, qui après avoir longuement examiné la question, termine sa discussion
par cette conclusion : « Et ne serait-ce pas, en effet,
» renverser les règles fondamentales du régime et
» s'écarter en même temps de l'intention manifeste
» des parties, que déclarer, dans ce cas, tous les
» biens de la femme paraphernaux? Les parties ont
» dit, en termes exprès, qu'elles voulaient se ma-
» rier sous le régime dotal, et par là elles ont voulu
» dire évidemment qu'elles soumettaient leurs biens
» aux règles constitutives de ce régime, si, par des
» clauses ultérieures de leur contrat, elles ne déro-
» geaient pas expressément à ces règles. Or, la
» règle essentielle du régime dotal n'est-elle pas la
» dotalité actuelle ou future de tout ou partie des
» biens présents ou à venir de la femme? Sous le
» régime dotal, en un mot, la dot n'est-elle pas la
» règle, et le paraphernal l'exception ? Cela est si
» vrai que, sans l'existence d'une dot, le régime
» dotal n'a aucun caractère qui le distingue du sys-
» tème de la séparation de biens. »

Malgré l'opinion de ces jurisconsultes estimables
et les raisons sur lesquelles elle est fondée, nous
persistons à penser que pour que les biens soient
dotaux il faut qu'ils aient été constitués en dot ; et
que, dans le cas contraire, lorsqu'il y a d'ailleurs
soumission au régime dotal, tous les biens de la

femme sont paraphernaux; c'est la conséquence inévitable de la combinaison des art. 1541, 1542 et 1574. C'est, au reste, ce qu'a jugé formellement la cour de Limoges, le 4 août 1827, en ces termes :

« La cour, attendu qu'aux termes de l'art. 1391 du Code civ., lorsqu'une femme se marie sous le régime dotal, les droits sont réglés par les dispositions du chap. 3, tit. 5, du contrat de mariage; — Attendu que, d'après les art. 1541, 1542 et 1574 du même Code civ., il résulte qu'il n'y a de dotal que les biens qui ont été *constitués* en dot, et que ceux qui ne l'ont pas été sont paraphernaux; — Attendu dès-lors que la soumission au régime dotal n'est pas suffisante pour rendre les biens dotaux, qu'il faut encore qu'ils aient été constitués en dot; infirme, etc. »

7. On juge depuis long-temps à la cour de Grenoble qu'il n'est pas nécessaire que la constitution de dot soit faite en termes formels; qu'elle peut résulter de l'ensemble des clauses du contrat de mariage, et notamment de la procuration irrévocable donnée au futur époux pour régir et administrer les biens de la future. L'arrêt le plus remarquable rendu par cette cour, sur cette question, est intervenu dans l'espèce suivante.

Agathe Joubert et Barthélemy Perrin contractent mariage le 10 ventôse an XII, les époux déclarent adopter le régime dotal. Antoine Joubert père constitue pour dot à sa fille le quart de tous ses biens présents à titre de préciput. Par une clause postérieure Agathe Joubert institue Barthélemy Perrin, son futur époux, pour son procureur irrévocable à l'effet de gérer et administrer tant les biens donnés que ceux à venir, sans pouvoir jamais les aliéner ni les hypothéquer pour quelques causes que ce soit. Le 26 janvier 1821 Barthélemy Perrin et sa femme souscrivent une obligation envers le sieur Serve et lui confèrent une hypothèque sur une pièce de terre. Ensuite de cet acte obligatoire, commandement et saisie de l'immeuble hypothéqué ; opposition de la part d'Agathe Joubert qui demande la nullité de l'obligation de l'hypothèque et de la saisie ; 16 janvier 1824, jugement du Tribunal de Saint-Marcellin qui ordonne, avant dire droit, la composition de masse de la succession de Joubert père, pour ne lui en être néanmoins expédié que le quart à titre de dot. — Appel ; arrêt. — « Attendu que les époux Perrin et Joubert ayant déclaré se marier sous le régime dotal, la dotalité des biens qui devaient échoir un jour à Agathe Joubert, tout comme celle des biens qui lui avaient été donnés et constitués par son père, peut résulter de l'ensemble des clauses du contrat de mariage, quoiqu'il n'y ait pas eu de stipulation précise de constitution de biens à venir ; — Attendu que ladite Joubert ayant, de l'autorité d'Antoine Joubert, son père, constitué Barthélemy Perrin, son futur époux, pour son procureur irrévocable, tant des biens donnés que de ceux à venir, sans que ce dernier pût jamais les aliéner ou hypothé-

quer, pour quelque cause que ce fût, a par là suffisamment manifesté son intention de soumettre
tous ces mêmes biens, sans distinction, au régime
dotal; — Attendu que vainement l'intimé invoque
en sa faveur la deuxième partie de l'art. 1542 du
Code civ., qui dispose que la constitution, en termes
généraux, de tous les biens de la femme ne comprend pas les biens à venir; que cet article n'est
nullement applicable à l'espèce, puisque le contrat
de mariage ci-dessus rappelé contient une stipulation expresse pour les biens à venir, qui, les assi-
milant à ceux donnés par le père, ne laisse aucun
doute sur l'intention des contractants de les rendre
tous également dotaux; par ces motifs, la cour réforme, etc. »

Cet arrêt est rapporté avec plusieurs autres dans
le *Journal de la jurisprudence de la cour royale
de Grenoble*, tome 2, pag. 57 et suivantes. On peut
encore voir dans le *Recueil d'arrêts* de cette même
cour, par M. Villars, pag. 245, deux autres décisions entièrement conformes. Malgré l'uniformité
de cette jurisprudence, nous n'avons pu nous déterminer à en adopter les principes; voici les raisons
qui nous ont entraîné dans l'opinion contraire.

Les biens de la femme qui se marie ne perdent
rien de leur caractère primitif; ils sont libres dans
ses mains jusqu'à ce qu'elle les ait déclarés dotaux
par une stipulation expresse; car, sous le Code civil, nous ne reconnaissons point de constitution
tacite de dot. Alors même que la femme a déclaré

dans son contrat de mariage adopter le régime dotal, elle n'a rien encore fait pour imprimer à ses
biens le caractère de dotalité ; caractère indélébile
qui a presque toujours une grande influence sur
l'avenir de la femme et des enfants. Ainsi, retenons
bien que la liberté des biens est le droit commun,
que les époux soient mariés sous le régime de la
communauté ou sous le régime dotal, et que la dotalité est l'exception ; or, il est constant, en doctrine,
que lorsque les parties veulent sortir du droit commun et se placer dans une exception, elles ne
peuvent le faire que par une clause expresse, claire
et décisive; qu'on ne peut arriver à ce résultat par
la voie d'interprétation ou de conséquence, voie
toujours dangereuse et que l'on doit écarter dans
l'intérêt des tiers dont les droits ne peuvent être lé-
sés pour une clause obscure ou conjecturale. Ce point
reconnu, les biens de la femme qui s'est soumise au
régime dotal restent paraphernaux, à moins qu'il
n'y ait constitution en dot : tous les biens de la
femme qui n'ont pas été constitués en dot sont paraphernaux (Cod. civ., art. 1574); tout ce que la femme
se constitue ou qui lui est donné en contrat de mariage est dotal (Code civ., art. 1541).

Maintenant que faut-il considérer comme constitution de dot? Peut-on en voir une dans la clause
où la femme institue son mari pour son procureur
général et irrévocable? Mais la femme qui a des paraphernaux et qui veut en abandonner l'administration à son mari pendant toute la durée du mariage,

ne peut-elle pas aussi insérer une pareille stipulation dans son contrat? Comment alors fera-t-on la distinction des deux cas? Qu'a d'ailleurs de commun l'institution d'un procureur fondé irrévocable avec une constitution de dot? Est-ce parce qu'alors la femme, en abandonnant la régie et les fruits de tous ses biens à son mari, est censée avoir renoncé aux droits que lui donne la paraphernalité? Mais encore une fois, la femme qui charge irrévocablement son mari de gérer ses biens paraphernaux, renonce bien aussi au droit de réclamer les fruits de ces mêmes biens paraphernaux; mais pense-t-on qu'en conférant ces droits à son époux elle abandonne par là la faculté de les aliéner? Non sans doute; et c'est dans cette faculté que réside principalement le caractère de paraphernalité, qui ne peut se perdre que par une constitution de dot explicite. Ah! sans doute, si après avoir nommé son mari son procureur irrévocable pour gérer ses biens, la femme faisait insérer la clause suivante : *lesquels biens sont déclarés inaliénables*, point de doute alors que le contrat ne renfermât tous les caractères de la dotalité. C'est là qu'est le vif de la question : c'est parce que dans l'institution du procureur irrévocable ne peut être comprise la renonciation à la faculté d'aliéner qu'on n'en peut rien conclure en faveur de la dotalité des biens de la femme.

Et combien ce raisonnement, qui nous paraît décisif, n'acquiert-il pas de force lorsque la création du procureur irrévocable n'a lieu, comme dans

l'espèce de l'arrêt ci-dessus, qu'après que la femme
s'est fait une constitution de dot réelle et spéciale
d'une partie de ses biens ! Comment supposer alors
que la femme qui vient de se constituer 20,000 fr.
de dot, par exemple, alors qu'elle a une fortune
de 60,000 fr., ait voulu comprendre d'une manière
indirecte, implicite, dans sa constitution dotale, les
40,000 fr. restant, lorsqu'elle pouvait le faire d'une
manière formelle? N'est-il pas plus naturel et plus
rationnel de penser que si elle ne s'est constitué
que 20,000 fr. en dot, c'est qu'elle a voulu se réserver le surplus en paraphernal? et si elle a institué son époux pour gérer et administrer ces 40,000 f.,
c'est qu'elle a pensé qu'il était plus convenable à
ses intérêts qu'il en fût ainsi; pourvu que la faculté
d'en disposer lui fût réservée, c'est tout ce qu'elle
pouvait désirer.

Ne faut-il pas, d'un autre côté, considérer l'intérêt des tiers dans la solution de la question qui
nous occupe; et alors, lorsque la femme, interprê-
tant elle-même son contrat de mariage, se sera
obligée envers un tiers en prenant le titre de femme
libre en ses biens paraphernaux (comme dans l'espèce posée); lorsque, d'un autre côté, le tiers aura
pris connaissance du contrat de mariage et qu'il y
aura vu une constitution de dot particulière, fixe et
déterminée, ne devra-t-il pas penser, comme il sera
légalement autorisé à le faire par l'art. 1574, que
ce qui n'a pas été compris dans cette constitution
spéciale est demeuré paraphernal à la femme? Eh!

qui pourrait raisonnablement lui faire le reproche d'avoir conçu telle idée, lorsque la loi elle-même le décide d'une manière si formelle? Comment pourra-t-il concevoir que celle qui s'est fait une constitution de dot d'une partie de sa fortune ait voulu y comprendre tacitement l'autre, lorsqu'elle n'avait qu'un seul mot à dire, 60, par exemple, au lieu de 20, pour que sa constitution fût claire et précise?

Enfin, comment concilier cette jurisprudence avec la disposition finale de l'art. 1542 qui dispose que la constitution, en termes généraux, de tous les biens de la femme, ne comprend pas les biens à venir? Dans l'espèce de l'arrêt que nous avons rapporté il y a, il est vrai, une clause spéciale pour cette espèce de biens; mais elle pouvait ne pas s'y trouver, et si la seule institution du mari pour procureur irrévocable dotalise à elle seule tous les biens de la femme dans les contrats où cette clause ne serait pas insérée, il faudrait cependant conclure, avec la jurisprudence que nous combattons, que dans cette stipulation générale se trouvent compris les biens à venir, ce qui est manifestement contraire à l'art. 1542.

Remarquons au reste que la cour de Grenoble a déjà rendu un arrêt contraire à son ancienne jurisprudence, arrêt qui confirme pleinement notre doctrine; en voici l'espèce, telle qu'elle est rapportée au tom. 5, pag. 445, du journal de cette cour:

« Jean-Louis Rostaing et Henriette Charlet ont contracté mariage le 9 septembre 1810; les con-

ventions matrimoniales portent que le futur et la
future se constituent respectivement leurs biens et
droits ; que le mari est établi procureur général et
irrévocable de la femme, et que les parties se prennent avec leurs droits et sans avantages. — Le 8
septembre 1819, André Rostaing, père de Jean-
Louis, fit son testament, par lequel il légua à Henriette Charlet, sa belle-fille , la moitié des fruits et
usufruits de ses biens, et institua son fils pour son
héritier universel ; il décéda en cette volonté. — En
1820 , Jean-Louis Rostaing, débiteur de Joseph
Vincent, vendit plusieurs immeubles aux sieurs
Ronin, Blain et Vincent ; une partie du prix de la
vente fut déléguée au sieur Vincent. En cet état,
Henriette Charlet demanda, contre son mari, la
séparation de biens, qui fut prononcée par jugement du 15 novembre 1820. Le 28 du même mois,
le mari et la femme procédèrent à règlement, de
conformité à l'art. 1444 du Code civil. Ils firent
deux lots des immeubles restant au pouvoir du
mari, les tirèrent au sort, et celui qui échut à la
femme lui fut adjugé, pour y exercer le droit d'usufruit que lui avait légué son beau-père. Dans ce
même acte de règlement, la femme protesta de tous
ses droits relativement aux immeubles provenant
d'André Rostaing, qui avaient été aliénés par son
mari, et se réserva d'en poursuivre les détenteurs ;
son mari lui donna l'autorisation nécessaire. — En
conséquence, le 1er février 1821, Henriette Charlet
donna assignation aux sieurs Blain, Eyme et Ronin

devant le tribunal de Die, pour entendre prononcer
le délaissement de la moitié des immeubles par eux
acquis, provenant de la succession d'André Rostaing, son beau-père, pour, par elle, jouir de ladite
moitié, en vertu du testament de ce dernier, suivant le partage qui en serait fait. Les sieurs Vincent
et Jean-Louis Rostaing furent assignés en garantie.
Le 19 janvier 1828, le tribunal de Die rendit jugement, par lequel il déclara Henriette Charlet mariée
sous le régime de la communauté, et attendu qu'elle
n'avait ni répudié ni accepté la communauté, la
déclara non recevable en l'état, tous droits réservés.
— Le 10 mars suivant, Henriette Charlet fit au
greffe du tribunal de Die la déclaration que, dans
le cas où elle serait considérée comme mariée sous
le régime de la communauté, elle y renonçait. —
Après cette déclaration, et le 20 du même mois de
mars, elle s'est rendue appelante du jugement du
tribunal de Die. Devant la cour, elle a soutenu
qu'elle était mariée sous le régime dotal, puisqu'elle
s'était fait une *constitution générale*, et qu'elle
avait institué son mari pour *son procureur général
et irrévocable;* que dans l'esprit de l'art. 1392 du
Code civil, il n'y avait pas de termes sacramentels
exigés pour la soumission au régime dotal, et que
c'était aux magistrats à décider si les stipulations
du contrat manifestaient suffisamment l'intention
des époux de se soumettre au régime dotal; que,
dans l'espèce, l'élection du mari pour procureur
général et irrévocable était surtout une preuve

évidente de la volonté des époux, parce que cette élection, inutile dans le régime de la communauté, sous l'empire duquel le mari est, de droit, administrateur des biens de la communauté et de ceux personnels de son épouse, ne peut s'appliquer aujourd'hui qu'au régime de la dot, comme sous le droit ancien. Sur ces observations, arrêt en ces termes :

« Attendu que le contrat de mariage d'Henriette Charlet avec Jean-Louis Rostaing ayant eu lieu sous le Code civil, et ne contenant point la déclaration expresse que les époux entendaient se soumettre au régime dotal, il s'ensuit qu'ils sont censés avoir adopté le régime de la communauté; qu'il importe peu que, dans ce contrat, la Charlet ait investi son futur du titre de son procureur général et irrévocable; que si, en effet, plusieurs arrêts de l'ancien parlement et de la cour royale ont décidé que cette clause suffirait pour établir la dotalité, ces arrêts ont été rendus sur des contrats qui avaient eu lieu avant la publication du Code, à une époque où le régime dotal était de droit commun dans le ressort de la cour; mais il ne saurait en être de même, depuis que c'est au contraire le régime de la communauté qui est devenu le droit commun de France, la cour, etc. »

On peut aussi voir un autre arrêt de la cour de Limoges, du 4 août 1827.

8. De quelle nature seraient les biens apportés par

la femme en mariage, dans le cas où les époux se seraient soumis au régime dotal et auraient inséré dans
leur contrat la clause suivante : « La future déclare
que les biens qu'elle possède sont d'une valeur de
100,000 fr., sur lesquels il en sera livré au mari
pour 50,000 fr., dont les fruits ou intérêts seront
employés à soutenir les charges du mariage? » Nous
croyons qu'il faudrait décider que la moitié des biens
livrés au mari seraient dotale et l'autre moitié paraphernale : cela nous paraîtrait du moins résulter
de cette distinction faite par les époux en biens livrés au mari pour subvenir aux besoins du ménage
et en biens réservés par la femme; mais nous pensons que tous les biens seraient paraphernaux si le
contrat portait : « La femme a déclaré que les biens
qu'elle possédait étaient d'une valeur de 100,000 fr.,
dont la moitié des fruits ou intérêts seront perçus
par le mari pour l'aider à supporter les charges du
mariage. » Ici, n'y ayant ni constitution de dot, ni
abandon des biens au mari avec réserve du surplus, il ne peut s'élever de doute sur la véritable
intention des parties. Il est évident que la femme a
voulu conserver tous ses biens en paraphernaux,
sauf à elle à remettre à son mari une partie de ses
revenus pour les besoins communs.

9. Que faudrait-il décider dans le cas où les époux,
après avoir déclaré se soumettre au régime dotal,
auraient stipulé dans le contrat que tous les biens de
la femme seraient paraphernaux, mais néanmoins

inaliénables, même quant aux fruits qui seraient consommés dans le ménage? Nous pensons que dans cette hypothèse tous les biens de la femme seraient dotaux malgré la stipulation contraire; car dans ce contrat n'y ayant d'opposé à la dotalité que le mot *paraphernaux*, il faudrait s'attacher plutôt à l'intention des parties contractantes qu'au sens littéral des termes : *in conventionibus, contrahentium voluntas potius quam verba spectari placuit* (L. 219, ff. *de verb. oblig.*; Cod. civ., art. 1156); et tous les caractères de la dotalité se trouvant réunis dans cette stipulation : l'inaliénabilité, la destination de la totalité des fruits aux besoins du ménage, il faudrait penser que les parties ont eu plus en vue la dotalité que la paraphernalité.

10. Des époux se marient sous le régime dotal; le contrat porte que la femme s'est constitué en dot tous ses biens présents dont elle entend néanmoins conserver l'administration ; le mariage consommé, le mari réclame l'administration des biens dotaux en soutenant que la clause de son contrat est contraire à la loi qui dispose, art. 1549, que le mari seul a l'administration des biens dotaux pendant le mariage; il ajoute qu'une pareille stipulation est une offense à la puissance maritale; qu'elle est, par conséquent, contraire aux mœurs et à l'ordre public. La femme répond à son mari que les conventions légalement intervenues font loi entre les parties contractantes, et que la clause de son con-

trat doit recevoir son entière exécution ; qu'il n'y a rien dans cette convention de contraire aux mœurs et à l'ordre public ; que la femme peut aussi bien administrer les biens dotaux que le mari ; que c'est ici une pure question de capacité, laquelle se trouve résolue, le mari ayant reconnu son aptitude à l'administration de ses biens, puisqu'il l'a lui a conférée ; qu'au reste, la loi autorise elle-même cette convention puisqu'elle reconnaît que la femme peut recevoir de son mari tous les pouvoirs pour administrer sa dot (Code civ., art. 223). Cette question n'est pas sans difficulté : les raisons présentées par le mari sont puissantes, et l'on ne peut se dissimuler qu'il y a quelque chose d'humiliant pour lui dans la stipulation qui attribue à la femme seule l'administration exclusive des biens dotaux ; d'un autre côté l'article 1549 est précis : « Le mari seul à l'administration des biens dotaux. » Toutefois, nous croyons que le système de la femme doit prévaloir : la loi supposant par l'art. 223 qu'une autorisation générale peut être donnée par contrat à la femme, elle en établit nécessairement, par là, la validité. « Toute autorisation générale, porte cet » article, même stipulée par contrat de mariage, » n'est valable que quant à l'administration des » biens de la femme. » Que si l'art. 1549 attribue l'administration exclusive des biens dotaux au mari, c'est en l'absence de toute convention contraire ; et si cette convention est offensante pour le mari et contraire à sa puissance, il devait ne point la consentir : *volenti non fit injuria;* dès le moment qu'il a voulu que les choses fussent ainsi, il n'a plus le droit d'y déroger par une volonté contraire; les conventions matrimoniales, une fois rédigées, ne peuvent recevoir aucun changement après le mariage, c'est la disposition de l'art. 1395 du Code civil. Mais peut-être nous opposera-t-on l'art. 1388 du même Code qui porte que les époux ne peuvent déroger aux droits résultant de la puissance maritale sur la personne de la femme et des enfants, *ou qui appartiennent au mari comme chef*; or, dira-t-on, l'administration des biens dotaux appartient au mari comme chef de la société conjugale, et c'est y déroger que de l'attribuer exclusivement à la femme. A cela on répond que cet article ne s'applique nullement à la régie des biens; que cela est si vrai que l'art. 223 permet lui-même et déclare valable l'autorisation d'administrer confiée à la femme par contrat de mariage; que s'il fallait appliquer l'art. 1388 d'une manière absolue, la disposition de l'art. 223 deviendrait entièrement sans objet; et que dans l'interprétation d'une loi il faut, comme dans les conventions, adopter plutôt le sens qui lui donne un effet que celui qui la rend inutile; d'un autre côté, on peut dire que confier l'administration des biens dotaux à la femme, n'est pas dépouiller le mari de toute son autorité et de toute sa puissance à leur égard; il conserve le droit de demander compte à la femme de l'emploi des revenus des biens dotaux, celui de les aliéner dans les cas prévus par la loi ou par le contrat de mariage ; en un mot, de faire tous les actes qui sortent du domaine de l'administration. Faisons remarquer, au reste, que la clause qui laisse à la femme la régie des biens dotaux est ordinairement commandée par quelques circonstances graves ; qu'elle peut l'être par une véritable incapacité du mari, quelquefois même par sa prodigalité. Dans ces divers cas, n'est-il pas convenable de respecter l'intention des parties et de leurs familles qui n'ont dérogé à la loi commune que dans l'intérêt même des époux et des enfants ?

Il existe un arrêt de la cour de cassation, sous la date du 7 septembre 1808, rapporté par Sirey, tom. 8, pag. 468, duquel on pourrait peut-être tirer quelque argument contre notre opinion : il a décidé que les tribunaux ne peuvent pas homologuer un acte par lequel le mari cède irrévocablement à son épouse l'administration de ses biens, voulant que cette cession équivaille à une interdiction judiciaire. Il semblerait, au premier aspect, que cet arrêt aurait clairement tranché la question ; mais en l'examinant on reste bientôt convaincu que c'est la dernière clause de l'acte attaqué qui seule a déterminé la décision de la cour suprême. Voici, en peu de mots, l'espèce de cet arrêt : Le 15 octobre 1807, Benoît Galli souscrit un acte conçu en ces termes : « Me reconnaissant incapable d'administrer mes biens en bon père de famille, faute d'expérience ; voulant me soustraire aux tromperies et surprises d'autrui, et désirant que

mes affaires soient maniées et arrangées d'une manière louable, attendu le désordre où elles se trouvent actuellement par l'effet de mon imprudence,
déclare faire volontairement et irrévocablement la
cession de ladite administration à Thérèse Picci-
nini, mon épouse, de manière que cette cession
équivaille à une vraie et formelle interdiction judi-
ciaire; et veux, à cet effet, que pour remplir la so-
lennité prescrite par l'art. 501 du Code civil, le présent acte soit soumis au tribunal de première instance
de Parme, pour y être homologué.» Le lendemain cet
acte fut effectivement sanctionné par le tribunal de
Parme, qui ordonna que son jugement serait inscrit
sur les tableaux qui doivent être affichés dans la salle
de l'auditoire et dans les études des notaires de l'arrondissement, conformément à l'art. 501 du Code
civil. Ce jugement fut attaqué par le ministère public
et cassé par la cour de cassation. Mais remarquons
que cette cour ne fonda sa décision que sur les articles relatifs à l'interdiction, et nullement sur l'art.
1549 du Code civil. « La cour, vu l'art. 80 de la
loi du 27 ventôse, et les art. 490, 491, 492, 493,
494, 496 et 498 du Code civ.; — Et attendu qu'on
ne peut déroger, par des conventions particulières,
aux lois qui intéressent l'ordre public et règlent
l'état des citoyens, casse, etc. » Il n'est pas douteux
que si la cour suprême eût trouvé dans la clause
qui transférait l'administration des biens dotaux à
la femme Piccinini une violation du principe qu'elle
rappelle dans son arrêt, elle eût cité les art. 1549

et 1388, et eût dit : « Attendu que l'abandon de l'administration exclusive des biens dotaux, par le mari à la femme, porte une atteinte directe à la puissance maritale et viole l'art. 1388 du Code civ., etc. » Or, dès qu'elle a gardé le silence sur ce point, il faut en conclure qu'elle ne le condamne pas.

11. Une femme se constitue en dot tous ses biens présents et à venir; mais elle ajoute cette clause à sa constitution : « Néanmoins la future pourra, quand elle le jugera à propos, reprendre la possession, jouissance et administration de ses biens, lesquels deviendront dès-lors paraphernaux et pourront être aliénés par elle, de telle manière qu'elle jugera à propos. On demande si, dans ce cas, le mari pourra s'opposer à l'exécution de cette clause, et si les biens, après le retrait de la femme, cesseront d'être dotaux? nous pensons qu'une pareille stipulation devrait être considérée comme non écrite, et voici sur quels motifs repose notre opinion. La dot est destinée à soutenir les charges du mariage; ces charges durent autant que l'union des époux; elles lui survivent même. Il est donc d'une nécessité absolue que la constitution de dot soit en harmonie avec cette durée, sans quoi ce ne serait plus qu'une institution sans caractère, d'une utilité presque nulle et qui ne pourrait se soutenir dans un état de société tel que le nôtre. Les Romains avaient senti le besoin de rendre la constitution en quelque sorte irrévocable : ils avaient décidé que

la cause de la dot étant perpétuelle, la dot elle-même devait l'être aussi : *Dotis causa perpetua est; et cum voto ejus qui dat, ita contrahitur, ut semper apud maritum sit;* l. 1, ff. *de jur. dot.* D'un autre côté, le caractère de dotalité est indélébile tant que dure le mariage; il ne cesse pas même lorsque la femme obtient la séparation de biens. L'immuabilité de ce caractère tient à l'ordre public, et sa révocabilité lui serait essentiellement contraire. Qu'on y réfléchisse, en effet, et l'on verra combien il serait dangereux de laisser à la capricieuse volonté de la femme l'existence de la famille entière; car pouvant aliéner les biens devenus paraphernaux par leur retrait, il n'y aurait plus d'avenir assuré pour les enfants ni pour les époux eux-mêmes. Mais, dira-t-on, il était loisible à la femme d'imposer telle condition à sa constitution dotale, et au mari d'y consentir ou de les rejeter. Oui, sans doute, on peut, dans les contrats et dans les libéralités, insérer telles conditions que l'on veut, mais il faut qu'elles ne dérogent point aux principes d'ordre public; car il est de l'intérêt public que les dots se conservent parce que souvent la destinée des enfants et des époux y est attachée. *Interest reipublicæ mulieres dotes salvas habere, propter quas nubere possunt;* l. 2, ff. *de jur. dot.* La loi a toujours veillé aux intérêts de ceux qui ne peuvent eux-mêmes conserver leur patrimoine, et cette surveillance serait ici en défaut si la dot pouvait, par la seule volonté de la femme, être ou n'être pas. Il est enfin une autre raison non moins puissante : c'est que l'inaliénabilité des biens dotaux est invariable; une fois la dot constituée, les biens ne sont en quelque sorte plus dans le commerce; la loi seule a pu prescrire le cas où cette inaliénabilité cesserait; mais hors ces cas, cette inaliénabilité est aussi irrévocable que la dotalité dont elle est la conséquence nécessaire.

M. Duport-Lavillette, qui nous a laissé un excellent recueil de consultations, publiées par son fils, conseiller à la cour de Grenoble, rapporte une espèce sur laquelle il fut consulté, dont on pourrait peut-être se faire une autorité contre nous, la décision de ce jurisconsulte étant contraire à la nôtre; mais après avoir comparé les deux cas on reste bientôt convaincu qu'il n'y a nullement identité. La dame Bernouin se constitue en dot tous ses biens présents et à venir, et établit le sieur Forquet son procureur fondé; puis elle ajoute : « Qu'elle aura la » réserve et faculté d'avoir la libre possession et » jouissance de ses dits biens, attendu qu'elle se . » réserve expressément d'en pouvoir user et dispo- » ser à ses plaisirs et volontés, soit par vente, soit » par autre acte et de telle autre manière que ce » soit, dont elle avisera, hors la présence et sans » avoir besoin d'aucune participation ni autorisa- » tion, à ce sujet, dudit sieur Forquet, son mari, » *de manière que nonobstant la susdite constitu-* » *tion tous les susdits biens de la susdite dame* » *seront regardés comme libres et paraphernaux.* »

D'après ces dernières expressions il est évident, comme le dit M. Duport-Lavillette, que la dame Bernouin avait voulu que ses biens fussent, de plein droit, considérés comme libres et paraphernaux ; la disposition finale du contrat étant essentiellement destructive de la première qui contenait la constitution dotale. Dans le cas que nous examinons, au contraire, la femme voulait que ses biens fussent dotaux tant qu'elle n'en reprendrait pas la possession, et que *dès-lors* seulement qu'elle les revendiquerait ils devinssent paraphernaux, ce qui est bien différent. Dans notre espèce, il y a une constitution réelle ; dans celle de M. Duport, il n'y en avait pas.

12. On trouve fréquemment dans les pays de droit écrit des contrats de mariage dont la rédaction est ainsi conçue : « Les époux ont déclaré se soumettre au régime dotal *et se prendre à leurs droits.* » Quelquefois cette stipulation est suivie de la nomination du mari pour procureur fondé irrévocable , quelquefois même d'une constitution spéciale ; dans les deux premiers cas, tous les biens de la femme sont paraphernaux ; dans le troisième, c'est-à-dire lorsqu'il y a une constitution particulière, les biens compris dans la constitution sont dotaux , les autres restent paraphernaux.

13. Les biens que la femme acquiert pendant le mariage sont-ils paraphernaux? Il faut distinguer : si la femme s'est fait une constitution générale de biens présents et à venir, tout ce qu'elle acquiert

pendant le mariage est censé provenir des deniers du mari. Ce principe est fondé sur deux textes de droit romain, la fameuse loi *Quintus Mutius*, *ff. de donat. inter vir. et uxor.*, et la *l. 6 C. eod.* Voy. notre *Traité de la Dot*, tom. 1er, pag. 279. La première de ces lois donne pour motif de cette décision que lorsqu'il s'agit de savoir d'où la femme tient quelque chose, il est plus convenable de présumer que c'est de son mari, afin d'écarter tout soupçon de gains illicites et déshonorants pour elle. Si la femme s'est fait une constitution particulière et qu'elle n'ait pas de paraphernaux on suit la même règle; on la suivrait aussi, si ayant des biens extra-dotaux elle en avait abandonné l'administration à son mari sans l'obliger à rendre compte des revenus; dans l'ancienne jurisprudence on décidait même que les gains de la femme provenant de son travail et de son industrie appartenaient au mari. Ainsi on avait jugé au parlement de Grenoble, en 1675, que ce qu'une femme gagnait en nourrissant un enfant dont elle n'était pas la mère, appartenait au mari; et que ses créanciers avaient pu faire saisie-arrêt des sommes dues pour le nourrissage et sans que la femme pût s'y opposer. Cette jurisprudence sur les gains provenant de l'industrie de la femme a été adoptée par la cour de Riom : un arrêt du 2 février 1809, rapporté par Sirey (tom. 12, 2e partie, p. 198), a décidé que le mari pouvait disposer des produits de l'industrie et du travail de la femme comme de sa chose propre. Un autre arrêt de la cour de Toulouse , du 2 août 1825 , a aussi jugé en ce sens; mais il a admis une distinction que nous ne croyons pas devoir adopter. Voici dans quelle espèce l'arrêt a été rendu :

Arnaud-Valette et Domenge-Vaysse s'étaient mariés en 1792; la femme s'était constitué une somme de 700 fr., seul bien qu'elle possédât. Les époux Valette faisaient le commerce de charcuterie ; la femme , active et laborieuse, avait donné à ce commerce une étendue et une activité qu'il n'avait pas avant. Les produits de l'industrie commune se multiplièrent et permirent aux époux de faire des acquisitions. En 1808, la dame Arnaud-Valette , autorisée par son mari, acquit une grange et un jardin au prix de 2,200 fr. Le 25 avril 1809 , elle acquit encore conjointement avec son mari , une pièce de terre pour 2,100 fr.; le 1er juin 1810 , une métairie du prix de 16,000 fr. , qui fut ensuite revendue 22,000 fr. Postérieurement, la femme Arnaud-Valette fut autorisée par son mari à faire le commerce pour son compte , et du produit qu'elle en retira elle fit encore plusieurs acquisitions. L'époux mourut, léguant à sa femme le quart de ses biens. Un enfant d'Arnaud-Valette, né d'un premier lit, intente une action en partage et demande le rapport à la succession de tous les immeubles acquis par la femme, soit seule soit conjointement avec son mari. Le 3 février 1825, le tribunal civil de Toulouse rejette la demande du fils Valette et décide que la femme doit profiter des bénéfices du

commerce qu'elle avait fait prospérer; en conséquence, la déclare propriétaire des immeubles
qu'elle avait acquis. — Appel: « La cour considérant que, durant le mariage, la femme qui a contracté sous le régime dotal doit compte au mari de
son travail et de son industrie; que les bénéfices
qui en résultent appartiennent exclusivement au
chef du ménage ; que Domenge-Vaysse ne possédait
rien; qu'elle n'avait pas de capitaux disponibles;
qu'en détaillant les objets du commerce de son
mari, elle n'a pas pu elle-même faire acte de
commerce; que par conséquent, si elle a fait elle-
même des acquisitions, il est impossible qu'elle ne
les ait pas faites avec les deniers de son mari; que
toutefois, d'après les faits de la cause, il convient
d'établir une distinction entre les divers actes dont
on demande l'annulation; que, quoique en thèse
générale, l'autorisation donnée par le mari à la
femme de faire le commerce ne suffise pas pour
mettre les acquisitions postérieures de la femme à
l'abri de toutes recherches, il y a cependant lieu de
les maintenir lorsque au consentement écrit se
joint la preuve que le commerce a été réellement
fait; que, dans la cause, la conduite de la dame
Vaysse, pour les actes postérieurs à l'autorisation du
16 novembre 1811, exclut toute idée de dol ou de
fraude qui puisse les faire rejeter; par ces motifs,
la cour ordonne seulement le rapport des immeubles acquis antérieurement à l'autorisation et
valide les subséquentes. »

Nous disons que cette distinction faite par la cour de Toulouse ne nous paraît nullement conforme aux principes, et voici par quelle raison. Dès le moment qu'il est demeuré constant au procès que la dame Arnaud-Valette n'avait pas d'autre patrimoine en se mariant que les 700 fr. montant de la constitution dotale, tout ce qu'elle a pu acquérir n'a pu l'être qu'avec les deniers du mari; vainement oppose-t-on que la femme, depuis le 16 novembre 1811, a fait le commerce pour son compte, cette circonstance ne peut modifier le principe que tous les produits du travail et de l'industrie de la femme appartiennent au mari ; qu'au reste ce commerce n'a été fait, soit antérieurement à l'autorisation, soit postérieurement, qu'avec les deniers du mari, puisque la femme n'avait pas plus de biens en 1811 qu'au moment de son mariage; et que dès-lors la cour, en attribuant à la première la propriété des immeubles acquis après cette époque, se met en contradiction avec les principes qu'elle invoque dans ses motifs, que si la femme a continué le commerce qu'elle faisait précédemment avec son mari ce n'a pu être et ce n'a été qu'avec les fonds, les marchandises, la clientelle et le mobilier de ce dernier.

14. Si la femme s'était fait une constitution de dot avec une réserve de biens en paraphernaux dont elle aurait conservé l'administration, il faudrait décider que les acquisitions ou les épargnes

qu'elle aurait pu faire seraient sa propriété et qu'elle pourrait en disposer. Pouvant répondre à la question *unde habuit*, pouvant justifier la cause et l'origine de ces acquisitions ou épargnes, on ne serait pas fondé à lui en contester la propriété. La cour de Grenoble, 2ᵐᵉ chambre, a même décidé que la femme qui avait fait une acquisition conjointement avec son mari n'était pas tenue de subir la question *unde habuit*, lorsqu'elle était mariée sous le régime paraphernal; voici les motifs de cet arrêt:

« Attendu qu'il n'existait aucune convention matrimoniale entre Jean Briant et Françoise Garcin, mariés en Provence plusieurs années avant la promulgation du Code civil; qu'ainsi les biens de la Garcin étaient restés libres et paraphernaux; attendu qu'il est incontestable que ladite Françoise Garcin pouvait, *constante matrimonio*, soit séparément, soit conjointement avec son mari, faire, pour son compte, des acquisitions, et devenir ainsi propriétaire d'immeubles, lors même que le prix de vente aurait été payé des deniers du mari (*L.* 1 *et* 6, *Cod.*, *si quis alteri vel sibi*); attendu qu'il est dès-lors certain qu'en achetant, conjointement avec son mari, la maison désignée dans l'acte du 13 germinal de l'an XI, Françoise Garcin devint propriétaire de la moitié de cette maison; attendu que dans de semblables circonstances, nulle application à faire de la loi *Quintus Mutius* qui soumet la femme à prouver *unde habuerit*; etc. » V. Sirey, tom. 28, 2ᵐᵉ part., pag. 191.

La cour de cassation, par un arrêt du 11 janvier 1825 (Sirey, tom. 25, 1ʳᵉ part., pag. 351), a jugé, à la vérité, qu'à l'égard des acquisitions faites en commun par le mari et la femme, dans les pays de droit écrit, la présomption légale était que le mari avait payé la totalité du prix, et qu'il était en conséquence devenu seul propriétaire. Mais il est à remarquer que l'arrêt ne dit point quelles étaient les clauses du contrat de mariage et si la femme avait des paraphernaux; il y a plus, il pose en fait qu'il était prouvé au procès que la femme n'avait payé aucune partie des prix et qu'elle n'avait jamais été, par sa position, à portée de faire aucun paiement; ces circonstances seules ont sans doute déterminé l'arrêt, en sorte qu'on ne peut nullement en tirer aucun avantage contre celui rendu par la cour de Grenoble qui a jugé la question d'une manière formelle.

15. L'art. 1549 décide qu'il peut être convenu, par le contrat de mariage, que la femme touchera annuellement, sur ses seules quittances, une partie de ses revenus pour son entretien et ses besoins personnels; si, en vertu de cette disposition, il était stipulé, dans le contrat des époux, que la femme recevrait annuellement les revenus du quart de ses biens, pour être employés par elle à ses besoins personnels, ne pourrait-on pas dire que ce quart de biens lui serait paraphernal? Ce qui pourrait le faire penser ainsi c'est qu'on lit dans l'art. 1540 que la

dot est le bien que la femme apporte au mari *pour supporter les charges du mariage*; or, dirait-on, le quart des biens apportés au mari étant distrait de cette destination ne peut plus être dotal, et s'il n'est plus dotal il est nécessairement paraphernal. Ce raisonnement pourrait, selon nous, être de quelque poids s'il était dit, dans le contrat de mariage, que la femme aurait la faculté de disposer des revenus réservés comme bon lui semblerait; dans ce cas, ces revenus pouvant n'être pas employés pour les besoins personnels de la femme et pouvant être ainsi enlevés aux charges du mariage, peut-être pourrait-on soutenir leur paraphernalité; mais il en serait autrement si les revenus étaient spécialement destinés aux besoins de la femme , car ces besoins font partie des charges du mariage.

16. Dans le cas où le quart des biens ne serait pas déclaré *extra-dotal*, nous croyons cependant que la femme pourrait s'obliger sur les revenus réservés, si l'obligation avait pour cause la livraison d'objets nécessaires à ses besoins personnels. Ainsi, un marchand qui, à raison de vêtements ou d'objets de toilette, se serait fait souscrire une promesse par la femme, pourrait en réclamer le paiement sur la portion des revenus destinés à la femme; mais si, au lieu de s'obliger pour des objets de ce genre, elle avait, par exemple, cautionné un tiers, ce cautionnement devrait être annulé comme étant étranger à ses besoins personnels.

CHAPITRE II.

Droits de la femme sur les biens paraphernaux.

17. Suivant le droit romain, la femme avait sur ses biens paraphernaux les droits les plus étendus ; elle pouvait, sans le concours et l'autorisation de son mari, les administrer, exercer les actions qui leur étaient relatives, en disposer soit à titre gratuit, soit à titre onéreux ; *l. 8, C., de pact. convent.; l. 6, C., de revocand. donat.; nullo modo, muliere prohibente, virum in paraphernis se volumus immiscere; d. l. 8, in f.* Il serait assez difficile d'expliquer l'introduction en faveur de la femme, d'un droit si illimité, sans la participation de l'autorité maritale ; peut-être était-ce à cause du grand respect que les Romains avaient pour le droit de propriété. Quoi qu'il en soit, ces principes furent complètement adoptés par notre ancienne jurisprudence ; une foule d'arrêts rapportés par Boniface, Lapeyrère, Chorier sur Guy-Pape attestent que les parlements de Toulouse, Aix, Bordeaux, Grenoble jugeaient conformément au droit romain. Bretonnier, et après lui M. Toullier, ont soutenu que la jurisprudence du parlement de Paris était contraire à celle de ces parlements, et qu'on y décidait que les femmes mariées ne pouvaient contracter ni ester en jugement sans l'autorité de leurs maris, même pour raison des biens paraphernaux, soit adventifs ou

autres ; mais c'est une erreur. On trouve dans Papon,
liv. 7 , tit. 1 , n° 75 , un arrêt du 28 mars 1528, et
dans les *Questions de droit* du savant Merlin , deux
autres arrêts qui prouvent le contraire. Voy. Merlin,
Répertoire, mot *Paraphernal*, n° 7. Les seuls parlements de Pau et de Dijon exigeaient l'autorisation
du mari ou de la justice pour l'aliénation des biens
paraphernaux ou pour ester en jugement à raison
de ces mêmes biens ; voy. Revel , sur les statuts
des provinces de Bresse, Bugey, Gex et Valromey,
pag. 289 ; Collet, sur les mêmes statuts , liv. 5,
pag. 169 ; voy. encore Merlin, *Répertoire* , tom. 9,
pag. 11 , n°s 8 et 9, et les *Questions de droit*, au
mot *Paraphernal*.

18. Domat, un des plus savants interprètes du
droit romain, désapprouvait cette puissance illimitée
laissée à la femme à l'égard de ses paraphernaux :
« Ces biens, disait-il, et cette jouissance indépendante du mari paraissent avoir quelque chose de
contraire aux principes du mariage, et sont même
une occasion qui peut troubler la paix que demande
cette union. » Lors de la rédaction du Code civil,
l'opinion de ce savant auteur ne contribua pas peu
à faire rendre au mari toute son autorité, relativement aux biens paraphernaux. Long-temps avant
qu'il fût question du régime dotal, et des biens
extra-dotaux, il fut décidé par l'art. 217, que la
femme , même non commune ou séparée de biens,
ne pourrait donner, aliéner, hypothéquer, sans le

concours du mari dans l'acte, ou son consentement par écrit. Ce principe une fois adopté , on dut nécessairement le confirmer lorsqu'on en vint à déterminer quels seraient les droits de la femme sur ses biens paraphernaux; c'est ce qui eut lieu par l'art. 1576 qui porte que la femme a l'administration et la jouissance de ses biens paraphernaux; mais elle ne peut les aliéner ni paraître en jugement à raison desdits biens, sans l'autorisation du mari, ou, à son refus, sans la permission de la justice.

19. La loi, en laissant à la femme la jouissance et l'administration de ses biens paraphernaux, n'a point indiqué quels seraient les actes que ces droits emporteraient avec eux; et elle ne pouvait trop le faire sans descendre dans des détails hors de son domaine et laissés dans celui de l'interprétation. Nous allons essayer de suppléer à ce silence obligé du législateur et tracer nous-mêmes quelques règles puisées, sinon dans la lettre, du moins dans l'esprit de la loi sur la matière.

20. Administrer, c'est faire tous les actes qui tendent à conserver et à améliorer les biens soumis à l'administration. Tous ceux qui n'ont pas pour objet une de ces deux choses, ne peuvent avoir lieu sans l'intervention du mari ou de la justice. Percevoir tous les produits de la chose administrée et disposer de ces mêmes produits, c'est jouir.

Il suit de ces définitions que la femme peut , sans autorisation :

1° Faire valoir les capitaux en les plaçant dans des maisons de banque ou chez des particuliers ; faire tous règlements ou arrêtés de compte qui y sont relatifs.

Si un effet à ordre revêtu de plusieurs endossements, avait été remis à la femme en échange d'une somme qu'elle aurait livrée, pourrait-elle , sans le consentement de son mari, le faire protester à l'échéance? L'affirmative ne nous paraît pas douteuse. Un protêt est un acte conservatoire de pure administration , et n'est point considéré comme introductif d'instance ; la femme ne pourrait donc, dans ce cas, opposer la disposition qui lui interdit de paraître en jugement sans l'autorisation de son mari.

2° Recevoir les intérêts et en passer quittance. Mais pourrait-elle exiger ses capitaux et consentir la radiation des inscriptions prises à son profit, sans l'autorisation maritale? Cette question s'est présentée dans l'espèce suivante : La dame Scelerano, mariée avec réserve d'une partie de ses biens en paraphernaux, avait vainement sollicité l'autorisation de son mari pour recevoir une somme paraphernale, et consentir la radiation de l'inscription prise par elle. Sommé de paraître devant le président du tribunal, le mari persista dans son refus. La femme soutint alors qu'elle n'avait besoin ni du consentement de son mari, ni de la permission de la justice. —

Jugement qui le décida de cette manière. — Appel devant la cour de Turin qui confirma en ces termes : « Attendu que recevoir simplement le remboursement d'un capital, et consentir la radiation d'hypothèque, qui n'en est qu'une conséquence nécessaire, ne saurait en effet être considéré comme un acte d'aliénation prohibé par l'art. 1576 du Code civil, relativement à ses biens paraphernaux, sans l'autorisation du mari ou l'autorisation de la justice ; ce considéré, etc. »

M. Bellot-des-Minières, qui cite cet arrêt, en adopte pleinement la doctrine. Nous ne saurions penser comme lui. Voici nos motifs :

Disons d'abord que l'opinion que nous allons émettre ne devrait s'appliquer qu'au cas où la somme à recevoir serait de quelque importance, eu égard à la fortune de la femme, car s'il ne s'agissait que d'une somme peu considérable, il faudrait en ranger l'*exigat*, par la femme, dans les actes d'administration.

Disons en second lieu, que la paraphernalité ne porte aucune atteinte à la puissance maritale, et qu'elle repose intacte sur la tête du mari, hors les cas de simple administration. Cela posé, examinons si la réception d'une somme paraphernale ne doit pas être considérée comme un acte d'aliénation.

Recevoir une somme capitale emporte nécessairement la puissance de l'aliéner, car la femme l'ayant une fois en sa possession, peut en disposer selon ses caprices et les désirs de sa prodigalité, si elle est livrée à cette passion assez commune. D'un autre côté, la réception d'une somme importante peut n'être pas toujours opportune ; elle peut entraîner avec elle des comptes, des règlements que la femme est rarement capable de faire seule ; il lui faut, dans ce cas, une personne qui surveille les opérations, et le respect que l'on doit à la puissance maritale ne permet pas d'en admettre une autre que celle que la loi lui donne. Cette précaution est commandée tout à la fois et dans l'intérêt de la femme et dans celui du mari. Les bienséances sociales ne sauraient permettre qu'une femme, quoique mariée avec une clause de paraphernalité, puisse se livrer à un acte important sans que son mari l'y autorise. Toutes les fois, d'ailleurs, qu'il y a danger pour le patrimoine de la femme, il faut considérer l'opération à laquelle elle se livre, comme une aliénation. Ce mot n'est qu'une expression générale qui n'a point un sens absolu ; elle doit embrasser tous les actes qui, par leurs stipulations, leurs suites ou leurs effets, peuvent faire passer une portion du patrimoine de la femme dans le domaine d'autrui, ou en opérer la perte.

Plusieurs textes viennent au reste appuyer ces observations qui nous paraissent décisives : Calvin, dans son *Lexicon juridicum*, définit ainsi la prohibition d'aliéner : *Alienationis prohibitione, seu prohibita rei alienatione, prohibitus omnis censetur actus quo res illa a nobis ad alium TRANSIRE POSSIT;* ainsi, ce n'est pas seulement tout acte qui transfère la propriété à autrui, mais c'est aussi celui qui *peut* la faire passer sur sa tête. La loi romaine définit à la vérité l'aliénation : *Omnis actus per quem dominium transfertur*, *l.* 1, *C.*, *de fund. dot.*: mais on peut voir dans la loi 28, ff., *de verb. signif.*; que ce mot *aliénation* entraîne avec lui tous les actes qui, sans transférer d'une manière directe le domaine des choses, en altère l'existence. Nous n'aurions pas même besoin d'invoquer ces autorités pour la solution de la question qui nous occupe, car recevoir un capital est une aliénation réelle : en effet, que fait celui qui reçoit un remboursement? Il aliène sa créance; il anéantit l'action que la loi lui accordait pour recouvrer la somme prêtée. Le consentement que donne la femme, pour la radiation de l'inscription qui avait été prise dans son intérêt, n'est-il pas aussi l'aliénation, l'anéantissement d'un droit hypothécaire? Ceci peut, au premier aspect, paraître une subtilité, mais examiné avec une sérieuse attention, on se convaincra bientôt que c'est là une vérité incontestable qui doit, dans l'intérêt des époux, être mise en pratique.

Pothier, cet auteur si éminemment judicieux, si consciencieux dans les motifs de ses opinions, professe hautement cette doctrine; en expliquant l'art. 194 de la coutume d'Orléans, qui dispose que « femme mariée ne peut donner, aliéner, disposer, ni aucunement contracter entre-vifs, sans autorité et consentement de son mari », il s'exprime ainsi : « Ces termes, *ne peut aliéner*, comprennent les alié-

nations de meubles, aussi bien que les aliénations
d'immeubles; les aliénations nécessaires, aussi bien
que les volontaires. Une femme mariée ne peut
donc, sans autorisation, *recevoir valablement le
paiement des sommes ou choses qui lui sont dues;
CAR LE PAIEMENT QUI EST FAIT A UN CRÉAN-
CIER RENFERME UNE ALIÉNATION DE SA
CRÉANCE.* » Rien n'est plus clair et plus précis que
cette explication ; elle suffit à elle seule pour
repousser toutes les objections et détruire tous les
doutes.

L'arrêt de la cour de Turin dont nous venons
de rapporter l'espèce, et l'opinion de M. Bellot-des-
Minières sont fondés sur cette restriction erronnée,
que pour qu'il y ait aliénation, il faut qu'il y ait
transfert proprement dit d'une partie du patrimoine
de la femme sur la tête d'un tiers. Mais nous avons
déjà réfuté cette objection, quoique nous eussions
pu nous dispenser de le faire, et nous pouvons
ajouter ici que l'adoption de la doctrine opposée à
celle que nous professons pourrait avoir les résultats les plus funestes ; les exemples ne nous man-
queraient pas s'il était besoin d'en donner.

21. La question que nous venons d'examiner
nous conduit naturellement à examiner celle de
savoir si la femme qui a des paraphernaux peut
disposer de son mobilier et l'aliéner. Pour l'affirmative, on peut dire que cette faculté est accordée
à la femme mariée avec clause de séparation de
biens et à la femme séparée de biens judiciaire-

ment. L'art. 1449 du Code civil dispose en effet que la femme séparée soit de corps, soit de biens seulement, en reprend la libre administration; elle peut disposer de son mobilier et l'aliéner.

L'art. 1538 ne probibe à la femme que l'aliénation de ses immeubles; or, ne peut-on pas en conclure que la femme paraphernale doit être placée sur la même ligne? Ne peut-on pas dire qu'il n'y a aucune différence entre la femme qui s'est mariée avec clause de séparation de biens et celle qui, ayant adopté le régime dotal, s'est réservé des biens en paraphernaux? que c'est au reste l'opinion de plusieurs auteurs: de Paillet, sur l'art. 1576; de Bellot-des-Minières, tom. 4, pag. 300; de Dalloz, *Jurisprudence générale*, mot *Mariage*, pag. 371?

Pour la négative, on répond que la loi a tracé elle-même la différence des pouvoirs entre la femme séparée de biens et la femme qui a des paraphernaux; que l'art. 1576 porte textuellement que la femme ne peut aliéner *ses biens* paraphernaux sans le consentement de son mari; que dans ce mot *biens* sont compris les meubles et les immeubles, et que par conséquent la prohibition est générale; qu'il n'en est pas ainsi dans les art. 1449 et 1538, où la prohibition ne porte que sur les immeubles.

Cette dernière opinion nous paraît devoir être adoptée; cependant nous remarquerons qu'il ne faut pas donner à la prohibition portée par l'art. 1576 une extension trop rigoureuse. Ainsi, la femme pourra, puisqu'à l'administration elle joint la jouissance, disposer de ses fruits, récoltes et intérêts ; elle pourra vendre les objets compris dans son mobilier devenus vieux et inutiles, mais non l'aliéner entièrement sans le consentement de son mari ; elle ne pourra souscrire, sans ce consentement, aucune obligation valable, alors même qu'elle ne porterait que sur ses revenus et sur son mobilier ; la raison que nous en donnons est que si on lui accorde la faculté de disposer de ses revenus, c'est parce qu'en agissant ainsi elle ne sort pas d'une administration sage et d'une conduite régulière ; tandis qu'en souscrivant une obligation, elle excède sa jouissance, elle engage ses capitaux, elle consomme plus que ses revenus ; il faut donc, dans ce cas, que le mari intervienne pour que la femme ne commette ni imprudence ni prodigalité. Vainement dirait-on qu'en n'exécutant l'obligation consentie par la femme sans le consentement de son mari que sur ses revenus, ce n'est pas de sa part excéder sa jouissance et aliéner ses capitaux. On répond à cela que la femme sort des bornes d'une administration sans reproche, en devançant la consommation de ses revenus ; administrer et jouir, dans le sens légal, c'est faire produire des fruits et les consommer au fur et à mesure que les *besoins* l'exigent, en donnant à cette expression un sens qui puisse s'étendre à toutes les dépenses que comporte la fortune et les nécessités factices du monde et de la société. Or, dès que la femme veut s'écarter de cette règle libérale, il faut que le mari puisse approuver par son autorisation ou blâmer par son refus.

Nous sentons le besoin, pour bien faire comprendre notre pensée sur la question que nous agitons, de rapporter ici les savantes conclusions que M. Marchangy, alors avocat-général à la cour royale de Paris, donna dans une affaire, sur un renvoi de la cour de cassation, dans laquelle s'élevait la question de savoir si l'obligation souscrite par une femme séparée, sans autorisation de son mari, pour une cause étrangère à l'administration de ses biens, pouvait être exécutée, jusqu'à concurrence de son mobilier; on nous pardonnera sans doute l'insertion, dans cet ouvrage, de cette discussion, en faveur de l'importance de la matière et de la solidité des raisonnements qu'elle renferme.

« Messieurs, disait M. Marchangy, la femme séparée de corps et de biens, ou de biens seulement, peut-elle, sans autorisation, disposer indéfiniment de son mobilier, et, comme une conséquence de cette faculté, contracter des obligations? Penserez-vous, au contraire, que le droit de cette femme se restreint à des actes de pure administration, et que dans tous les cas, si elle a la disposition directe et immédiate, il n'en faut pas conclure qu'elle puisse souscrire des engagements capables d'absorber les revenus présents et futurs, et de la réduire, elle et ses enfants, à une condition misérable?

» Il est fâcheux sans doute que le nouveau législateur, témoin de la controverse qu'une question aussi grave laissait régner dans l'ancienne jurispru-

dence, ne l'ait point résolue par un texte clair et
positif. Les deux articles qu'il a promulgués à cet
égard sont tous deux insuffisants; l'un, c'est l'art.
217, trop absolu dans sa prohibition, puisqu'il ne
permet pas même à la femme séparée l'aliénation
de ses simples revenus; l'autre, l'art. 1449 qui a
voulu réparer cette omission ; mais ses expressions
vagues rouvrent le champ des interprétations, des
conjectures et des systèmes. »

Ici M. Marchangy rapporte les faits du procès et
les motifs de l'arrêt de la cour de cassation; puis il
continue ainsi :

« Il faut l'avouer, cet arrêt de la cour de cassation, cette lumière répandue de haut sur la cause
ne suffit pas encore pour dissiper le doute qui
l'environne. Puisque les doctrines contemporaines
ont ici besoin d'auxiliaire, nous allons évoquer
d'abord la sagesse de nos devanciers, consulter les
oracles de l'ancienne jurisprudence; et, tout éclairé
de leurs lumières, nous les ferons réfléchir sur le
point obscur que vous devez résoudre. Au surplus,
MM., gardez-vous de penser que ce ne soit ici
qu'une vaine recherche d'érudition. Toutes les
fois qu'il s'agit de discuter les grands principes de
la puissance maritale, et de la dignité de l'union
conjugale; toutes les fois qu'il s'agit d'apprécier des
dispositions qui, par leur nature élevée, intéressent
la société et se rangent parmi nos plus graves institutions, il est bon de remonter à ces sources pures,
à ces traditions classiques de tout ce qui est moral,

religieux et conservateur; à ce culte des vertus domestiques, à cet esprit de famille, en un mot, à cette souveraineté privée dont la loi investissait l'homme en sa double qualité d'époux et de père.

» Ce n'est pas cependant que, même avant notre législation nouvelle, plusieurs jurisconsultes n'eussent fait fléchir en quelques points la rigidité de l'autorité maritale, que d'autres ont au contraire défendue avec constance.

» Les uns, tels que Dumoulin, Chopin et Coquille, d'accord avec les jurisconsultes, assimilaient la séparation de biens à une espèce de viduité propre à faire cesser les effets civils de la puissance du mari sur la femme, qui dès-lors pouvait s'engager, comme si elle n'était plus dans les liens du mariage.

» D'autres jurisconsultes, parmi lesquels se font remarquer Lebrun, Renusson, Mornac et Pothier, pensaient que la puissance maritale étant inhérente au pacte matrimonial, devait durer autant que lui sans altération. Ils ajoutaient que si la femme séparée recouvrait l'administration de ses biens, on devait limiter la faculté de disposer et de s'obliger, qui en était la suite nécessaire, aux simples actes d'administration.

» Les coutumes et les arrêts participaient de cette variété de principes. Les coutumes de Chaumont, de Sédan, de Lonig, de Blois, de Montargis, de Dunois, permettaient à la femme séparée de disposer à son gré de ses biens mobiliers et immobiliers. Les placités de Normandie lui accordaient le droit d'aliéner ses meubles et même ceux de ses immeubles qu'elle avait acquis depuis sa séparation. La femme avait un droit semblable en Bourgogne, pourvu néanmoins que le jugement de séparation le lui conférât.

» Mais, il faut le dire, ce n'était là qu'une légère dérogation au droit commun, aux principes généraux de la jurisprudence. On finit par reconnaître, comme une règle universellement suivie, celle qui réduisait la capacité de la femme séparée aux actes de pure administration. Sans nous engager ici dans la fastidieuse énumération des dispositions locales qui consacraient une semblable limitation, il suffit de nous arrêter à la coutume de Paris, d'autant plus, ce qui est très-remarquable, que notre nouveau droit reproduit cette coutume jusques dans le vague des expressions qui ont donné lieu aux commentaires d'après lesquels s'est établie la jurisprudence dont nous venons de parler. Il pourrait paraître donc naturel d'expliquer les articles de notre Code, dérivés de la coutume de Paris, par les opinions interprétatives de cette coutume.

» L'art. 223 de la coutume de Paris, aussi exclusif que l'art. 217 du Code civil, porte que la femme mariée ne peut vendre, aliéner et contracter sans le consentement de son mari; l'art. 234 de cette même coutume, aussi mal conçu que l'art. 1449 de ce Code, porte, dans la trop grande extension de ses expressions, que la femme ne se peut obliger

sans le consentement de son mari , si elle n'est
séparée; d'où l'on pourrait conclure que dans le cas
où elle est séparée, elle est libre de s'obliger sans
restriction; de même l'art. 1449 de notre Code,
disant tout simplement que la femme séparée peut
disposer de son mobilier et l'aliéner, on semble
également devoir en conclure qu'il lui est loisible
de disposer de tout son mobilier, et de contracter
des engagements dont l'exécution l'absorberait sans
cesse.

» Voyons cependant comment les jurisconsultes
et les arrêts avaient, nonobstant la latitude incon-
sidérée de l'art. 234 de la coutume de Paris, cir-
conscrit la faculté qu'elle accorde indirectement à
la femme séparée ; nous verrons ensuite si l'on doit
appliquer les mêmes raisonnements à l'art. 1449 du
Code civil.

» La coutume de Paris, dit Lebrun, dans son
Traité de la communauté, liv. 2, chap. 1er, nos 12
et 14, est de celles qui singularisent sur cette matière ; car elle dit, dans l'art. 234 : *Une femme
mariée ne se peut obliger sans le consentement de
son mari , si elle n'est séparée ou marchande publique*, ce qui donne à la femme séparée la faculté
de s'obliger pour *chose modique qui n'excède pas
les revenus;* mais c'est encore beaucoup.

» Duplessis fait sur l'art. 234 de la même coutume, une distinction fort judicieuse : Pour la conciliation des termes de cet article , dit-il, je tiens
qu'il faut faire distinction entre *les obligations*

pour grosses sommes de deniers qui excèdent les
meubles ...., *et les simples obligations pour sommes
médiocres de deniers* qui semblent n'être que sur
les meubles..... Ces sortes d'obligations de sommes
de deniers pour choses nécessaires à l'entretien de
la femme, et en ses affaires, lui sont permises par
la considération qu'elle a la disposition de ses revenus
et de ses meubles; encore faut-il que ce soit des
obligations médiocres qui n'excèdent point les
meubles et les revenus présents.

» Remusson n'est pas moins expressif que Duplessis et Lebrun : On a voulu, dit-il (*Traité de la
communauté*, part. 1, chap. 9, n° 28), tirer argument des termes de l'art. 234 de la coutume de
Paris, *que la femme se pouvait obliger, sans le
consentement de son mari, lorsqu'elle est séparée;*
mais cela s'entend qu'elle peut s'obliger pour ses
nourriture et entretien, et jusqu'à concurrence de
son revenu seulement.

» Auzanet, Brodeau, Lemaître, Ferrière pro-
fessent tous la même opinion, ou plutôt ils établissent
comme un fait incontestable, que sous la coutume
de Paris, et malgré la généralité des termes de
l'art. 234, la femme séparée ne peut s'obliger que
par de simples engagements dont la cause soit juste
et restreinte aux besoins journaliers de sa maison.

» C'est ce qui a fait dire à du Laurière : « On tient
aujourd'hui pour maxime, que la séparation n'a
précisément pas le même effet que l'émancipation
des mineurs, qui ne les autorise que pour l'admi-

nistration de leurs revenus, et non pour l'aliénation de leurs fonds. »

» Tel était en effet le dernier état de la jurisprudence, lors de l'abolition des coutumes. Les arrêtistes et les annotateurs sont remplis de décisions unanimes sur ce point ; et lorsque depuis la promulgation du Code, les tribunaux ont eu à se prononcer sur des obligations contractées par la femme séparée, et dont la date remontait à l'ancienne législation, ils ont exhumé les principes que nous venons d'exposer.

» Maintenant qu'il est reconnu que, sous l'empire de la coutume de Paris, la femme séparée ne pouvait s'engager que sur ses revenus présents, et pour fait de simple administration, examinons s'il existe quelques raisons de penser le contraire sous la législation actuelle. Si, comme nous le verrons, les dispositions de notre Code ne sont pas plus favorables à la liberté des femmes séparées, que ne l'était la coutume de Paris, où sera le motif de s'écarter, et de la rigidité des commentateurs de cette coutume, et des arrêts nombreux qui l'ont expliquée ? Ce motif serait assurément difficile à trouver : car, en supposant même que les mœurs conjugales se fussent relâchées, et rendissent par leur dérèglement les séparations de corps plus déplorables qu'autrefois, il serait important de ne point transiger sur la formalité tutélaire de l'autorisation, qui peut servir de frein et de contre-poids au scandale ; il serait urgent

de resserrer le champ d'une liberté devenue un
théâtre d'immoralité et de folles dissipations.

» Voyons donc si l'esprit et le texte de la loi nouvelle s'opposent à l'adoption des anciens principes.

» Le Code civil, en soumettant la femme à l'autorisation de son mari, eut pour double but de la
préserver de sa propre inexpérience, tant dans son
intérêt personnel que dans celui de ses enfants, et
de rendre en même temps hommage au chef de la
société conjugale. Vingt dispositions précises démontrent que telle fut, en effet, la sollicitude du
législateur. Rendons-lui grâce d'avoir, notamment
dans l'art. 217 du Code, perpétué l'opinion des
jurisconsultes et des parlements, qui ne voulaient
pas, dans leur religieuse sagesse, que la séparation
pût délier la femme de sa dépendance morale et
civile, et diminuer en quelque chose l'autorité du
mari. Ainsi, d'après cet article formel, la femme,
quoique séparée, reste toujours sous la tutelle et
sous la puissance de son chef; elle ne peut contracter
et aliéner, sans son consentement. Pourquoi, en
effet, la séparation eût-elle affranchi la femme de
l'ascendant marital? Si le fait de l'habitation est in-
terrompu, le mariage n'en subsiste pas moins, la
femme porte toujours le nom de son époux. D'un
instant à l'autre, une réconciliation peut rapprocher les conjoints sans qu'il soit besoin d'un nouveau
pacte; une parole de paix et d'amitié, un souvenir
de leurs beaux jours suffira pour rendre à leur union
la force primitive, parce qu'elle n'a rien perdu de

son essence, et que le contrat qui en fait l'ame est indélébile et sacré.

» La faveur que mérite le mariage doit donc s'efforcer de multiplier les chances d'un rapprochement pour les époux séparés : l'obligation où est la femme de recourir au consentement de son mari dans ses engagements ordinaires, peut amener des entretiens salutaires ; et, dans tous les cas, elle ôte à cette séparation ce caractère d'indépendance illimitée qui serait une dérision pour le mariage, et ferait tomber en désuétude ses devoirs, ses maximes et ses prérogatives.

» Mais la puissance maritale n'est pas le seul motif qui soumet la femme au préliminaire de l'autorisation, et cette garantie est en outre exigée, comme nous l'avons dit, pour l'intérêt de la femme elle-même et de ses enfants. Dans tous les temps, la loi s'est défiée de l'expérience des femmes dans le maniement des affaires, ce qui faisait dire à Cicéron, dans son discours pour *Murena*, que les femmes étaient en perpétuelle tutelle à cause de l'infirmité de leur sexe. Si, dans le célibat ou le veuvage, la femme a la libre administration de sa fortune, c'est qu'il n'en peut être autrement ; mais dès que la femme est unie à l'homme, ce rapprochement de deux capacités inégales a dû faire préférer l'une à l'autre, subordonner celle de l'être faible à celle de l'être fort, et dans cette répartition de devoirs, recommander à la femme l'obéissance, et au mari la protection.

» Mais si la femme séparée était abandonnée à elle-même, si par sa facilité et son incurie elle dissipait ses ressources et celles qu'attendent ses enfants, comment pourrait-elle accomplir la sainte obligation que lui prescrit l'art. 1448, ainsi conçu : « La femme qui a obtenu la séparation de biens doit contribuer, proportionnellement à ses facultés et à celles de son mari, tant aux frais du ménage qu'à ceux d'éducation des enfants communs. »

» Voilà cependant qu'au lieu de supporter une partie des charges qui lui sont imposées, la femme ruinée par son imprudence fait peser le fardeau de ses nécessités sur le mari, obligé de secourir sa compagne et ses enfants.

» Il y a plus; nous avons dit que la séparation de corps n'était que l'interruption de l'habitation commune et l'expectative d'une réunion possible; ne serait-ce pas conspirer contre cette réunion désirable, que de laisser à la femme le droit de perdre sa fortune et de détourner ainsi le mari d'un rapprochement? Par intérêt, il ne voudra pas rétablir dans sa plénitude une société où l'un apporterait l'aisance et l'économie, tandis que l'autre n'y apporterait qu'une misère affamée; par amour-propre, il ne voudra pas que le besoin ramène dans ses bras celle qu'en repoussent peut-être ses affections secrètes.

» De son côté, la femme craignant que la demeure où elle végète ne semble à son époux la cause de son retour sous le toit nuptial, comprimera le désir qu'elle avait d'y reparaître. Un sentiment de fierté que le malheur rend plus susceptible encore, luttera dans son cœur contre l'attrait d'une pacification domestique ; l'amertume de sa position aigrit et dénature ses résolutions ; plus elle a de torts, et plus l'idée d'encourir un reproche humiliant la révolte contre toutes les inspirations conciliatrices.

» Ainsi, la dignité, la pudeur, l'intérêt du mariage réclament également que la liberté de la femme soit restreinte. Voyons maintenant si la loi se refuse à cette mesure limitative.

» Nous l'avons fait observer, l'art. 217 de notre Code est en lui-même très-favorable à une disposition de ce genre; on peut même dire qu'il est plus sévère qu'il ne le faut, puisque, sans faire aucune distinction entre les biens immobiliers et les meubles, les capitaux et les revenus, il déclare la femme incapable d'aliéner, principe qui devait cependant souffrir une exception en faveur de l'administration confiée à la femme séparée. Aussi, M. de Malleville fait-il observer, sur cet article, que le conseiller-d'état rapporteur convint que cette prohibition ne concernait que les immeubles, et que, si le législateur s'était mal expliqué, il avait réparé son oubli dans l'art. 1449.

» Toute la difficulté du procès se concentre, en définitif, dans la rédaction de cet article : au premier aperçu, cette rédaction, il faut l'avouer, paraît décisive dans l'intérêt du créancier envers lequel la

femme séparée s'est obligée sans autorisation. Nous
confesserons même que les termes clairs et positifs
de cet article permettent à la femme de disposer de
son mobilier et de l'aliéner. Nous avons d'abord
pensé que non-seulement elle pouvait librement
user de cette faculté, mais encore contracter des
engagements, sauf à n'en permettre l'exécution que
sur son mobilier. En effet, disions-nous, peut-on
prétendre, sans annuler une des dispositions de la
loi, que l'art. 1449 ne permet à la femme que des
actes de simple administration, lorsqu'après lui avoir
formellement concédé, dans son premier paragraphe, le droit de diriger cette administration, l'article précité lui accorde en outre, dans son second
paragraphe, la faculté distincte de disposer de son
mobilier et de l'aliéner sans recourir au consentement
marital? Nous ajoutions: Qu'importe que la femme,
ainsi investie de ce droit incontestable, l'exerce en
disposant directement du mobilier, ou bien en souscrivant des billets dont le paiement se concentrera
sur ce mobilier? Quelle que soit la somme de ces
billets, la condition de la femme ne pourra devenir
plus périlleuse que ne l'a permis la loi; car toutes
les condamnations dont ces billets seront l'occasion
n'étant, on le répète, exécutoires que sur le mobilier, et la faculté d'aliéner ce mobilier n'étant point
circonscrite à une fraction, mais embrassant la
totalité, le mode de l'aliénation est insignifiant; car
d'une façon ou de l'autre il ne dépasse point le
cercle tracé par le législateur.

. » Ces premières réflexions auxquelles nous nous sommes livrés, sont sans doute dignes de quelque attention, puisque le système qu'elles appellent et qu'a développé avec méthode et talent le jeune avocat des mineurs Breard, a été accueilli par la cour de cassation, non-seulement dans l'espèce qui vous est soumise en ce moment, mais encore dans une affaire précédente.

» A notre égard, et nonobstant ces autorités respectables, nous estimons après un examen approfondi et des termes de la loi et des principes dont ils dérivent, que le second paragraphe de l'art. 1449 ne fait qu'étendre et expliquer le droit d'administration conféré par le premier paragraphe de cet article à la femme séparée. Ici cette femme est évidemment assimilée au mineur émancipé, dont la capacité se borne aux actes de gestion. La femme séparée doit d'autant moins se plaindre de cette analogie judicieusement signalée par les premiers juges, que, son incapacité étant plus rigoureuse en droit que celle du mineur émancipé, ce n'est pas aggraver sa position que de la mettre sur la ligne de la minorité. Nous disons que son incapacité est plus rigoureuse, car elle est fondée à la fois et sur la puissance maritale, et sur l'intérêt de la femme et sur celui de ses enfants, tandis que celle du mineur est seulement fondée sur son intérêt personnel. La puissance du tuteur et du curateur, dit Pothier, dans son *Traité des obligations,* n'est établie qu'en faveur des mineurs et des interdits; l'assistance des tuteurs et des curateurs n'est requise, lorsque ces personnes contractent, que pour leur intérêt et dans la crainte qu'elles ne soient trompées; c'est pourquoi elle devient superflue toutes les fois qu'elles font leur condition meilleure : au contraire, la puissance du mari sous laquelle est la femme n'étant pas établie en faveur de la femme, mais en faveur de son mari, le besoin qu'elle a de requérir l'autorisation de celui-ci pour contracter, n'étant pas requis dans l'intérêt de la femme, mais comme une déférence qu'elle doit à son mari, elle ne peut contracter en aucune manière, soit à son avantage, soit à son désavantage, sans l'autorité de son mari.

» Si l'on peut ajouter quelque chose à ces expressions d'un jurisconsulte, qui motivait ses opinions avec une sollicitude consciencieuse, nous dirons que la femme, quoique séparée, étant toujours sous la puissance maritale, et le seul résultat de la séparation étant de suspendre la cohabitation, la loi n'a dû se proposer que ce qui était strictement nécessaire à un tel état de choses; et tout ce qui excèderait la faculté d'administrer librement, serait pour la femme une liberté inutile, et par conséquent une atteinte gratuite à la puissance d'un mari.

» Mais oublions un moment tous les principes que nous venons d'exposer, et admettons que la femme séparée puisse indéfiniment, sans discernement et outre mesure, disposer de son mobilier; faudra-t-il, modifiant ce principe et le détournant de son application textuelle, permettre à la femme de faire des billets? Ici nous ne retrouvons plus les expressions littérales de l'art. 1449; nous ne trouvons au contraire qu'une atteinte portée aux dispositions des art. 217, 219, 221, 222 et 224, qui prohibent toute obligation de la part de la femme non auto-risée. Obliger et aliéner ne sont pas un synonyme judiciaire.

» Une femme est plus facile à s'obliger qu'à donner ou qu'à aliéner; aussi, suivant la loi *Julia*, une femme pouvait consentir à l'aliénation du fonds dotal et non pas à son hypothèque. Disposer du mo-bilier et l'aliéner, aux termes de l'art. 1449, c'est opérer localement sur un mobilier actuel et présent. Ainsi, la femme pourra échanger tout ou partie de ses meubles avec un tapissier; elle pourra déléguer à ses créanciers une partie de ses revenus courants; car dans tous ces actes nous voyons toujours figurer le mobilier, objet direct de l'engagement, pivot de l'obligation, dont les termes se trouvent dès-lors en harmonie avec des valeurs connues et appréciables.

» En est-il de même lorsque, au lieu de cette alié-nation précise, la femme souscrit, comme dans le procès actuel, un billet à ordre de 5,500 fr., où il n'est aucunement question du mobilier, en telle sorte qu'on ne peut plus recourir aux dispositions de l'art. 1449, qu'à l'aide d'interprétations et par voie de conséquence plus ou moins arbitraire que la gravité de la matière ne saurait tolérer? Ici, dira-t-on que le résultat est le même? Nous répondrons que cette similitude dans le résultat n'est qu'apparente, et qu'au fond la différence est immense. En effet, la femme qui n'aliène que le mobilier présent qu'elle a sous la main et en sa possession actuelle, ne compromet pas son avenir, elle n'agit que sur des bases indiquées et précises. Mais il n'en est pas de même si elle contracte des engagements pécuniaires, indépendants des proportions mobilières de son actif. De pareils engagements, accumulés sans base positive et sans mesure, peuvent écraser les ressources futures, épuiser les revenus, réduire la femme à la plus déplorable détresse, et faire tomber son administration imprudente dans le chaos et la confusion; car ces engagements ne pouvant s'accomplir que sur le mobilier, attendront successivement que le désastre d'une première saisie mobilière soit réparé pour tenter une nouvelle exécution....

» La restriction des poursuites aux meubles présents et à venir de la femme n'est pas même admissible en droit; car si l'obligation de la femme est nulle, comme ayant été faite sans autorisation, elle ne peut être valable en quelques-unes de ses parties. Les jurisconsultes contiennent sur ce point des dispositions remarquables : C'est en vain , dit Lebrun, que pour sauver l'obligation d'une femme séparée, le créancier déclare qu'il se contente de l'exécuter sur ses revenus, car le titre de ce créancier étant nul, ne peut avoir aucun effet. La femme, dit Rousseau-de-Lacombe, v° *Séparation*, quoiqu'elle puisse aliéner ses meubles , est restituée indéfiniment contre l'obligation contractée, et le créancier n'en peut restreindre l'exécution sur les meubles. Il cite, à l'appui de son opinion, *Sœfve*, tit. 1, art. 3, ch. 87, 6, et un arrêt du 5 décembre 1651.

» A ces autorités on pourrait joindre celle de Louet sur Brodeau (lettre F, ch. 39): Le contrat et l'obligation, dit cet annotateur, étant nuls de soi, le créancier ne serait pas recevable à vouloir en restreindre l'effet sur les meubles et les revenus des immeubles, encore que la femme en puisse valablement disposer. Cet auteur cite également un arrêt du 22 avril 1608. »

Après quelques observations sur le fait de la cause, M. Marchangy termine en ces termes:

« La femme pourra toujours contracter, en cas de nécessité ou d'utilité réelle, en demandant une autorisation qui, si elle lui est refusée par son mari, lui serait accordée par la justice. Ou l'engagement de la femme sera licite, ou il sera déraisonnable: s'il est licite, l'autorisation maritale ou judiciaire ne pourra point tromper sa juste attente; s'il est déraisonnable, osera-t-elle se plaindre de l'utile rigueur qui veille sur ses intérêts et ceux de ses enfants?

» Ainsi, l'application des principes que nous venons d'exposer ne peut avoir aucun inconvénient, tandis qu'il y en aurait beaucoup à mollir dans les doctrines sévères qui maintiennent la puissance maritale et mettent un frein à la liberté des femmes séparées. »

Sur ces conclusions, si pleines de raisons puissantes et d'autorités recommandables, intervint l'arrêt suivant qui deviendrait immédiatement applicable à la question, si l'on voulait assimiler la femme paraphernale à la femme séparée de biens, et lui appliquer l'art. 1449 :

« Considérant qu'il résulte de l'art. 217 du Code civil, et des articles subséquents 219, 221, 222 et 224, qu'une femme mariée, quoique séparée de biens, ne peut contracter ni passer un acte sans l'autorisation du mari, ou de justice, à son refus ; qu'à la vérité, en cas de séparation, l'art. 1449 lui rend la libre administration de ses biens, et, par une suite nécessaire, l'habileté à contracter dans tout ce qui a trait à cette administration, nulle administration ne pouvant avoir lieu sans contrat ; mais que là se réduit sa capacité ; que s'il est ajouté ensuite qu'elle peut disposer de son mobilier et l'aliéner, on aurait tort d'en induire qu'elle peut à plus forte raison obliger par des transactions ce mobilier.

» Considérant qu'en droit, *aliéner* et *obliger* ne sont pas la même chose, quoique l'un paraisse *plus* et l'autre *moins;* que c'est ainsi que dans le droit romain, suivant la loi *Julia*, une femme pouvait consentir à l'aliénation du fonds dotal, mais non à son hypothèque ; une femme se prêtant plus aisément à l'engagement de son bien où elle ne voit aucun péril présent, se flattant qu'ensuite le bien sera dégagé par son mari, qu'à une aliénation qui, dans l'instant même l'exproprie ; que c'est par la même raison que le sénatus-consulte *Velléien* venait au secours de la femme qui s'était obligée pour un autre, non de celle qui avait donné, parce que, dit ce sénatus-consulte, une femme est plus facile à s'obliger qu'à donner. V. Sirey, tom. 20, 2ᵉ, part., pag. 320. »

22. La femme peut, sans l'autorisation du mari, faire cultiver ses immeubles en dirigeant elle-même les travaux, ou bien les affermer à un tiers. Si c'est elle qui fait valoir ses terres et que le mari n'y prenne aucune part, elle seule donne les ordres, fait les achats de semences, d'attraits d'agriculture, d'engrais, de bestiaux, etc.; engage les domestiques destinés à la culture et aux travaux de sa propriété; s'il y a des bois, c'est elle qui en prescrit l'aménagement et les coupes. Si la femme ne fait pas valoir elle-même ses immeubles et qu'ils soient affermés, c'est elle qui passe les baux, qui renvoie les fermiers, qui règle les conditions des fermages ou des locations, qui passe les quittances et reçoit les prix de ferme.

23. La femme pourrait-elle passer un bail à longues années, sans le consentement de son mari? Nous ne le pensons pas : ce n'est plus là un acte d'administration ni de jouissance, et l'on a toujours considéré, dans la pratique, ces sortes de baux, comme une aliénation; telle est au reste l'opinion de M. Bellot-des-Minières, dans son *Traité du contrat de mariage*, tom. 4, pag. 300. Cet auteur

pense que si un tel bail a été consenti par la femme,
sans l'autorisation du mari, il n'est obligatoire pour
elle que pour neuf ans, terme des baux ordinaires.
Nous partageons pleinement cette opinion,

24. Si les biens de la femme consistent en
maisons, elle peut aussi sans le consentement de
son mari, passer les baux à loyer, commander les
réparations de quelque nature qu'elles soient, passer
un contrat d'assurance contre l'incendie, se pourvoir pour obtenir une diminution de contributions,
acquitter les impôts de toute nature; elle peut aussi
donner à prix fait et passer des conventions avec les
ouvriers maçons, charpentiers, entrepreneurs,
architectes, etc., pour les réparations et reconstructions partielles de ses bâtiments. S'il s'agissait
de la construction entière d'une maison ou hôtel,
nous pensons que le consentement du mari serait
nécessaire, cette entreprise n'étant pas un acte
d'administration.

Remarquons toutefois que ces réparations et
reconstructions doivent être d'une utilité réelle; s'il
ne s'agissait que d'embellissements ou d'objets de
luxe, l'autorisation du mari nous paraîtrait nécessaire ; cela dépendrait beaucoup au reste de la
fortune des époux.

25. Si les biens paraphernaux consistent en un
fonds de commerce, la femme peut, sans l'autorisation de son mari, s'obliger pour ce qui concerne

son négoce (Cod. civ., art. 220; Cod. de comm., art. 5). C'est ici une dérogation spéciale au droit commun; ainsi elle pourra, sans être autorisée, souscrire tous billets à ordre, lettres de change, endossements, règlements de compte, etc., qui auront trait immédiat à son commerce; elle pourra de même passer le bail de ses magasins et comptoirs, arrêter et renvoyer les commis et préposés, passer avec eux toutes conventions relatives à leurs traitements ou participation aux bénéfices. Elle pourra encore se présenter dans les faillites, affirmer la sincérité de ses créances, consentir tous concordats ou transactions avec le débiteur failli, et lui faire la remise totale ou partielle de sa dette.

26. Cette faculté de s'obliger accordée à la femme paraphernale marchande publique, doit-elle être restreinte au commerce auquel elle se livre habituellement? En d'autres termes, la femme marchande publique s'oblige-t-elle valablement sans autorisation, lorsqu'elle fait un acte de commerce étranger au négoce qu'elle exerce ordinairement? La question est délicate et mérite un sérieux examen.

Le législateur, en accordant à la femme marchande publique la faculté de s'obliger, n'a fait aucune distinction ni déterminé quels seraient les actes de commerce qui emporteraient obligation de sa part. Il suffit qu'elle soit marchande publique, pour qu'elle puisse souscrire un engagement quelconque; voilà ce qui nous paraît résulter, d'une manière directe, de l'art. 220 du Cod. civ. et de l'art. 5 du Cod. de comm. Voudrait-on argumenter contre cette opinion des termes de la loi, *pour ce qui concerne son négoce?* et dire avec M. Duranton, *Droit français*, tome 2, pag. 436, que si la femme fait une opération *même de commerce, mais étrangère à son négoce*, elle devra être autorisée? nous répondrions à cela que la femme marchande publique peut faire plusieurs genres de commerce; qu'elle peut indifféremment se livrer à des spéculations commerciales en gros; qu'elle peut exploiter plusieurs branches d'industrie et embrasser, selon l'opportunité, telle ou telle entreprise. Ainsi, je suppose qu'une femme marchande publique, ayant beaucoup de capitaux, achète des quantités considérables de vins, d'huiles, de marchandises coloniales, selon qu'elle croira y faire des bénéfices, et qu'à raison de ces opérations elle souscrive des billets ou des lettres de change, dira-t-on que cette femme ne serait pas valablement obligée, parce qu'elle aurait fait habituellement un négoce de toilerie? Ce serait là, nous le pensons, une erreur bien grave; la loi nous paraît avoir attaché la faculté de s'obliger à la qualité de marchande publique et non au genre de négoce qu'elle peut entreprendre; s'il en était autrement, une foule de femmes, déjà marchandes publiques, ne pourraient plus souscrire aucun engagement valable; s'il leur arrivait, par exemple, à la mercière de joindre à son négoce celui de la quincaillerie, à la marchande

de vins en gros celui des huiles ou des eaux-de-vie,
au libraire celui des caractères d'imprimerie. En
adoptant enfin ce principe dans toute sa rigueur, il
faudrait aller jusqu'à décider, ce qui serait une
absurdité, que la femme marchande publique ne
pourrait, sans être autorisée, souscrire un billet à
ordre en échange d'un dépôt d'argent qui serait fait
dans ses mains, car ce serait là un acte de commerce étranger à son négoce, si elle n'était pas
banquière.

Toutefois, en nous prononçant ainsi, nous ne
sommes point de l'avis d'un arrêt de la cour de
Paris, du 26 avril 1811, qui a décidé que la femme
titulaire d'un bureau de loterie est réputée marchande publique, et qu'en cette qualité elle peut
aliéner le bureau de loterie; selon nous, cet arrêt
a consacré deux erreurs manifestes : la première,
c'est d'avoir décidé que la gestion d'un bureau de
loterie est un commerce ; la deuxième, que la femme,
en aliénant ce même bureau, n'aurait fait qu'un acte
de commerce relatif à son négoce. En ce qui
concerne la première, il nous semble que rien n'est
plus opposé au commerce que la tenue d'un bureau
de loterie. Le buraliste est un agent du gouvernement, salarié par lui, et qui n'est nullement appelé
à faire des actes de commerce. Quel est le caractère
principal auquel on reconnaît le commerçant? c'est
l'achat et la vente, ou l'échange de valeurs contre
valeurs. Or, le receveur de la loterie ne fait aucun
acte de ce genre, c'est une espèce de percepteur

qui, en échange de votre argent qui n'entre point
dans sa caisse, vous délivre une quittance, un reçu,
une reconnaissance, comme on voudra l'appeler,
constatant la somme par vous remise, et les numéros
joués par vous. Tout son travail se réduit à cela,
et rien sans doute ne ressemble moins à un commerce que cette opération. Maintenant, supposons que ce soit une femme paraphernale qui gère
ce bureau de loterie et qu'elle veuille l'aliéner.
Pourra-t-elle le faire sans l'autorisation de son mari,
alors qu'elle sera considérée comme marchande
publique? Devra-t-on voir dans cette aliénation un
acte relatif à son commerce? Ce serait, selon nous,
irriter tous les principes que de le décider ainsi.
Jamais on ne nous fera concevoir que l'aliénation
du fonds de commerce soit un acte de commerce;
que l'acte qui fait sortir des mains de la femme le
négoce lui-même, soit un acte relatif à ce négoce
pour lequel l'autorisation du mari ne soit pas nécessaire. Lorsque le législateur a permis à la femme
marchande publique de s'obliger pour ce qui concerne son commerce, c'est dans l'objet de faire
fructifier ce commerce dans ses mains, en n'y
apportant pas les entraves de l'autorisation maritale,
et non pour que la femme pût à son gré aliéner le
commerce lui-même. Cette aliénation est un acte
trop important, qui peut avoir une trop grande
influence sur l'avenir de la femme et de ses enfants,
pour que le législateur ait voulu l'abandonner à son
caprice et à sa volonté toujours flottante et souvent

légère. Ce n'est point là l'esprit de l'art. 220, et la
cour de Paris, en rendant l'arrêt dont il s'agit, a
sans doute été déterminée par des considérations
particulières devant lesquelles on est quelquefois
obligé de faire fléchir la rigueur du droit.

Nous ne pensons pas qu'on veuille, pour soutenir
le bien jugé de cet arrêt, invoquer celui de la cour
de cassation du 8 septembre 1814, qui a décidé
que la femme marchande publique peut, sans autorisation, vendre un immeuble acheté des bénéfices
de son commerce; il n'y a entre ces deux cas
aucune analogie. La femme marchande publique
qui, des produits de son commerce, achète un
immeuble, est censée n'avoir fait qu'un emploi momentané de fonds restés improductifs dans ses mains;
c'est là un acte relatif à son négoce, en ce sens
que la femme l'a acheté et soldé avec les fonds de
son commerce, fonds qu'elle conserve l'espoir d'y
rétablir, si les circonstances l'y obligent. C'est un
acte tout dans l'intérêt du commerce, tandis que
l'aliénation du commerce lui-même est un acte fait
dans un but tout opposé.

27. La femme paraphernale, comme toute autre,
a besoin du consentement de son mari, soit pour
établir un commerce, soit pour l'exercer si elle
l'avait avant son mariage; remarquons toutefois que
la loi n'exige pas ici *l'autorisation* qui a quelque
chose de plus exprès que le consentement, lequel
peut être tacite. Ce consentement peut être tacite

en ce sens que si la femme fait un commerce public,
au vu et su de son mari, et sans opposition de sa
part, elle est censée l'avoir obtenu de lui et être
suffisamment autorisée pour tous les actes qui concernent son négoce. Un arrêt de la cour de cassation du 27 mars 1832 vient de consacrer de nouveau
cette doctrine; on le trouve dans Sirey, tom. 32,
1 , 365.

28. La femme paraphernale ne peut, sans le
consentement de son mari, accepter une donation;
la qualité de ses biens ne peut la soustraire à la loi
commune qui ne permet pas à la femme mariée
d'accepter une donation sans l'autorisation maritale
(Cod. civ., art 934). Mais pourrait-elle, sans cette
autorisation, accepter une donation qui lui serait
faite sous la condition que les biens donnés lui
seraient paraphernaux? M. Merlin soutient la négative et il a raison. L'art. 934 ne fait aucune distinction
entre la femme mariée sous un régime et celle qui
est mariée sous un autre. Le droit que la loi accorde
à la femme de jouir de ses biens paraphernaux et
de les administrer ne saurait être étendu jusques à
l'autoriser à accepter une donation qui, sous quelque
condition qu'elle fût faite, pourrait en résultat être
très-onéreuse pour elle. Il est d'ailleurs une autre
raison décisive, c'est qu'en acceptant une donation
faite avec une pareille stipulation, la femme apporterait un changement notable aux conventions
matrimoniales auxquelles elle s'est volontairement

soumise, et l'on sait que l'art. 1395 du Code civil prohibe toute espèce de changement au contrat de mariage, postérieur à la célébration.

M. Bellot-des-Minières examine la question, mais sans dire si c'est avec ou sans l'autorisation du mari. Il paraît résulter de qu'il a écrit à ce sujet, qu'il pense qu'il y a dans la condition apposée à la donation une dérogation au contrat de mariage, mais que cette dérogation est permise, et que la femme peut accepter la donation. Cette doctrine nous paraît bien hasardée ; voici au reste comment s'exprime cet auteur à ce sujet :

« Nous avons établi quelque part » nous n'avons pas su découvrir où « que, si le contrat de mariage rendait tous les biens présents et futurs de la femme dotaux, rien n'empêcherait le donateur de donner, à la condition que les biens seraient paraphernaux. Ici, cependant, il y a dérogation au contrat de mariage, dérogation semblable à celle dont nous venons de parler, puisqu'elle tend à faire perdre au mari les revenus que lui attribue ce même contrat. Si cette dérogation est permise, il n'y a pas de raison pour ne pas permettre l'autre : *ubi eadem ratio, ibi et idem jus*. Quand le contrat rend tous les immeubles dotaux, et donne par conséquent tous les revenus du bien futur au mari, le donateur doit pouvoir rendre paraphernaux les biens qu'il donne, parce que d'un côté la franchise du bien l'exige, et qu'il est libre en général d'apposer à sa libéralité les conditions qui lui plaisent ; en outre, que sous le régime dotal, la femme étant présumée avoir deux sortes de biens, puisque c'est là le caractère distinctif de ce régime, le donateur a eu le droit d'apposer la condition, condition à laquelle il n'était pas permis aux époux eux-mêmes de déroger; en effet, il ne peut être permis de stipuler que les donateurs n'auront pas le droit de soustraire à la dotalité les biens qu'ils voudront donner à la femme. »

On peut juger toute la pensée de l'auteur par ce passage, et apprécier quelles sont celles des raisons pour et contre qui doivent prévaloir; quant à nous, nous persistons à penser qu'avec ou sans autorisation du mari, la donation ne peut recevoir son effet par l'acceptation de la femme ; qu'il y a évidemment ici dérogation aux conventions matrimoniales, ce qui est manifestement contraire à la loi. V. au reste ce que nous avons dit dans notre *Traité de la dot*, pag. 48 et suiv.

29. Les droits de la femme sur les biens paraphernaux s'étendent non-seulement à l'administration et à la jouissance, mais encore à la propriété. Toutefois son droit sur la propriété est limité, elle ne peut en jouir d'une manière complète sans que son mari intervienne ou sans que la justice sanctionne ses actes, lorsqu'ils s'écartent des bornes de l'administration que la loi lui confère.

Ainsi, toutes les fois qu'il s'agit d'aliénation, la femme paraphernale doit obtenir l'autorisation de son mari, ou, à son refus, la permission de la

justice (Cod. civ., art. 1576, § 2). Remarquons ici
que la disposition de cet article est moins étendue
que celle de l'art. 217 , qui porte que la femme
même, non commune ou séparée de biens , ne peut
donner , aliéner , hypothéquer , acquérir à titre
gratuit ou onéreux, sans le concours du mari dans
l'acte, ou son consentement par écrit. Il ne faut
pas conclure de là que la liberté de la femme paraphernale soit moins restreinte que celle de la femme
non commune ou séparée de biens. Leur condition
est égale sur ce point. La femme qui a des paraphernaux ne peut pas mieux donner , hypothéquer ,
acquérir à titre gratuit ou onéreux , que toute autre
femme mariée. Du reste, le mot *aliéner* comprend
toute espèce d'aliénation directe ou indirecte. Dès
le moment qu'un acte, de quelque nature qu'il soit,
peut avoir pour résultat plus ou moins éloigné, la
perte ou l'aliénation de la chose paraphernale, le
mari doit y concourir par son autorisation. La capacité de la femme qui a des paraphernaux doit donc
se régler par les art. 217 et 1576, combinés entre
eux.

30. La disposition prohibitive des art. 217 et
1576 est-elle un statut personnel qui ait saisi la
femme au moment de la promulgation, ou bien
est-ce la loi du contrat qu'il faille consulter pour
savoir si la femme mariée antérieurement au Code
a pu aliéner ses paraphernaux sans l'autorisation de
son mari? Cette question se résout par le principe

que toute disposition législative qui intéresse l'ordre public doit être considérée comme un statut personnel qui saisit la personne au moment où elle est promulguée. Or, il n'est pas douteux que la nécessité pour la femme d'obtenir l'autorisation maritale pour l'aliénation de ses paraphernaux, ne se rattache d'une manière directe à l'ordre public. L'autorité du mari a son fondement sur ce principe de raison publique que, dans l'association conjugale, il faut qu'il y ait un chef, et ce chef ne pouvant être que le mari, son autorité doit toujours être invoquée dans les actes de la femme qui ont quelque importance. Peut-être opposera-t-on que la jurisprudence des cours du royaume est opposée à cette opinion ; que plusieurs arrêts ont décidé que l'aliénation de la dot des femmes mariées avant le Code civil, est réglée par les lois existantes à l'époque de leur mariage; que ce serait donner un effet rétroactif au Code civil, que de régler par ses dispositions le sort des dots antérieurement constituées (V. Sirey, tom. 11, 1, 39, 40 et 346; tom. 14r, 1, 32; tom. 15, 2, 106). On répond à cela que l'inaliénabilité des biens dotaux ne se rattache pas immédiatement à l'ordre public; qu'elle n'appartient qu'aux intérêts privés; ou si bien elle y puise son fondement, ce n'est que d'une manière indirecte et éloignée ; qu'il ne faut pas confondre ce qui est *d'intérêt public* avec ce qui est *d'ordre public;* qu'il est de *l'intérêt public* que les dots soient conservées, mais non pas *d'ordre public.* Peut-être considère-t-on cette dis-

tinction comme une subtilité, mais si l'on veut se
donner la peine d'y réfléchir, on se rangera, j'en
suis sûr, de notre avis.

Nous pouvons au reste invoquer, à l'appui de
cette opinion, un arrêt rendu par la cour de Limoges le 22 juin 1828. Il est rapporté par Sirey, en ces
termes :

« Antoine Reyjolas et Jeanne Latreille se marièrent le 30 nivôse an 7. Par le contrat qui précéda
la célébration de leur mariage, la future se constitua
en dot une partie de ses biens; le surplus lui resta
paraphernal. Parmi les biens paraphernaux se trou-
vaient les droits de Jeanne Latreille, dans les successions de ses père et mère. Le 26 brumaire an
14, elle fit vente ou cession de ses droits au profit
de ses cohéritiers, moyennant 10,000 fr. qui lui
furent payés, ainsi qu'il résulte de deux quittances
des 10 mars 1808 et 4 septembre 1810. Antoine
Reyjolas figura dans les deux quittances, mais seulement pour autoriser son épouse.

» Il paraît qu'il ne fut fait aucun emploi des 10,000 f.
De là, et après le décès de Jeanne Latreille, ses
héritiers ont induit qu'Antoine Reyjolas était garant
de cette somme; ils ont invoqué, à l'appui de leur
prétention, l'art. 1450 du Cod. civ., portant que le
mari est garant du défaut d'emploi du prix de l'immeuble que la femme séparée a aliéné, si la vente
a été faite de son consentement. Antoine Reyjolas,
après avoir rappelé qu'il s'agissait du prix de biens
paraphernaux, a soutenu qu'aucune disposition du

Code ne rendait le mari responsable du défaut d'emploi du prix des biens de cette nature, quoiqu'il eût consenti à leur aliénation. L'art. 1450, a-t-il dit, est sans application à l'espèce; d'abord il n'était relatif qu'à la femme séparée; or, Jeanne Latreille n'était pas séparée. En second lieu, cet article est placé au chapitre de la communauté; il ne peut donc régir l'aliénation des biens paraphernaux, puisqu'il n'y a de biens paraphernaux que sous le régime dotal. Il suffit, au reste, de rapprocher certaines dispositions du Code, pour être convaincu que la loi doit être entendue telle que nous l'expliquons. En effet, l'art. 1449, au chapitre de la communauté, établit le principe que la femme mariée en communauté, mais séparée de biens, en reprend la libre administration, et il ajoute qu'elle ne peut aliéner ses biens sans le consentement du mari ou l'autorisation de justice. Même disposition écrite de nouveau dans l'art. 1576, pour la femme mariée sous le régime dotal, à l'égard de ses paraphernaux; preuve évidente que le législateur a cru nécessaire de l'établir pour ce régime, et qu'il a exclu le raisonnement par analogie. Mais si l'on revient au titre de la communauté, on y trouve (art. 1450) le principe de la responsabilité du mari, dans le cas où il a donné cette autorisation, et rien de semblable ne se trouve au titre du régime dotal. Pourquoi le législateur a-t il transcrit à ce dernier titre les dispositions de l'art. 1449, et n'a-t-il rien dit de celles de l'art. 1450? C'est évidemment qu'il

entendait exclure ce dernier du régime dotal. Au
surplus, a-t-on ajouté, les dispositions du Code
civil ne pourraient, dans tous les cas, s'appliquer à
l'espèce, puisque le mariage a été contracté sous
l'ancien droit, lequel n'établissait aucune responsabilité à la charge du mari. Dans l'hypothèse dont il
s'agit, appliquer en ce cas le Code civil, ce serait
lui donner effet rétroactif.

» 17 Mai 1826. — Jugement du tribunal de Brives
qui rejette ces moyens et déclare Antoine Reyjolas garant du défaut d'emploi. — Appel.

» Arrêt. — La Cour, attendu qu'il résulte d'un
acte authentique du 26 brumaire an 14, que Jeanne
Latreille fit vente aux époux Brivel de tous ses droits
immobiliers dans les successions directes et collaté-
rales à elle échues, moyennant 10,000 fr. qui ont été
reçus soit par Antoine, soit par sa femme avec son
autorisation; que, dans l'un comme dans l'autre cas
Reyjolas doit être responsable de l'emploi de ces
deniers provenant de biens paraphernaux de sa
femme;

» Attendu qu'en effet, et aux termes de l'art.
1450, Cod. civ., le mari est garant du défaut d'emploi du prix des biens de sa femme séparée, qui ont
été vendus en sa présence et de son consentement,
que vainement prétendrait-on que cette disposition doit être restreinte au cas de la séparation de
biens, et ne peut être étendue à l'aliénation des
biens paraphernaux; vainement dirait-on aussi
que si le législateur eût voulu étendre la disposition

de l'art. 1450 aux biens paraphernaux, il n'eût pas manqué de la répéter à la section IV, relative auxdits biens paraphernaux; mais il est facile de répondre que le législateur a dû penser que la répétition était inutile, parce qu'il y avait même raison de décider ; parce que, dans l'art. 1450, il avait posé un principe général qui devait s'appliquer à tous les cas semblables; parce que la femme qui a des biens paraphernaux est comme si elle était séparée de biens, la seule différence qu'il y ait entre elle et la femme dont la séparation a été prononcée en justice, c'est qu'une séparation est établie par un contrat, et l'autre par un jugement; mais l'une et l'autre sont régies par les mêmes principes;

» Attendu aussi que l'art. 1576, qui défend à la femme d'aliéner ses biens paraphernaux sans l'autorisation de son mari, est un statut personnel qui a saisi la femme du jour de sa promulgation; que c'est bien dans l'intérêt de l'ordre public que le Code civil rend la femme incapable d'ester en jugement, de s'obliger, d'aliéner sans l'autorisation de son mari, et dès-lors on ne peut douter de l'assujettissement de la femme à cette incapacité, quoiqu'elle ait été mariée avant le Code, sous une jurisprudence qui l'en affranchissait ;

» Attendu, enfin, que la responsabilité étant une conséquence de la nécessité de l'autorisation du mari, pour que la femme puisse aliéner, est aussi, comme l'autorisation même, une conséquence du statut personnel ;

» Attendu, en fait, que Reyjolas, ou sa femme avec son autorisation , ayant reçu la somme de 10,000 fr., ainsi qu'il est établi par quittances authentiques, Reyjolas doit en fournir l'emploi; etc.»

31. La femme doit toujours demander l'autorisation de son mari avant de s'adresser à la justice; ainsi, lorsque la femme veut aliéner ses paraphernaux ou ester en jugement à raison de ces mêmes biens, elle doit d'abord faire constater le refus de son mari avant de demander au juge la permission qui lui est nécessaire. C'est par respect pour l'autorité maritale que cet ordre doit être observé. On avait cependant élevé quelques doutes sur l'observation rigoureuse de cette règle dans certains cas : ainsi, disait-on, si les époux étaient séparés de fait, si le mari était absent, ou que la femme fût certaine que son mari refuserait son autorisation, dans ces circonstances ne pourrait-elle pas s'adresser immédiatement à la justice? Dabord en cas d'absence, il faut distinguer s'il s'agit d'une absence ou d'une présomption légale d'absence. Ce cas est prévu par l'art. 222; la femme peut s'adresser directement à la justice; mais en cas d'absence ordinaire, de non-présence du mari au domicile conjugal, la femme doit toujours lui demander l'autorisation dont elle a besoin. Si elle ignore le lieu de sa résidence actuelle, elle peut le faire assigner, et son défaut de comparution est un refus suffisamment constaté pour qu'elle puisse alors requérir la

permission de la justice. Dans les autres cas où elle connaît le lieu qu'il habite, elle doit, à plus forte raison, faire constater son refus. Le Code de procédure trace au reste lui-même l'ordre et les formes à suivre pour l'autorisation de la femme. Voici comment il s'exprime à ce sujet :

« Art. 861. La femme qui voudra se faire autoriser à la poursuite de ses droits, après avoir fait une sommation à son mari, et sur le refus par lui fait, présente requête au président qui rendra ordonnance portant permission de citer le mari, à jour indiqué, à la chambre du conseil, pour déduire les causes de son refus.

» Art. 862. Le mari entendu, ou faute par lui de se présenter, il sera rendu, sur les conclusions du ministère public, jugement qui statuera sur la demande de la femme. »

L'art. 219 du Code civil a une disposition semblable pour le cas où la femme a besoin d'être autorisée pour passer un acte.

« Si le mari » dit cet article « refuse d'autoriser sa femme à passer un acte, la femme doit faire citer son mari directement devant le tribunal de première instance de l'arrondissement du domicile commun, qui peut donner ou refuser son autorisation, après que le mari aura été entendu ou dûment appelé en la chambre du conseil. »

L'inobservation de la règle que nous venons de développer a toujours été condamnée par les tribunaux. Un arrêt de la cour de Colmar, du 31 juillet

1810, a décidé en effet que quoique le mari ne soit pas présent dans le lieu de la résidence de sa femme, s'il n'est ni interdit ni absent dans le sens des art. 112 et suivants du Code civil, la femme ne peut être autorisée par justice, qu'il ne soit *préalablement* assigné à personne ou domicile, pour donner ou refuser son autorisation. Voy. Sirey, tom. 11, 2, pag. 206. Un autre arrêt de la cour d'Aix, du 9 janvier 1810, a jugé dans le même sens. Voici les motifs de ce dernier arrêt; ils sont décisifs :

« Considérant que le mode d'exécution des art. 215 et 218 du Code civil relatifs à l'autorisation nécessaire à la femme, soit de la part de son mari ou de la justice, pour ester en jugement, a été régularisé par la disposition du tit. 7, liv. 1er, 2e partie du Code de procédure. D'après l'art. 861, avant de s'adresser au juge, la femme doit faire une sommation à son mari; ce n'est que sur le refus par lui fait qu'elle présente requête au président, qui rend une ordonnance portant permission de citer le mari à jour indiqué, à la chambre du conseil, pour déduire les causes de son refus. D'après l'art. 862, le tribunal ne peut statuer sur la demande de la femme, qu'alors que le mari a été entendu, ou faute par lui de se présenter. Il résulte bien clairement de ces dispositions : 1° *que la femme ne peut jamais s'adresser aux tribunaux* et réclamer d'eux une autorisation, *qu'après avoir mis son mari en demeure de la lui accorder;* 2° que même dans ce dernier cas, la décision du tribunal ne peut être rendue qu'après que le mari a déduit les causes de son refus, ou qu'il a refusé de se présenter. »

32. M. Carré, *Quest.* 2923, décide que le jugement qui statue sur la demande de la femme doit être rendu à la chambre du conseil, mais c'est une erreur; les art. 861 et 862 du Code de procédure civile n'ont point dérogé à la règle qui veut que les jugements soient prononcés publiquement à l'audience. M. Berlier, dans l'exposé des motifs, dit bien que la qualité des parties veut que la procédure soit secrète, mais il ne dit rien de semblable à l'égard du prononcé du jugement pour lequel il faut suivre la règle ordinaire. C'est au reste de cette manière que la cour de Nîmes l'a jugé, par arrêt du 9 janvier 1828; V. Sirey, tom. 28, 2, 223. On avait aussi élevé la question de savoir si la procédure qui, en première instance, doit avoir lieu en la chambre du conseil, devait aussi avoir lieu de cette manière lorsque la cause était portée par appel devant une cour; mais par deux arrêts, l'un de la cour de cassation du 23 août 1826, l'autre de la cour de Nîmes du 18 janvier 1830, la question a été tranchée : on a décidé que l'appel du mari en la chambre du conseil était une espèce de conciliation qu'il était inutile de renouveler devant la cour.

33. Lorsque le mari accorde son autorisation, de quelle manière et dans quel temps doit-elle avoir lieu pour être régulière et valable ? Si l'autorisation

est nécessaire à la femme pour passer un acte, il faut que l'autorisation soit donnée par écrit, à moins que le mari ne soit partie dans l'acte. Il n'est pas nécessaire que l'écrit qui contient l'autorisation soit authentique, il peut être sous seing-privé, pourvu qu'au moment où il en est fait usage on le fasse revêtir de la formalité de l'enregistrement; peu importerait que l'acte pour lequel l'autorisation serait nécessaire ne pût être valablement fait qu'en la forme authentique. Voy. Duranton, *Droit français*, tom. 2, pag. 416. Il suit de là que l'autorisation du mari peut être donnée par lettre, pourvu qu'elle soit expresse et non équivoque sur le fait du consentement; il suit encore de là que l'acte qui contiendrait l'énonciation de l'autorisation donnée par le mari sans qu'il eût concouru à cet acte par sa signature, s'il savait signer, ne vaudrait pas aux yeux de la loi comme autorisation valable.

34. La femme pouvant disposer de ses biens paraphernaux peut se rendre caution de son mari, mais elle a besoin de son autorisation pour souscrire cet engagement; dans ce cas, on a agité la question de savoir si la femme qui, pour cautionner son mari, accepte une lettre de change, est suffisamment autorisée à s'obliger, lorsque la lettre de change est tirée par le mari lui-même.

Pour l'affirmative on dit que le mari donne un consentement réel et par écrit, pour que sa femme accepte la lettre de change et se rende ainsi sa caution, par le fait seul qu'il tire la lettre de change sur elle; que ces mots *il vous plaira payer*, contenus ordinairement dans les lettres de change seraient au reste suffisants comme autorisation; qu'ainsi, dès le moment que l'acceptation a eu lieu, on doit dire que la femme a été suffisamment autorisée.

Pour la négative on répond que le mari qui tire une lettre de change sur sa femme est censé la tirer sur lui-même; que dès que le mari et la femme n'ont pas de domicile séparé, leur maison est celle du mari; que dans ce cas la femme qui accepte est considérée comme un mandataire ou un commis de la maison; qu'elle n'accepte point pour elle-même; qu'elle accepte pour la maison de son mari; que d'ailleurs l'acceptation est un acte pour lequel il faut évidemment à la femme une autorisation spéciale et par écrit, pour que cette acceptation soit considérée comme un engagement de sa part; que les mots *il vous plaira payer* ne sont point assez expressifs ni assez complexes pour qu'on puisse y voir une autorisation à la femme de cautionner son mari.

Malgré ces raisons, que nous regardons comme très-puissantes, la question a été résolue dans le sens opposé, par arrêt de la cour royale de Caen; mais nous ne croyons pas que cet arrêt devienne le fondement d'une jurisprudence conforme.

35. Indépendamment de ce que l'autorisation doit

être donnée par écrit, il faut encore qu'elle soit donnée avant l'acte pour lequel elle est nécessaire ; si elle n'intervenait qu'après, elle ne validerait pas l'engagement de la femme. Nous avons établi ce point de droit dans notre *Traité de la dot*, tom. 1er, pag. 3o7 ; on peut y recourir. Toutefois, comme nous l'avons fait alors uniquement appuyés sur la doctrine des auteurs, nous allons signaler ici les arrêts qui peuvent encore servir d'appui à notre opinion.

Un premier arrêt de la cour de Rouen, rendu le 18 novembre 1825, a décidé que le consentement par écrit du mari, nécessaire à sa femme pour contracter, lorsque le mari ne concourt pas à l'acte, doit être antérieur et non postérieur à cet acte ; qu'ainsi l'approbation mise par le mari à la suite d'une obligation souscrite par sa femme, si elle est reconnue d'une date postérieure à l'acte, ne valide pas l'obligation. Les motifs de cet arrêt méritent d'être rapportés :

« Considérant que, suivant l'art. 217 du Code civil, la femme séparée de biens ne peut donner, aliéner, hypothéquer, acquérir à titre gratuit ou onéreux, sans le concours du mari dans l'acte, ou son consentement par écrit ; qu'il suit des termes formels et positifs de la loi, que si le mari ne concourt pas à l'acte, il faut au moins que, lors de la passation de cet acte, pour qu'il soit valide, il apparaisse de son consentement ; que lors de l'exposé des motifs du tit. 5 du Code civil, dans lequel se trouve ledit art. 217, M. le conseiller d'état Portalis s'exprimait ainsi : « Le même principe qui empêche la femme de pouvoir exercer des actions en justice sans l'autorisation de son mari, l'empêche à plus forte raison d'aliéner, etc., sans cette autorisation ; ce qui démontre que l'intention du législateur a été que l'autorisation devait être antérieure et non postérieure à l'acte ; » que les dispositions des art. 219 et 224 du même Code donnent une nouvelle force à cette doctrine ;

» Considérant qu'on ne peut assimiler à l'autorisation voulue par la loi, l'approbation qu'on lit sur le billet de 15,000 fr. ; que rien ne constate l'instant où le sieur de la Brière aurait écrit cette approbation ; qu'il est seulement constant qu'elle n'a point été donnée avant la confection du billet ; etc. »

Il est à remarquer qu'il y eut pourvoi contre cet arrêt, et que le pourvoi fut rejeté par la cour suprême, le 22 février 1828.

Un second arrêt de la cour de Grenoble, sous la date du 26 juillet 1828, a aussi jugé en ce sens. Voici les motifs :

« Attendu, sur la question relative à la promesse de 1,000 fr. souscrite par Lucie Prompsal, femme Chapuis, en faveur de M. Félix Prompsal son frère, le 11 avril 1820 ; que ladite Lucie Prompsal n'ayant pas été autorisée par Chapuis, son mari, dans la passation de ladite promesse, n'a pu s'engager valablement, et que, par conséquent, Félix Prompsal ne peut faire aucun usage de l'écrit de sa sœur :

» Attendu qu'il est indifférent qu'il soit exprimé dans une deuxième promesse du 19 septembre 1820, souscrite par la femme Chapuis, sous l'autorisation de son mari, en faveur de son frère, que *c'était sans préjudice d'une autre promesse;* qu'il est certain en effet, que c'est à l'instant même où une promesse est passée par une femme mariée, que le mari doit manifester l'autorisation voulue par la loi, et que la promesse qui est dépourvue de cette autorisation est nulle, *ipso facto;* qu'il est certain aussi que de nulle qu'était la promesse, elle ne peut pas devenir valable par l'effet d'une autorisation postérieure; que c'est là un principe qui vient d'être consacré par la cour de cassation (l'arrêt dont nous venons de parler), dans une circonstance remarquable, car l'autorisation du mari était écrite au bas de la promesse de la femme; mais il avait été reconnu que l'écriture et la signature renfermant l'autorisation avaient été mises après coup. »

Nous devons cependant dire ici que M. Delvincourt est d'un avis opposé à cette jurisprudence. On peut voir au tom. 1er, pag. 79, de son *Cours de droit civil*, les raisons qu'il donne pour appuyer son opinion. Elles ne nous ont pas paru d'un grand poids.

36. Le concours du mari dans l'acte tient lieu d'autorisation à la femme; la raison en est que le mari ne peut ignorer dans ce cas l'engagement qu'elle contracte, et que le connaissant il est censé l'ap-

prouver en y participant. Ainsi, supposons que la
femme souscrive un billet ou une obligation *conjointement* avec son mari; dans ce cas, elle sera
légalement obligée envers le créancier, alors même
que le mari n'aurait pas déclaré l'autoriser. C'est
de cette manière que l'a décidé la cour de Rouen,
par arrêt du 14 novembre 1828; voy. Sirey, 30,
2, 192; la cour de Paris avait aussi rendu une décision semblable le 1er octobre 1806; voy. Sirey,
tom. 7, 2, 813. Il en est de même lorsque la signature du mari et celle de la femme se trouvent au bas
d'un billet portant : Au 30 juin 1822, *nous paierons
solidairement à........*, sans que d'ailleurs ce billet
contienne aucune autorisation de la part du mari;
c'est ce qu'a décidé la cour de cassation le 8 avril
1829, en ces termes : « Attendu que, d'après l'art.
217, le concours du mari dans l'acte qui renferme
l'obligation de la femme valide nécessairement cette
obligation; que les tribunaux ne peuvent la méconnaître sans violer ouvertement l'art. 1134; attendu,
dans l'espèce, que le billet souscrit par Samson et
sa femme atteste, par l'apposition de leurs deux
signatures, le concours du mari dans l'acte renfermant l'obligation de la femme, obligation devenue
valable par ce concours même; d'où il suit qu'en
refusant à ce billet sa force obligatoire à l'égard de
la femme Samson, le tribunal d'Evreux a formellement violé les articles cités, casse. »

37. Le concours du mari dans l'acte ne serait

pas considéré comme suffisamment justifié dans le cas où, ne sachant pas signer, il aurait fait une croix au bas de l'acte. Ce genre de signature, toléré autrefois, fut proscrit par diverses ordonnances et par la jurisprudence des parlements. Aujourd'hui il ne serait pas mieux accueilli. On peut voir au reste un arrêt rendu par la cour de Paris, le 20 mai 1807, qui a pleinement confirmé l'ancienne jurisprudence sur ce point. V. Sirey, tom. 7, 2, 670.

38. Il importe peu en quelle qualité le mari intervienne dans l'acte; pourvu qu'il y paraisse et qu'il le signe, ou qu'il soit fait mention qu'il ne sait ou ne peut signer, cela suffit pour que la femme soit considérée comme suffisamment autorisée. Il faudrait même le décider ainsi, alors que le mari ne serait point en qualité dans l'acte, et qu'il n'eût fait qu'y apposer sa signature au bas; la loi n'exige pas un concours actif; elle ne prescrit pas la déclaration du mari portant qu'il autorise sa femme, un consentement tacite suffit ; et ce consentement tacite résulte assez de la circonstance qu'il a signé l'acte par lequel la femme s'est engagée.

Il n'en était pas ainsi sous l'ancien droit; le mari devait autoriser expressément sa femme à contracter, alors qu'il était lui-même partie dans l'acte. Voy. Lebrun, *De la communauté*, sect. 4, n° 23; et Pothier, *De la puissance du mari*, sect. 4, § 1, n° 68.

39. Les auteurs ne sont pas d'accord sur la ques-

tion de savoir si la femme qui, se croyant veuve, a contracté sans autorisation, peut attaquer de nullité les actes consentis par elle. Pothier, *Traité de la puissance maritale*, n° 54, pense que lorsque celui qui a contracté avec la femme a pu s'informer de son état et de sa condition, la femme, en ce cas, ne sera pas obligée envers lui, il devait s'informer de l'état de cette femme. *Qui cum alio contrahit debet esse gnarus conditionis ejus cum quo contrahit;* autrement il y aurait une voie ouverte pour éluder la loi qui ne permet pas aux femmes mariées de contracter sans autorisation. M. Toullier, tom. 2, pag. 15, dit au contraire que si la femme et ceux qui ont traité avec elle étaient de bonne foi, la femme se croyant veuve et passant pour telle dans le monde, l'engagement devrait être valable, d'après la maxime *error communis facit jus.* M. Vazeille, *Traité du mariage*, tom. 2, pag. 46, réfute l'opinion de M. Toullier; il dit que cette décision n'est pas sûre; qu'on ne doit pas croire à la dissolution d'un mariage sur le bruit public qui annonce la mort du mari, ni sur aucun certificat autre que l'acte en forme, propre à faire preuve du décès en justice. Il ajoute qu'on doit exiger la preuve légale du décès ou l'autorisation de la justice; que l'erreur commune n'excuse pas le défaut de ces précautions, et que le mari, ni même la femme, ne doit pas perdre, sur le fondement de cette erreur, le droit de faire annuler l'acte qui blesse son intérêt ou contrarie ses vues. M. Duranton,

Droit français, tom. 2, pag. 446, est de l'avis de M. Toullier; il dit que si la femme a employé des moyens frauduleux, elle se rend coupable d'escroquerie ou de faux; mais que la simple déclaration que ferait une femme en traitant, qu'elle est veuve, ne la rendrait pas non recevable à attaquer son engagement, à moins qu'elle ne fût connue, dans le lieu où elle traite, que sous la qualité qu'elle s'est donnée.

Quant à nous, nous partageons l'opinion de Pothier et de M. Vazeille; la femme qui se dit veuve a sûrement par-devers elle la preuve de ce qu'elle avance, et alors elle doit en justifier; si elle n'a pas de titres pour faire cette preuve, celui qui contracte avec elle doit exiger l'autorisation de la justice; s'il omet de faire remplir cette formalité, il doit s'en imputer la faute, et la femme et le mari conservent le droit d'opposer le défaut d'autorisation. Vainement opposerait-on l'erreur que tout le monde a partagée, qui faisait considérer la femme comme veuve; cette erreur n'empêchait pas la personne qui contractait avec elle, de lui demander la représentationd es pièces établissant sa qualité de veuve, et à défaut de cette justification, d'exiger qu'elle se fît autoriser par la justice.

40. Il n'en serait pas de même si la femme, au lieu de se dire veuve, se faisait passer pour fille; on sent en effet la différence qui existe entre les deux cas: dans le premier, la partie contractant avec la

femme pouvait exiger d'elle la preuve de son veuvage, tandis que dans le deuxième cas elle ne pouvait pas lui demander la preuve qu'elle était fille ;
c'est alors le cas d'appliquer la maxime *error
communis facit jus*, maxime qui ôterait à la
femme et au mari le droit d'attaquer l'acte ; cela
nous paraît incontestable.

41. On a demandé ce qu'il faudrait décider dans
ce cas : Une femme ayant des biens paraphernaux,
mais étant mineure, obtient de son mari l'autorisation de les aliéner ; la vente a lieu, et dans l'acte la
femme, en présence de son mari, s'oblige de ratifier
en majorité l'aliénation qu'elle vient de consentir ;
la majorité arrivée, la femme ratifie, mais elle le
fait sans être assistée de son mari et sans son autorisation ; on agite la question de savoir si la ratification est nulle.

Pour la validité de la ratification, on dit : Le
mari a autorisé la vente ; il a plus fait, il a promis,
avec sa femme, la ratification en majorité ; or, cette
ratification ne faisant qu'un seul et même acte avec
la vente, une nouvelle autorisation n'était pas
nécessaire ; d'un autre côté, la ratification n'étant
que l'exécution de la promesse faite dans la vente
par la femme et le mari, l'autorisation de ce dernier
n'était pas nécessaire, puisque ce n'était pas un
nouvel acte que passait la femme, mais une adhésion
nouvelle à ce qu'elle avait fait ensuite de l'autorisation de son mari.

Pour la nullité, on répond : La ratification est un nouvel acte par lequel la femme aliène l'action en rescision qu'elle avait contre le premier : or, cette aliénation est un nouvel acte, un nouvel engagement pour lequel la femme a besoin d'une nouvelle autorisation. Nous croyons que cette dernière opinion doit prévaloir; on trouve cependant dans Sirey, tom. 4, 2ᵉ part., pag. 393, un arrêt qui semblerait avoir décidé la question contre nous. Voici dans quelle espèce :

« Par un acte notarié, deux époux instituent un de leurs fils leur héritier universel. Celui-ci se marie trois jours après cet acte, et son père, se portant fort pour sa femme, contracte l'engagement de faire agréer et ratifier par elle les conventions matrimoniales qui viennent de se rédiger. Onze jours après ce contrat, la mère du futur se présente en effet devant un notaire et des témoins, et déclare, se disant autorisée par son mari absent, agréer et approuver tout ce qui avait été stipulé dans le contrat de mariage. Plus tard, un second fils demanda le partage des successions des père et mère, et il soutint, entre autres choses, que sa mère n'avait pas été suffisamment autorisée pour ratifier le contrat de mariage, lequel était nul quant à elle. La cour de Liége, sur l'appel, considéra la mère comme suffisamment autorisée pour approuver le contrat de mariage de son fils, parce que dans ce contrat le mari s'était personnellement engagé à le faire ratifier par son épouse, et parce qu'une pareille obligation contenait en elle-même une autorisation suffisante ; qu'il serait en effet superflu, même ridicule, d'exiger du mari un acte formel tendant à autoriser la femme pour ratifier un contrat, lorsque dans ce même contrat le mari s'est solennellement engagé, envers des personnes tierces, à le faire ratifier et approuver par son épouse. »

On s'aperçoit facilement que la décision portée par cet arrêt n'est point applicable à la question que nous avons soulevée. Dans l'espèce de cet arrêt la femme est majeure ; en ratifiant, elle n'aliène point d'action en rescision, tandis que dans notre cas, la femme étant mineure conserve le droit, si elle n'y renonce pas en majorité, de faire rescinder son engagement ; or, en ratifiant, elle abandonne son action en rescision, elle y renonce, elle fait donc un acte nouveau pour lequel elle a nécessairement besoin, à cause de son importance, d'une autorisation spéciale de son mari.

42. Il est un cas où la femme qui a des paraphernaux est obligée envers un tiers sans qu'elle ait été autorisée par son mari. Ce cas, le voici :

On suppose que pendant une absence du mari et de la femme un tiers fasse faire des réparations ou constructions nécessaires à la conservation des immeubles appartenant à la femme. Dans ce cas, elle se trouve obligée, sans qu'il ait été besoin de l'autorisation du mari, *ex quasi-contractu negotiorum gestorum ;* la femme devra rembourser le montant des dépenses sans qu'elle et son mari puissent opposer le défaut d'autorisation. Il en est de même des obligations qui naissent des délits et quasi-délits; la femme qui a des paraphernaux en subit toutes les conséquences, sans que son mari, ni elle, puissent s'y soustraire en alléguant le défaut d'autorisation. V. Pothier, *Traité de la puissance maritale* , n° 50.

43. La femme qui a des paraphernaux et qui a contracté sans autorisation est aussi obligée, et doit restituer ce qu'elle a reçu, dans le cas suivant, posé par Pothier, *Traité de la puissance maritale*, n° 51 : « J'ai prêté à une femme mariée une somme de 1,000 écus, sans qu'elle ait été autorisée à l'emprunter ; mais elle en a profité, étant justifié qu'elle l'a employée en entier à l'acquittement de ses dettes; pourrai-je exiger cette somme ? La réponse est qu'elle n'a pu, à la vérité, contracter l'obligation de me rendre cette somme qui naît du contrat de prêt; car n'ayant pu valablement faire ce contrat sans être autorisée, elle est incapable de l'obligation qui naît du contrat; mais si elle n'est pas capable de cette obligation qui naît du contrat de prêt, elle est capable de celle que forme en elle la loi naturelle seule, et indépendamment d'aucun contrat. Cette loi ne permet pas qu'on puisse s'enrichir aux dépens d'autrui : *neminem æquum est cum alterius detrimento locupletari;* l. 206, ff *de r. jur.*, et elle oblige en conséquence cette femme à me rendre la

somme qu'elle a reçue de moi, et qui lui a servi à acquitter ses dettes, sans quoi elle s'enrichirait à mes dépens, ce que la loi naturelle ne permet pas. »

Il faut cependant remarquer à cet égard que la femme ne pourra pas opposer du défaut d'autorisation, et qu'elle ne sera tenue à la restitution de la somme prêtée, qu'autant qu'il sera prouvé que réellement elle en a profité et qu'elle en est devenue plus riche; car si on prouvait seulement qu'elle a employé les 1,000 écus à payer de folles dépenses ou des objets de luxe qui n'ont qu'une existence passagère, dans ce cas, elle ne serait point tenue à restituer, et son exception tirée du défaut d'autorisation prévaudrait.

44. La femme française seule est admise à faire valoir le défaut d'autorisation; la femme étrangère, quoique mariée sous le régime dotal, avec des paraphernaux, ne serait point écoutée dans l'exception du défaut d'autorisation : c'est ce qui a été jugé par la cour de Bruxelles, le 23 février 1808, dans l'espèce suivante, rapportée par Sirey, tom. 10, 2, 489:

« En 1807, la dame Hameragen, domiciliée à Utrecht en Hollande, loua verbalement du sieur Latour une maison à Bruxelles, qu'elle habitait momentanément. Il paraît qu'elle n'avait point été autorisée par son mari à faire cette location. A défaut de paiement du loyer, le sieur Latour obtint contre elle un jugement de condamnation au tribunal civil de Bruxelles; elle interjeta appel de ce jugement et demanda la nullité du bail, parce que, soit d'après les lois en vigueur à Utrecht, lieu de son domicile, soit d'après le Code Napoléon, la femme mariée ne pouvait s'obliger ni ester en jugement sans l'autorisation de son mari ; malgré ces observations, la cour rendit arrêt en ces termes :

« Attendu que la dame Hameragen, domiciliée à Utrecht en Hollande, est censée avoir de son mari l'autorisation nécessaire pour se procurer un logement, pendant son séjour en pays étranger, puisque l'habitation fait partie des aliments ; attendu que si elle peut s'obliger, elle est passible de l'action qui naît de l'obligation ; attendu qu'il n'a pas été allégué que le logement excédât ses facultés ; attendu que les dispositions du Code civil, sur la puissance maritale, ne sont point applicables à une femme étrangère qui séjourne momentanément en France, pour tout ce qui concerne les aliments qui lui sont fournis selon son état : qu'un système contraire tendrait à rendre impraticable le séjour des femmes étrangères en France, ou à tromper les citoyens français qui les logeraient et leur procureraient leur subsistance ; que la loi du domicile réel des étrangers ne les suit pas dans leurs voyages ou résidences momentanées dans l'empire français, à l'effet de les soustraire au paiement des dépenses nécessaires pour leur existence et dans les proportions de leurs facultés ; et attendu qu'aux termes de l'art. 14 du Code civil, l'étranger même, non résidant en France, peut être cité pour l'exécution des obligations par lui contractées en France avec un **Français**, confirme. »

45. Non-seulement la femme mariée ne peut aliéner
ses paraphernaux sans l'autorisation de son mari,
mais encore cette autorisation lui est nécessaire
pour paraître en jugement à raison de ces mêmes
biens; Cod. civ., art. 1576. Il faut encore rapprocher
cette disposition de celle de l'art. 215 qui porte que
la femme ne peut ester en jugement sans l'autorisation de son mari, quand même elle serait marchande
publique; ainsi, quoique la femme qui aurait des paraphernaux exercerait un commerce avec ces mêmes
biens, elle ne pourrait ester en jugement sans l'autorisation de son mari, bien qu'elle pût s'obliger pour ce
qui concernerait son négoce, sans cette autorisation.

Il est assez difficile d'expliquer pourquoi le législateur a exigé que la femme marchande publique
se fît autoriser à ester en justice lorsqu'il lui a
accordé l'autorisation de s'obliger pour ce qui
regarde son commerce. A-t-il vu plus de danger
pour elle dans l'exercice d'une action, que dans la
faculté de contracter? Cela nous paraîtrait bien
extraordinaire; quoi qu'il en soit, la disposition
existe, il faut l'exécuter.

46. La femme qui, antérieurement au Code civil,
avait introduit une instance pour laquelle elle
n'avait pas besoin de l'autorisation de son mari, a-
t-elle pu la reprendre postérieurement à sa promulgation sans y être autorisée? Nous ne le pensons

pas. Les lois qui régissent la capacité des personnes
les saisissent au moment où elles paraissent. L'intérêt public permet que le législateur puisse à volonté
régler par une loi nouvelle le pouvoir civil de
chaque individu. On ne saurait voir dans la capacité qu'a telle personne de faire un acte quelconque, un droit acquis qui ne puisse être enlevé
par une loi postérieure. M. Duranton, *Droit français*, tom. 1er, pag. 36, explique très-bien lui-même
la théorie de la non-rétroactivité des lois qui règlent
la capacité des personnes. Voici en quels termes il
s'explique :

« Sous le rapport de la capacité des personnes,
il est de principe que chaque individu est saisi par
la disposition de la loi au moment où elle est promulguée : en cela elle n'a aucun effet rétroactif,
parce que l'état civil des personnes étant subordonné
à l'intérêt général, il est au pouvoir du législateur
de le changer ou de le modifier selon les besoins de
la société. Ainsi, la personne a pu, de capable qu'elle
était, relativement à tel ou tel acte, devenir incapable, d'incapable devenir capable, ou rester dans
le même état. Il a été une époque où l'homme pouvait se marier à quatorze ans et ensuite à quinze :
celui que le Code a trouvé ayant quinze ans, n'a
pu, depuis sa promulgation, se marier avant l'âge
de dix-huit ans révolus. Mais le Code n'a porté aucune atteinte au mariage déjà contracté par l'individu
âgé de moins de dix-huit ans ; c'est un acte accompli,
parfait. »

Il suit de ces principes, que le droit de la femme d'agir sans ou avec l'autorisation maritale, tenant à la capacité civile, peut être anéanti ou modifié selon le vœu du législateur, et que dès-lors l'autorisation pour reprendre une instance, sous le Code civil, a été nécessaire à la femme mariée, bien que cette instance eût été introduite par elle sous l'empire d'une loi qui lui permettait d'agir en justice sans autorisation.

C'est au reste ce qui a été jugé par plusieurs arrêts rapportés par Sirey, tom. 4, 2, pag. 142 et 146, et tom. 7, 2, pag. 790. Dans l'espèce de l'un de ces arrêts, la femme Castaing avait introduit une instance sans l'autorisation de son mari ; marchande publique et séparée de biens, elle avait pensé que cette autorisation ne lui était pas nécessaire ; cela se passait d'ailleurs avant la promulgation du Code civil. Condamnée par le tribunal civil de Marmande, le 3 floréal an 10, elle se pourvut en cassation et ne se fit pas mieux autoriser, quoique alors le Code civil eût été publié. Devant la cour suprême on lui opposa ce défaut d'autorisation; elle soutint que n'ayant pas eu besoin d'être autorisée *in limine litis*, et même en cause d'appel, il devait en être de même pour le pourvoi en cassation ; mais la cour décida le contraire, attendu la promulgation du Code civil avant le pourvoi.

47. L'autorisation pour ester en justice comme celle pour contracter, n'a pas besoin d'être expresse;

elle résulte du concours du mari dans l'instance ; on conçoit en effet que le mari qui plaide conjointement avec sa femme ne peut pas ignorer qu'elle est au procès, ni les dangers auxquels elle s'expose ; et s'il ne l'ignore pas, il est censé l'approuver puisqu'il ne s'y oppose pas. Cette autorisation tacite a lieu, soit que la femme soit demanderesse, soit qu'elle soit défenderesse dans l'instance introduite ; peu importe que le mari n'ait pas déclaré l'autoriser et que le jugement intervenu ne contienne pas la mention de l'autorisation ; c'est ainsi que l'a décidé la cour de cassation, le 26 frimaire an 13, dans la cause de la dame Fayard, et le 22 avril 1828, dans celle des héritiers Lafonta contre le sieur Boc; V. Sirey, tom. 7, 2, 790 ; tom. 28, 1, 208. Dans l'espèce de ce dernier arrêt, le mari de la dame Lafonta avait été assigné en même temps qu'elle pour venir l'autoriser à ester en justice; et quoique absent, il avait été mis en qualité dans tous les actes de la procédure et dans le jugement qui fut rendu dans la cause, sans qu'il eût été fait mention de l'autorisation donnée à sa femme ; malgré l'absence constatée du sieur Lafonta, la femme fut reconnue comme ayant été suffisamment autorisée par le concours du mari dans l'instance.

48. Que faudrait-il décider si le mari assigné conjointement avec sa femme pour défendre sur une demande, venait à faire défaut? Dans ce cas, la femme qui seule aurait comparu, serait-elle tenue

pour suffisamment autorisée, par cela seul que les
poursuites auraient été dirigées tant contre le mari
que contre la femme? La négative ne nous paraît pas
douteuse. En effet, comment concevoir qu'un mari
assigné, qui ne paraît pas, qui ne constitue pas
avoué, puisse être présumé avoir tacitement autorisé sa femme à plaider? Sans doute s'il eût paru,
s'il eût agi avec sa femme, s'il se fût joint à elle,
s'il eût plaidé conjointement avec elle, on conçoit
qu'il eût pu être réputé accorder son autorisation.
Cette autorisation aurait pu s'induire tacitement de
ses actions; mais comment tirer une pareille induction du fait que les poursuites ont été exercées
également contre le mari et contre la femme? Il
n'y a en cela aucun fait du mari; tout est personnel
au demandeur; or, il faut, de la part du mari, l'expression formelle ou tout au moins tacite de la volonté d'autoriser, autrement il y a nécessité de
recourir à l'autorisation de la justice, d'après l'art.
218 du Code civil. Telle était du moins la manière
dont les époux Planard motivaient leur recours en
cassation contre un arrêt rendu par la cour de Mont-
pellier, qui avait rejeté leur exception. Ces raisons
étaient puissantes, aussi triomphèrent-elles devant
la cour suprême qui cassa l'arrêt attaqué. V. Sirey,
tom. 29, 1, 240.

49. L'instance introduite par la femme, pour
obtenir, au refus de son mari, l'autorisation de la
justice, l'oblige-t-elle à demander l'autorisation

préalable de son mari ou de la justice, pour ester dans le jugement qui devra prononcer sur sa demande? On peut dire, dans l'intérêt du mari, que cette demande est une instance; qu'il y a citation, procédure et jugement comme dans toute autre instance, et que par conséquent la femme doit être autorisée à y figurer; que la loi n'établit aucune distinction; qu'elle défend à la femme d'ester en jugement sans autorisation, d'où la conséquence que le jugement qui intervient dans cette hypothèse doit être annulé comme dans toute autre, à défaut par la femme de s'être préalablement fait autoriser. Dans l'intérêt de la femme, on répond que dès le moment que son mari a refusé de l'autoriser et qu'elle s'adresse à la justice, il est inutile qu'elle recoure de nouveau à lui pour obtenir l'autorisation de se pourvoir devant les tribunaux, dans l'objet de suppléer à l'autorisation qu'il lui a refusée; que, dans la pratique, la femme, au refus du mari, recourt de suite à la justice pour être autorisée, et que jamais aucune femme n'a été renvoyée à demander l'autorisation préalable du mari pour le faire citer à la chambre du conseil; qu'au reste l'ordonnance qui permet à la femme de lui donner la citation, est une autorisation suffisante et qui lui tient lieu de celle qu'on voudrait la contraindre de demander.

A ces observations, on peut joindre l'autorité d'un arrêt rendu par la cour royale d'Aix, le 27 août 1827, dans l'espèce que voici; elle est rapportée par Sirey, tom. 28, 2, 251, à peu près en ces termes:

« La femme Lejourdan avait besoin de l'autorisation de son mari pour vendre quelques immeubles
qui lui étaient paraphernaux ; pour obtenir cette
autorisation, elle fait signifier un acte extrajudiciaire à son mari, qui répond au bas qu'il ne peut
consentir à la vente proposée. Sur ce refus, la dame
Lejourdan demande au président du tribunal la
permission de faire citer son mari devant la chambre du conseil, pour entendre dire que, son refus
étant sans motifs légitimes, elle sera autorisée par
la justice à passer outre et à procéder à la vente
projetée. La dame Lejourdan obtient une ordonnance conforme à sa requête, et son mari cité,
vient déduire les motifs de son refus ; sur ces débats,
il intervient jugement le 9 juin 1827, qui déclare
ces motifs insuffisants, et par suite, permet la vente.
Il est à remarquer que la dame Lejourdan figure
dans ce jugement sans y avoir été autorisée ni par
son mari ni par la justice, et sans même avoir
demandé cette autorisation. Le sieur Lejourdan se
rend appelant du jugement ; il soutient que la
femme s'est mise en contravention formelle aux
art. 215 et 218 du Code civil, d'après lesquels la
femme ne peut *ester en jugement* sans l'autorisation
de son mari ou celle de la justice. Arrêt.—Considérant que la nullité proposée en cause d'appel est
prise de ce que la femme Lejourdan n'est point
autorisée à ester en jugement ; que ce moyen ne peut
être nullement accueilli ; que la femme qui a plaidé
sur l'opposition formée par son mari à la vente de

ses immeubles, étant, par cela même, implicitement et par conséquent suffisamment autorisée, met l'appel au néant, etc. »

Le motif de cet arrêt est très-juste, car lorsque la femme est obligée de plaider contre son mari pour être autorisée, il serait ridicule de l'obliger à lui demander l'autorisation de le faire citer ; le mari plaidant contre elle, est une preuve assez évidente de l'inutilité de la demande et de la certitude du refus. Quant à l'autorisation de la justice, elle l'a obtenue sur sa requête en permission d'assigner son mari ; elle est donc en règle sur tous les points.

50. Ce que nous venons de dire, que la femme qui plaide contre son mari est censée suffisamment autorisée, est au reste devenu un point de jurisprudence désormais incontestable : on peut voir dans Sirey, tom. 12, 2ᵉ part., pag. 442 et 443, deux arrêts des cours de Colmar et de Nancy, qui l'ont formellement décidé. Un troisième arrêt, rendu par la cour de cassation, le 31 août 1824, a jugé que la femme qui plaide en nullité de mariage, n'est pas tenue de demander l'autorisation de son mari ou de la justice. V. Sirey, tom. 24, 1, 360. Enfin, un autre arrêt de la cour suprême, du 16 novembre 1825, a encore jugé que le mari qui a défendu en première instance et en appel, sur une demande intentée contre lui par sa femme, n'est pas recevable à présenter, pour la première fois, devant la cour de cassation, un moyen tiré du

défaut d'autorisation de son épouse. V. Sirey, tom. 26, 1, pag. 453.

51. Doit-on considérer la production dans un ordre et la demande en allocation, comme une instance qui oblige la femme à se faire autoriser par son mari ou par la justice, à y figurer? Il semble, au premier aspect, que la production dans un ordre, ne soit qu'une simple mesure conservatoire, un acte de pure administration que la femme peut faire sans être autorisée ; on peut même dire qu'il est des cas, en quelque sorte analogues, dans lesquels la femme n'a pas besoin d'autorisation. Ainsi, on peut citer celui où une donation de biens susceptibles d'hypothèques a été faite à la femme ; celle-ci peut faire transcrire la donation, à défaut par son mari de l'avoir fait, et cela sans y être autorisée; les art. 2194 et 2195 offrent encore un cas semblable : on y voit que la femme peut prendre inscription sur les biens du mari, après que l'extrait du contrat de vente de ses biens a été affiché et déposé au greffe du tribunal. Ne semblerait-il pas, d'après cela, que l'on devrait en conclure que la production dans un ordre est un acte de simple administration pour lequel la femme peut agir seule et sans y être autorisée?

Ces raisons sont celles que l'on opposait à un recours en cassation formé par la dame Duvillard, dans l'espèce que voici.

Il s'agissait de distribuer le prix des biens du

sieur Duvillard, qui avaient été vendus sur expropriation forcée. Un ordre était ouvert; la dame
Duvillard demandait à y être colloquée pour des
créances paraphernales à raison desquelles elle
soutenait avoir une hypothèque légale dispensée
d'inscription, sur les biens de son mari. Cette demande de la dame Duvillard fut rejetée par le juge-
commissaire. L'ordre fut clos provisoirement; la
dénonciation n'en fut faite au sieur Duvillard que
plusieurs mois après, et la dame Duvillard elle-
même ne fournit ses contredits à l'ordre que plus
d'un mois après la dénonciation qui en fut faite à
son avoué. Le 14 février 1823, il intervint jugement qui réforma l'état de collocation provisoire et
qui colloqua la femme pour le montant de ses
créances paraphernales. Il y eut appel de la part des
créanciers qui soutinrent, devant la cour, que la
dame Duvillard devait être déclarée forclose, aux
termes de l'art. 756 du Code de procédure civile,
pour n'avoir pas contesté l'état de collocation provisoire en temps utile. La dame Duvillard soutint
la validité de ses contredits, et subsidiairement,
qu'elle n'avait pu encourir aucune déchéance,
attendu qu'elle avait figuré dans l'instance sans autorisation de son mari ou de la justice. 18 Août
1824, arrêt de la cour de Grenoble qui rejette les
conclusions de la dame Duvillard et homologue
l'état de collocation provisoire, duquel elle avait
été écartée. Recours en cassation pour violation des
art. 215 et 1576 du Code civil; devant la cour

suprême, les créanciers développent les moyens que nous avons présentés en substance, mais, par arrêt du 21 avril 1828, ils furent proscrits en ces termes :

« La cour, — vu les art. 215 et 1576 du Code civil ; — attendu que la femme ne peut ester en jugement ni aliéner ses droits sans y être autorisée par son mari ou par la justice, que la procédure d'ordre est une instance judiciaire qui peut entraîner l'aliénation des droits des parties ; que par une suite, la femme ne peut y ester à son détriment, ni encourir aucune déchéance sans autorisation ; qu'il est constant en fait et reconnu dans la cause, que la dame Duvillard n'était pourvue d'aucune autorisation, lorsqu'elle a produit à l'ordre, au moment où elle aurait encouru la déchéance, si elle eût été autorisée, ni le jour où elle a fourni son contredit ; qu'il est également constant que, si ultérieurement son mari a été appelé dans l'instance, elle a constamment soutenu la validité de son contredit ; qu'il résulte de là qu'aucune déchéance n'a été encourue par elle ; que cependant l'arrêt attaqué juge le contraire ; qu'en cela il viole les articles précités du Code ; — sans qu'il soit besoin de s'expliquer sur les autres moyens proposés par la demanderesse, — casse, etc. »

52. La cour de cassation a rendu, le 22 avril 1828, un autre arrêt dont nous ne partageons point la doctrine ; cet arrêt a décidé que la femme auto-

risée par son mari à ester en justice, peut reconnaître valablement, dans un interrogatoire sur faits et articles, l'existence d'une dette réclamée contre elle, sans une autorisation *spéciale* de son mari à cet égard. Voici comment Sirey, tom. 28, 1ʳᵉ part., page 208, rapporte l'espèce de cet arrêt :

« Le sieur Boc assigna la dame Lafonta-Brostaret en paiement d'une somme de 6,000 fr. dont il se prétendait créancier en vertu d'un acte sous seing-privé ; cependant le sieur Boc ne produisait pas cet acte sous seing-privé ; il disait l'avoir égaré, et pour y suppléer il invoquait diverses circonstances faisant plus ou moins présumer l'existence de sa créance, et de plus, il demandait l'interrogatoire sur faits et articles de la dame Lafonta. 25 Mai 1819, jugement qui ordonna l'interrogatoire demandé ; cet interrogatoire eut lieu, et il paraît que la dame Lafonta y fit des aveux qui, selon le sieur Boc, établissaient suffisamment l'existence de sa créance. Il est à remarquer que le mari de la dame Lafonta avait été assigné pour autoriser sa femme à ester en jugement ; il avait été mis en qualité, mais il n'avait donné aucune autorisation spéciale à sa femme de reconnaître l'existence de la dette. — 18 Mai 1821, jugement qui rejette la demande du sieur Boc, comme n'étant pas suffisamment justifiée. Appel par le sieur Boc ; 29 juin 1824, arrêt qui infirme et condamne les héritiers Lafonta au paiement demandé par le sieur Boc. Pourvoi en cassation de la part des héritiers Lafonta, pour violation de l'art. 217 du Code civil , d'après lequel la femme ne peut pas s'obliger sans l'autorisation de son mari ou de la justice.

« Arrêt. — La cour, attendu , sur le premier moyen, qu'il résulte des pièces du procès, notamment de l'assignation du 26 janvier 1819, du jugement préparatoire du 7 janvier 1820, et des faits énoncés dans les qualités du jugement définitif du 18 mai 1821, que la dame Brostaret était en cause avec l'assistance de son mari ; qu'ainsi elle était autorisée à ester en jugement ; — attendu, sur le second moyen , que la cour royale d'Agen s'est particulièrement fondée , entre autres motifs, sur ce que la dame Brostaret, dans l'interrogatoire qu'elle a légalement prêté, comme étant autorisée par l'assistance de son mari, avait avoué judiciairement la légitimité de la créance dont le sieur Boc lui demandait le paiement ; aveu qui, aux termes de l'art. 1356 du Code civil, faisait pleine foi contre elle , rejette, etc. »

Nous disons que nous ne partageons pas la doctrine consacrée par cet arrêt ; en voici les motifs :

L'aveu ou la reconnaissance d'une dette est un engagement envers la partie en faveur de qui l'aveu a été fait ; c'est une véritable aliénation du droit de recourir contre la sincérité de cette dette qui peut n'être pas réelle. Or, si cet aveu est une véritable obligation , elle ne doit être consentie qu'avec l'autorisation spéciale du mari. L'autorisation du mari, pour ester en jugement , n'est pas suffisante ; le mari,

en donnant cette autorisation, n'a pas pu avoir la
pensée que la femme subirait une condamnation
résultant de son propre fait; car sûrement il ne lui
aurait pas accordé l'autorisation de plaider. Le mari
n'est censé donner son autorisation que pour demander ou pour défendre à une demande, et non
pour reconnaître que celle qui est intentée est fondée; car dans ce cas il aurait refusé d'autoriser sa
femme à plaider, et lui aurait accordé l'autorisation
de transiger pour se soustraire à une condamnation
aux dépens. Remarquons d'ailleurs que l'aveu de la
femme peut être simulé; qu'il peut cacher une libéralité déguisée ou un but de prodigalité; ainsi,
supposons, par exemple, que la femme veuille
employer une partie de ses paraphernaux à des
choses futiles, ou bien qu'elle veuille faire une
donation coupable à un étranger; dans cet objet,
ne pouvant obtenir l'autorisation de son mari, elle
le fera assigner en paiement d'une somme qui aurait
été empruntée par elle antérieurement à son mariage. On produira, comme commencement de
preuve par écrit, une lettre par laquelle elle aurait
demandé le prêt de cette somme au demandeur,
cette lettre sera controuvée ou faite pour le besoin
de la cause; néanmoins, un interrogatoire sera
provoqué et ordonné, et la femme, par un aveu
formel, mais faux, reconnaîtra la réalité de la
dette et son antériorité au mariage. De là, aliénation des paraphernaux de la femme sans une
autorisation du mari; de là même une aliénation

de la dot, si la femme n'a point de paraphernaux.

Il ne faut pas en douter, un aveu qui oblige la femme est une chose trop importante pour qu'on le laisse ainsi à l'arbitraire de la femme seulement autorisée à ester en jugement ; il lui faut, comme le veut l'art. 217, un pouvoir résultant de l'autorisation *ad hoc* du mari. Il ne faut rien confondre dans l'application des principes : une autorisation pour plaider n'est pas une autorisation pour aliéner, c'est au contraire une autorisation pour conserver. S'il en était autrement, le législateur s'en serait sûrement expliqué; il aurait dit que toutes les fois que dans le cours d'une instance la femme serait appelée à trancher la difficulté par un fait personnel, elle n'aurait pas besoin d'y être autorisée, que l'autorisation donnée pour plaider emporterait avec le droit de faire des aveux, de transiger, de se désister, etc., etc. Mais il ne l'a pas fait, et alors la femme se retrouve placée sous l'empire de la règle générale qui veut que la femme ne puisse aliéner ses biens sans l'autorisation de son mari.

Nous pouvons au reste invoquer ici l'autorité de plusieurs arrêts qui nous semblent réfuter pleinement celui que nous discutons.

La cour royale d'Angers a décidé, le 28 janvier 1825, que l'autorisation d'ester en jugement donnée à la femme par son mari, n'emporte pas autorisation de prêter le serment décisoire à elle déféré dans le cours de l'instance; que pour prêter le serment, il lui faut une autorisation spéciale.

Voici les motifs de cet arrêt :

« Attendu que le sieur Poupard n'étant en cause que pour autoriser sa femme à ester en jugement et non comme partie intéressée dans la contestation, ne peut être appelé à prêter le serment décisoire; que dans l'état actuel de la cause, la dame Poupard, quoique séparée de biens, ne peut être admise au même serment, puisqu'elle n'a pas reçu de son mari *le pouvoir spécial* qui lui serait nécessaire à cet effet, met l'appellation au néant, etc. » V. Sirey, tom. 25, 2ᵉ part., pag. 159.

Un autre arrêt rendu par la cour de cassation, le 12 février 1828, a décidé que la femme, même séparée de biens, ne peut, sans l'autorisation de son mari ou de la justice, se désister d'un appel par elle interjeté, ni transiger, par suite d'un désistement, sur la contestation à l'égard de laquelle est intervenu le jugement frappé d'appel. V. Sirey, tom. 8, 1, 356.

Or, si la femme ne peut prêter le serment décisoire, ni se désister d'un appel par elle interjeté, sans une autorisation spéciale, pourquoi voudrait-on qu'elle pût, sans une autorisation semblable, se lier par un aveu judiciaire? N'y a-t-il pas analogie dans tous les cas? Dans tous, le résultat n'est-il pas de former un engagement entre les parties, et alors n'est-il pas évident que la femme a besoin d'une autorisation spéciale de son mari, autre que celle qu'il lui a donnée pour ester en justice? Il nous semble que cela ne peut être douteux.

En examinant au reste, avec soin, les motifs de
l'arrêt que nous critiquons, on acquiert la conviction que ce n'est que d'une manière bien secondaire
qu'on s'est occupé de celui relatif à l'autorisation de
la femme. On n'a vu que l'aveu et l'engagement
qui en résultait, et nullement si cet engagement
était légalement contracté.

53. On trouverait encore un appui, s'il en était
besoin, au système que nous défendons, dans ce
point de jurisprudence constaté que la femme,
même autorisée à ester en justice en première instance, ne peut pas appeler ni recourir en cassation
sans une nouvelle autorisation du mari. On peut
voir dans Sirey plusieurs arrêts qui l'ont formellement décidé.

54. Nous avons dit que l'autorisation du mari,
pour aliéner ou contracter, devait être donnée avant
l'acte ou bien au moment de sa confection, mais
jamais après. En est-il de même pour l'autorisation
d'ester en jugement? Peut-elle être donnée postérieurement à l'introduction de l'instance? D'abord
il est certain que cette autorisation est tardive, si
elle n'intervient qu'après le jugement ; dans ce cas,
le jugement est radicalement nul ; c'est ce qu'a
décidé la cour de cassation, le 29 mars 1808, dans
la cause Demeaux (V. Sirey, tom. 8, 1, 213) ; et
le 6 mars 1827, dans celle de la femme Delalleau.
Il est même à remarquer que dans ce dernier

arrêt la question s'était élevée à l'égard d'une femme séparée de corps ; V. Sirey , tom. 27 , 1 , 334. Quant à l'autorisation donnée dans le cours de l'instance, nous la croyons suffisante; la raison en est que tant que le jugement n'est pas rendu, il n'y a rien de consommé , et que le défaut d'autorisation ne peut être opposé que lorsqu'il s'agit d'un acte ou d'une instance terminée. La jurisprudence ne laisse aucun doute sur ce point : la cour de Bourges, par arrêt du 27 novembre 1829, a décidé que l'appel interjeté par une femme mariée, sans l'autorisation de son mari, était valide par l'autorisation donnée ultérieurement dans le cours de l'instance; V. Sirey, tom. 30 , 2 , pag. 171 ; la cour de cassation, par un premier arrêt du 5 avril 1812 , a jugé que l'assignation donnée à une femme mariée, sans que le mari fût appelé pour donner son autorisation, n'est pas nulle de nullité absolue ; que cette omission d'appeler le mari , n'est qu'une insuffisance qui peut être corrigée par une assignation donnée ultérieurement au mari; V. Sirey, tom. 13, 1, 8; par un second arrêt, cette cour a encore jugé que la femme mariée qui a succombé dans une instance où elle était partie, peut se pourvoir en cassation, sans autorisation préalable; mais en ce cas, la cour de cassation surseoit à statuer jusqu'à ce que la femme ait obtenu, s'il y a lieu, cette autorisation ; V. Sirey, tom. 8 , 1 , 128. Enfin, la cour suprême a encore décidé que la femme ne peut être valablement assignée sur une demande en cassation, sans appeler le mari dans les trois mois de l'arrêt d'admission, à l'effet de l'autoriser; V. Sirey, tom. 19, 1, 407.

CHAPITRE III.

Des Obligations de la femme, naissant de la paraphernalité de ses biens.

55. LES époux, quel que soit d'ailleurs le régime auquel ils ont pu se soumettre, contractent, par le fait seul du mariage, l'obligation de nourrir, entretenir et élever leurs enfants; art. 203, Cod. civ. La femme paraphernale n'est donc point exempte de ce devoir; mais dans quelle proportion est-elle obligée de le faire? Voilà ce qui n'est pas facile à décider. L'art. 1575 semble bien, au premier aspect, trancher nettement la question : « Si, porte cet article, tous les biens de la femme sont paraphernaux, et s'il n'y a pas de convention dans le contrat pour lui faire supporter une portion des charges du mariage, la femme y contribue jusqu'à concurrence du tiers de ses revenus. » Voilà la règle apparente; mais lorsqu'on réfléchit sur cette disposition, on en découvre bien vite l'insuffisance, une foule de doutes sérieux s'élèvent, et l'on déplore la brièveté avec laquelle le législateur a tracé les obligations et les devoirs de la femme paraphernale. Nous allons tâcher de suppléer à ce vice de la loi, en cherchant nous-même quelle a été la véritable intention de son auteur.

56. Et d'abord, il ne peut y avoir de difficulté dans le cas prévu par l'art. 1575, c'est-à-dire lorsque tous les biens de la femme sont paraphernaux; il est certain que la femme est tenue de contribuer aux charges du mariage jusqu'à concurrence du tiers de ses revenus, lorsqu'il n'y a pas d'ailleurs de convention dans le contrat, sur la quotité de sa contribution. Mais supposons qu'il y ait une stipulation *ad hoc*, dans le contrat de mariage, qui règle à moins du tiers la part contributive de la femme; cette stipulation sera-t-elle valable?

Nous nous déciderions pour l'affirmative, si le mari avait des ressources provenant de ses biens personnels ou de son industrie; car alors les enfants n'ont pas à souffrir de la minimité de la portion de charges que supporte la mère : mais si le mari n'a point de biens et s'il a une industrie dont les produits soient nuls, dans ce cas, il est évident que la stipulation ne pourra pas être invoquée par la femme, car les époux contractent, par le seul fait du mariage, l'obligation de nourrir, entretenir et élever leurs enfants; et si ce que la femme doit fournir pour cet objet n'est pas suffisant, il faut bien qu'elle complète son obligation en ajoutant une quotité à celle qui manque. Il doit en être de même du cas où le tiers fixé par l'art. 1575 n'est pas suffisant pour faire face à toutes les dépenses du ménage.

Mais, dira-t-on, il y a donc une contradiction manifeste entre l'art. 203 et l'art. 1575 du Code civil; car, dans l'un, l'obligation est indéfinie, et dans l'autre, elle est limitée? On répond à cela que l'intention du législateur, en décidant que la femme ne supporterait les charges du mariage que jusques à concurrence du tiers de ses revenus, a été que cette contribution aux dépenses du ménage ne serait telle que dans le cas où le mari pourrait, par lui-même, pourvoir au surplus de ces charges; que lui supposer une autre vue, serait lui prêter deux buts entièrement destructifs l'un de l'autre.

Nous trouvons au reste la confirmation de cette doctrine dans l'art. 1448, qui règle de quelle manière la femme séparée de biens judiciairement doit contribuer aux frais du ménage et à ceux d'éducation des enfants communs. « La femme qui a obtenu la séparation de biens, porte cet article, doit contribuer, proportionnellement à ses facultés et à celles du mari, tant aux frais du ménage qu'à ceux d'éducation des enfants communs. *Elle doit supporter entièrement ces frais, s'il ne reste rien au mari.*

C'est dans cette dernière disposition que se manifeste toute l'intention du législateur; elle explique clairement ce qui doit être fait en cas d'absence de ressources de la part du mari; et si dans l'art. 1575 on ne trouve pas la répétition de cette obligation imposée à la femme, il faut dire que c'est une lacune qui doit se remplir par l'interprétation du magistrat. Que servirait d'ailleurs à la femme de résister à cette obligation? Les enfants n'auraient-ils pas contre elle une action, pour se faire fournir des aliments? ce que leur mère leur refuserait d'un côté, ne le retrouveraient-ils pas de l'autre?

57. Une seconde question que fait naître l'art. 1575, est celle de savoir comment et dans quelles proportions les charges du mariage seraient supportées, si le contrat des époux portait une constitution dotale peu considérable, et une réserve de tous les autres biens de la femme en paraphernaux, et que le mari eût par-devers lui des ressources qui, jointes aux revenus de la dot, pussent suffire aux besoins du ménage et aux frais d'éducation des enfants.

Dans ce cas, la femme ne pourrait-elle pas dire, d'une part : Tous mes biens ne sont pas paraphernaux; par conséquent, d'après l'art. 1575, je ne dois contribuer en rien aux charges du mariage; d'autre part, les biens de mon mari et les produits de ma dot suffisant aux frais du ménage et à toutes les autres dépenses auxquelles les époux sont soumis, on n'a rien à me demander. Ce raisonnement ne serait pas sans force, et nous pensons qu'il devrait être accueilli par les tribunaux.

Les époux sont bien obligés en effet à pourvoir à toutes les charges du mariage, et la femme dont les biens sont paraphernaux doit en particulier y contribuer au-delà du tiers de ses revenus, lorsqu'il n'y a pas d'ailleurs d'autres ressources dans le ménage; mais lorsqu'il y en a de suffisantes, ne faut-il pas respecter la disposition de l'art. 1575 qui ne l'oblige à contribuer sur ses propres biens que dans le cas où ils ont tous été réservés en paraphernaux? Mais, pourra-t-on dire, pourquoi faites-vous fléchir la loi dans un cas et non dans un autre, lorsqu'il n'y a d'autre différence entre eux que celle d'une constitution de dot minime? Nous répondons à cela que nous n'étendons la disposition de l'art. 1575 que lorsqu'il y a impossibilité de faire autrement, et qu'il faut avant tout que les époux, dans quelque position qu'ils soient et sous quel régime qu'ils aient contracté, nourrissent et entre-tiennent leurs enfants; qu'ils remplissent, en un mot, toutes les charges du mariage. Mais dès que dans les biens du mari ou dans les revenus de la dot on trouve de quoi y pourvoir, alors il est naturel et conforme à la justice de laisser jouir intégrale-ment la femme de tous ses paraphernaux.

Mais peut-être on insistera et l'on ajoutera : Vous avez invoqué l'art. 1448 pour résoudre en votre faveur la question précédente qui se rattache à celle-ci. Eh bien! je l'invoque à mon tour, et je vous dis avec lui, que la femme séparée de biens doit contribuer, *proportionnellement à ses facultés et à celles de son mari*, tant aux frais du ménage qu'à ceux d'éducation des enfants communs, et qu'il en doit être de même de la femme qui s'est réservé la presque totalité de ses biens en para-phernaux.

Voilà l'objection, voici la réponse :

La séparation de biens prononcée judiciairement

ne fait pas cesser la dotalité des biens de la femme
et leur distinction primitive; or, dès qu'il y a nécessité, les revenus de la dot doivent être employés
aux charges du mariage: il n'y a point de loi ni de
stipulation qui permette de les soustraire à cette
destination; et si l'art. 1448 dit que la femme doit
contribuer *proportionnellement à ses facultés et à
celles de son mari*, c'est qu'on a pensé qu'il était
plus convenable de laisser plutôt dans les mains de
la femme, désormais chargée de l'administration de
ses biens, que dans celles du mari, ce qui resterait
de libre dans les revenus de la dot, parce que sans
doute ils seraient plus sûrement conservés par elle
que s'ils étaient livrés à l'impéritie ou à la prodigalité de son époux; que c'est dans ce but seul qu'on
a décidé que la femme ne contribuerait que *proportionnellement* à ses facultés et à celles de son mari,
aux charges du mariage.

La femme qui a des paraphernaux, au contraire,
n'est soumise aux charges du mariage que subsidiairement et lorsque les biens du mari et ceux qui
composent la dot sont insuffisants; voilà ce dont il
faut bien se pénétrer, car c'est le contrat et la disposition législative qui le veulent ainsi.

58. Une troisième question à laquelle donne lieu
la brièveté de l'art. 1575, est celle de savoir ce qu'il
faudrait décider dans le cas où il y aurait des biens
dotaux dont les revenus ne seraient pas suffisants
pour subvenir aux charges du mariage, nulle res-

source à espérer du mari, et une réserve de partie des biens de la femme en paraphernaux. Celle-ci pourrait-elle exiger, pour conserver les revenus entiers de ses biens personnels, que la dot fût aliénée, avec l'autorisation de la justice, pour fournir des aliments à la famille, comme l'autorise le § 3 de l'art. 1558?

Cette question nous paraît devoir être décidée dans l'intérêt de la dot. On peut bien dire, en faveur de la femme, que la dot étant essentiellement destinée aux charges du mariage, ce n'est qu'après avoir épuisé tous les biens qui la composent, que l'on peut exiger que la femme y contribue par l'emploi de ses paraphernaux; qu'autrement ce serait rendre entièrement nulle la clause de son contrat qui lui assure l'entière disposition de ces mêmes biens. On repousserait, je crois, avec succès, ces raisons de la femme, en disant : 1° que la dot est inaliénable par sa nature; que si la loi en permet l'aliénation, ce n'est qu'avec une grande réserve et lorsqu'il n'y a pas possibilité de faire différemment; 2° que la dot doit être conservée dans l'intérêt de tous; que c'est là la seule espérance de la femme et des enfants pour ses besoins à venir; 3° que dès que la femme peut aliéner ses paraphernaux et en disposer à sa volonté, on ne pourrait compter sur ces mêmes biens pour l'établissement des enfants, si la dot venait à être anéantie par l'aliénation; 4° que la femme, en employant ses paraphernaux pour les besoins de la famille, est toujours assurée de trouver

ses biens dotaux dans le besoin; qu'elle a ainsi une
sécurité de plus que ses enfants pour l'avenir; que
ces raisons acquièrent encore plus de force si, pour
pourvoir aux besoins du ménage, il suffisait de
joindre les revenus des biens paraphernaux avec
ceux que produisent les biens dotaux; 5° que le refus
de la femme de se dessaisir de ses revenus paraphernaux, et même de ses capitaux, serait le résultat
d'un égoïsme profond, et que rien ne saurait justifier; que peu doit lui importer, pour remplir un
devoir que lui impose la loi, de consentir à l'aliénation de ses paraphernaux, puisque sa dot lui
reste et qu'elle y trouvera, nous le répétons, une
garantie pour les besoins à venir; 6° enfin, que la
loi, en imposant aux époux l'obligation de nourrir,
entretenir et élever leurs enfants, a soumis tous
leurs biens personnels à l'exécution de cette obligation; qu'en ce qui concerne la dot, elle doit être
religieusement conservée, et que les revenus seuls
qu'elle produit sont destinés aux besoins du ménage;
que si la loi en permet l'aliénation pour cet objet,
c'est lorsque toutes les autres ressources sont entièrement épuisées; et que c'est en ce sens que l'intention
du législateur s'est manifestée à tous les bons esprits.

59. Il pourrait se présenter une hypothèse où la
solution de cette question deviendrait plus difficile:
ce serait celle où les biens dotaux ne seraient que
d'un faible rapport, tandis que les paraphernaux
présenteraient des ressources annuelles considéra-

bles; dans ce cas, si la femme venait dire : Je veux bien employer mes paraphernaux à subvenir aux charges du ménage, mais pour cela il faut les aliéner et détruire par là les grands produits qui en sont le résultat annuel, tandis que mes biens dotaux n'apportent que peu ou point de revenus, et ainsi il est plus avantageux de les aliéner pour conserver les paraphernaux; si, disons-nous, la femme tenait un pareil langage, la difficulté de la solution s'accroîtrait beaucoup, et nous nous serions peut-être décidé, dans cette hypothèse, pour la conservation des paraphernaux, si le principe sévère de l'inaliénabilité de la dot et de l'existence d'une nécessité absolue pour l'aliénation ne nous eût entraîné.

60. Lorsqu'il y a tout à la fois biens dotaux, réserve de paraphernaux et biens personnels au mari, et que les revenus de tous ces biens ne suffisent pas pour les besoins du ménage, quels sont ceux qui doivent être aliénés de préférence? Nous pensons, d'après ce que nous venons de dire aux numéros précédents, que les biens du mari devraient d'abord être soumis à la nécessité de l'aliénation, puis les biens paraphernaux, et enfin ceux qui feraient partie de la dot. Ce serait l'art. 203 qui servirait encore de règle dans ce cas. Tous les biens étant soumis au devoir qu'elle impose, tous devraient être aliénés en cas de nécessité absolue; mais s'il n'était pas nécessaire de les aliéner tous, alors il faudrait porter d'abord l'exécution de l'obli-

gation sur les biens qui ne seraient frappés ni d'inaliénabilité ni de réserve en faveur de la femme;
c'est là du moins ce qui nous paraîtrait le plus conforme à la justice et à l'esprit de la loi. Le mari ne
pourrait pas se plaindre d'être contraint le premier
à cette aliénation, puisqu'il devait s'y attendre
lorsqu'il laissait stipuler, en faveur de la femme,
une réserve de biens en paraphernaux : c'est à lui
seul qu'il devrait imputer cette dure extrémité, puisqu'il se serait ôté, par les clauses de son contrat,
le droit d'exiger que les biens de sa femme fussent
soumis les premiers à l'aliénation.

61. Si le contrat détermine le montant de la contribution de la femme aux charges du mariage, ou
s'il n'y a pas de stipulation à cet égard, et que le
mari ait le droit de réclamer le tiers des revenus
fixé par l'art. 1575, aura-t-il aussi celui de demander
que la femme lui fasse l'abandon d'immeubles ou
de capitaux suffisants pour faire face à ce tiers ou
à la quotité fixée par le contrat? M. Toullier n'hésite
pas à se prononcer pour la négative. « Remarquez,
dit cet auteur, qu'en obligeant la femme à contribuer aux charges du mariage jusqu'à concurrence
du tiers de ses revenus, ces deux articles (1537 et
1575) se sont bien gardés de donner au mari le
droit de s'immiscer dans les biens paraphernaux de
la femme contre son gré; droit que les empereurs
et les jurisconsultes romains ne croyaient pas que le
législateur même eût le pouvoir de lui accorder. Ce

n'est qu'une action que le Code donne au mari pour contraindre la femme, d'après l'évaluation de ses revenus, à payer sa contribution, sans pouvoir exiger, si elle ne le veut pas, qu'il lui soit désigné et abandonné une portion de ses biens, égale en valeur au tiers de ses revenus, pour en jouir lui-même.» Nous partageons entièrement cette doctrine; nous pensons que le mari n'a pas d'autre droit pour obliger la femme à remplir son obligation, que celui de l'actionner en paiement si elle résiste; et alors même que la femme serait ouvertement livrée à la prodigalité, et qu'elle dissiperait sa fortune, nous ne croyons pas que le mari pût demander et les tribunaux accorder le délaissement d'une portion de ses biens, pour faire face à la contribution à laquelle elle serait tenue.

Nous avons cependant entendu soutenir que le législateur, en obligeant la femme, dans ce cas, à contribuer aux charges du mariage jusqu'à concurrence du tiers de ses revenus, avait en quelque sorte frappé de dotalité une portion de ses biens paraphernaux, et que dès-lors le mari avait le droit d'en demander l'abandon ou tout au moins la jouissance et l'administration; que la destination des revenus aux besoins de la famille était sacrée, et que la femme ne pourrait pas s'y soustraire en aliénant, soit les immeubles, soit les fruits qui devraient fournir à sa contribution ; mais c'est là une erreur manifeste. Il ne faut pas donner à la loi une extension qui n'est ni dans son texte ni dans son esprit.

Lorsque l'art 1575 dit que la femme doit contribuer aux charges du mariage jusques à concurrence du tiers de ses revenus, elle ne donne qu'une action personnelle au mari, et non point un droit aux biens.

62. Que faudrait-il décider s'il avait été stipulé dans le contrat de mariage, que pour tenir lieu au mari du tiers des revenus paraphernaux de la femme, celle-ci lui abandonnerait telle quantité d'immeubles dont il aurait la jouissance; dans ce cas, la femme pourrait-elle plus tard aliéner ces mêmes immeubles?

Cette question présenterait peu de difficultés: l'abandon fait au mari d'une partie des immeubles paraphernaux de la femme, ne vaudrait évidemment que pour la jouissance ou l'usufruit, et non pour la propriété; on conçoit facilement quel serait alors le droit de la femme; conservant la propriété, elle pourrait incontestablement l'aliéner, sauf à laisser intacte la jouissance du mari. Les immeubles sur les fruits desquels s'exercerait l'obligation de la femme n'étant nullement frappés d'inaliénabilité, on ne pourrait empêcher la femme d'en disposer à son gré ; mais si un acquéreur des biens grevés, ou les créanciers de la femme postérieurs à l'abandon qu'elle aurait fait de cette portion de biens au mari, venaient à contester à ce dernier les fruits ou revenus en provenant, ils devraient être repoussés comme étant sans droit, la femme ayant bien pu aliéner la propriété, mais non les fruits.

63. De quelle manière le tiers du revenu de la femme sera-t-il fixé, et que doit-on entendre par charges du mariage?

En ce qui concerne la liquidation du tiers des revenus paraphernaux, nous croyons qu'au moment où commence la contribution de la femme, on doit, si les époux ne s'accordent pas entre eux, faire faire un inventaire exact et une estimation de toutes les valeurs mobilières et immobilières susceptibles de produire des revenus; nous disons susceptibles de produire des revenus, car il ne faudrait pas comprendre dans l'estimation les objets improductifs, comme meubles, diamants, objets de luxe et autres de même nature qui ne pourraient pas être loués; disons mieux : il ne faudrait pas estimer les biens, mais seulement leurs produits annuels; car si on partait de l'estimation des biens pour établir le revenu, on pourrait léser la femme, ce qui ne devrait pas être. Un exemple fera peut-être mieux connaître notre pensée sur cette question. Nous supposons que la femme, dont tous les biens sont paraphernaux, ait une fortune de 50,000 fr., composée des valeurs suivantes : en immeubles affermés, 20,000 fr.; en mobilier, maison d'habitation nécessaire aux époux, objets d'arts ou de décorations, 20,000 fr.; en rentes sur l'état, 10,000 fr. Dans cette hypothèse, il ne faudra pas raisonner ainsi: la femme a 50,000 fr. de biens, donc elle a 2,000 ou 2,500 fr. de rentes; il faudra distraire de cette fortune toutes les valeurs improductives et dire : la femme a des biens affermés qui peuvent lui rendre 600 fr. ; elle a 500 fr. du produit de ses rentes; en tout, 1,100 fr. de revenus, dont le tiers doit être livré au mari.

64. Si les paraphernaux de la femme consistaient en un commerce, comment le tiers de ces revenus sera-t-il liquidé? Le mari aura-t-il le droit de provoquer chaque année un inventaire des valeurs et des bénéfices?

Pour la négative, on dira que le mari n'a aucun droit de s'immiscer dans les biens paraphernaux de sa femme; que ce serait mettre au jour une foule d'opérations qui, par leur nature, veulent être secrètes; que l'intérêt des tiers commande que les livres ne soient ouverts à personne; qu'il pourrait être très-dangereux pour la femme, si elle vivait mal avec son mari, que les détails de ses affaires fussent mis au jour par ce dernier; qu'elle doit rester libre et indépendante dans l'exercice de son négoce, et que les tribunaux seuls peuvent fixer arbitrairement le tiers de ses revenus, sans estimation et sans inventaire.

Pour l'affirmative, on répond qu'il vaut bien mieux que le mari lui-même ait la connaissance de ce qui se passe dans le commerce de sa femme, que d'y amener des étrangers; que si les époux ne peuvent pas s'accorder entre eux sur la valeur du tiers du produit du commerce, il faut bien que le mari ait un moyen de s'en éclairer chaque année; qu'alors

la voie de l'inventaire annuel est la seule raisonnable
et qui puisse concilier tous les intérêts; que si bien
il est vrai que le mari n'ait pas le droit de s'immiscer
dans l'administration des biens paraphernaux, au
moins doit-il avoir la connaissance des profits et des
pertes; que cette connaissance ne peut s'acquérir
que par un inventaire régulier auquel le mari doit
nécessairement assister; que d'ailleurs, lorsque le
mari habite avec sa femme, il connaît déjà, en
grande partie, les opérations de son commerce;
qu'il n'a aucun intérêt de les divulguer; qu'une
fixation arbitraire faite par la justice pourrait léser
le mari ou la femme, les produits du commerce
étant nécessairement très-variables.

Au milieu de ce conflit de raisons également puissantes, il est assez difficile de prendre une décision
qui ne laisse après elle ni doutes ni regrets. De
chaque côté il y a des inconvénients graves à vain-
cre; toutefois nous nous décidons pour cette dernière opinion, qui paraît en présenter beaucoup
moins que la première.

65. On entend par charges du mariage toutes les
dépenses nécessaires aux besoins du ménage et à
l'éducation des enfants. L'époux, dans l'objet d'augmenter la contribution de la femme, ne pourrait
pas y comprendre les dépenses de luxe auxquelles
il pourrait se livrer et qui ne seraient pas conformes
à l'état de fortune des époux. Tous frais qui sortiraient
des besoins bien entendus de la famille devraient

être rejetés de la liquidation des charges du mariage.

On ne pourrait pas non plus y comprendre les choses pour lesquelles les enfants n'ont pas d'action contre leurs père et mère. Ainsi, le mari ne pourrait pas demander à sa femme sa part contributive de la dot qu'il aurait constituée à leur fille, ou des frais d'établissement d'un garçon ; Cod. civ. 204. Il faut étendre la signification légale de ce mot *établissement* non-seulement à un mariage, mais à toute espèce d'*établissements* ; ainsi, la femme ne serait pas obligée de contribuer à l'érection d'une maison de commerce ou à l'achat d'un office quelconque dont le mari voudrait doter l'enfant commun ; on ne pourrait considérer ces divers *établissements* comme une charge du mariage. V. l'art. 851 du Cod. civ.

66. Devrait-on considérer comme charge du mariage ce que le père serait obligé de payer pour exempter son fils du service militaire ?

Lorsqu'on a agité, devant différentes cours du royaume et particulièrement devant celle de Grenoble, le point de savoir si l'enfant était obligé de rapporter le prix de son remplacement à l'armée, toutes ont décidé que le rapport était dû. De ce point de jurisprudence, nous devons déduire la conséquence nécessaire que puisque la somme payée pour cet objet doit être rapportée, elle ne peut être considérée comme charge du mariage. Toutefois nous pensons que si la fortune des époux était considérable et que le prix d'exemption fût minime, on

devrait regarder cette dépense comme faisant partie
des besoins de la famille : nous pouvons appuyer
notre opinion sur un arrêt de la cour de Grenoble,
rendu le 2 janvier 1822, dans l'espèce suivante :

Drivon fils avait été exempté du service militaire
au moyen d'une somme de 300 fr. payée par son
père. Celui-ci n'avait même déboursé que 100 fr.,
attendu qu'il avait reçu une indemnité de 200 fr.
dont il est inutile d'expliquer ici la cause. Assigné
par ses frère et sœurs, pour qu'il eût à rapporter le
prix de son remplacement, le tribunal de première
instance l'y condamna; mais sur l'appel interjeté de
ce jugement, la cour réforma en ces termes :

« La cour considérant, à l'égard du rapport de
300 fr., montant du prix de remplacement de Drivon
fils, qu'il résulte des pièces du procès, que le père
Drivon n'a réellement déboursé pour son fils que la
somme de 100 fr., au moyen d'une indemnité qu'il
reçut par suite de la formation d'une masse commune entre conscrits, et que cette somme de 100 fr.
est trop modique pour qu'on doive soumettre le fils
Drivon à la rapporter, a mis l'appellation, etc. »

On peut encore voir un arrêt rendu dans le même
sens par la cour de Riom, le 19 août 1829, dans la
cause des cohéritiers Farnoux.

67. Les frais de noces et les présents d'usage
n'étant pas sujets à rapport (C. civ., art. 852), et
faisant partie des charges du mariage, doivent aussi
être supportés par la femme, en proportion de la

quotité de sa contribution ; mais que doit-on décider à l'égard du trousseau? Doit-il être considéré comme présent de noces, et la femme doit-elle supporter sa part de la dépense qu'il occasionne?

La solution de cette question, comme celle de la question précédente, dépend des circonstances; si la valeur du trousseau est modique, eu égard à la fortune des père et mère, il faut décider qu'il fait partie des charges du mariage ; mais si au contraire il a été estimé à une somme nullement en rapport avec la situation financière des époux, alors le mari n'a pas le droit de le comprendre dans les charges du mariage. La cour de cassation a formellement décidé que le trousseau, lorsqu'il était considérable, ne pouvait pas se confondre avec les présents d'usage et les autres objets énoncés dans l'art. 882; que c'était une véritable donation à laquelle la femme ne pouvait être contrainte de contribuer, lorsqu'elle n'y avait pris aucune part.

68. Les frais de nourriture, entretien et logement des enfants cessent d'être à la charge du ménage lorsque les enfants ont quitté la maison paternelle; qu'ils sont mariés et pourvus d'un état ou d'une dot; de telle sorte que s'il a été fait, dans de pareilles circonstances, des fournitures par le mari, la femme n'est pas obligée d'en supporter sa part. C'est ce qu'a implicitement jugé la cour de Nancy, par arrêt du 20 janvier 1830, en décidant que de tels frais sont sujets à rapport; V. Sirey, t. 30, 2, 225.

Toutefois nous pensons qu'il faudrait user de cette doctrine avec beaucoup de réserve ; elle ne devrait être invoquée que lorsque la continuité de ces fournitures constituerait un véritable don fait à l'enfant ; car si des aliments avaient été fournis pendant un court espace de temps, alors même que l'enfant serait marié et qu'il aurait été doté, le mari n'en pourrait comprendre la valeur dans les charges du mariage ; il serait censé les avoir fournis *pictatis intuitu*, et non dans l'espoir d'en faire l'objet d'une répétition sur les biens paraphernaux de sa femme.

69. A quelle époque la femme sera-t-elle obligée de payer sa part contributive ? Le mari aura-t-il le droit de se prévaloir des premiers fruits perçus ou échus au détriment de la femme ? L'affirmative ne nous paraît pas douteuse ; la femme prenant sa part dans la consommation de son tiers, n'est censée avoir aucun besoin de première nécessité à satisfaire ; nourrie, logée, entretenue dans la maison conjugale, elle n'a d'autres dépenses à faire que celles qui tiennent aux superfluités de la vie. Le mari, au contraire, a des dépenses de tous les instants à faire ; il faut que pour l'entretien du ménage il ait toujours une certaine somme disponible. Il est nécessaire, pour l'économie de la maison, qu'il fasse à l'avance l'achat de toutes les provisions, qu'il paie exactement toutes les fournitures. Pour satisfaire à toutes les exigences de sa position, il faut donc que le mari puisse demander à la femme

ou l'avance de sa contribution, et si cette avance n'est pas possible, la perception des premiers revenus paraphernaux. Cela nous paraît hors de doute.

70. La femme soumise à la contribution du tiers de ses revenus pourrait-elle, par sa mauvaise administration ou par un bail à vil prix, en diminuer la valeur? Le mari serait-il sans droit pour attaquer un pareil acte? Nous ne le pensons pas. Le mari a droit, par la loi ou par le contrat de mariage, au tiers des revenus de sa femme; il peut, en vertu de ce droit, attaquer tous les actes qui tendent à le détruire; mais nous ne croyons pas qu'il pût forcer la femme à confier à un tiers plus éclairé et plus sage qu'elle, l'administration de ses biens. Les droits du mari ne vont pas jusque là; s'il y avait prodigalité ou démence chez la femme, il pourrait prendre les voies indiquées par la loi pour lui faire nommer un conseil judiciaire ou pour la faire interdire; mais hors de là, la femme usant, dans toute son intégrité, du droit sacré de la propriété, pourrait disposer et abuser à son gré de son patrimoine, sans que le mari pût s'y opposer, et alors même que le ménage pourrait en souffrir.

71. Lorsque dans le contrat il a été stipulé que la femme, vu le peu de biens du mari, contribuerait pour les deux tiers ou les trois quarts de ses revenus aux charges du mariage, pourrait-on, dans l'intérêt de la femme, demander

la réduction de la contribution, dans le cas où la
fortune du mari se serait augmentée ?

Nous ne le pensons pas. Il est de principe rigoureux que les conventions matrimoniales ne peuvent
recevoir de changement après la célébration du
mariage; or, ce serait y déroger que d'admettre,
dans une telle circonstance, la demande en réduction formée par la femme. Les époux connaissaient
l'irrévocabilité de leurs conventions matrimoniales,
lorsqu'ils les ont consenties; c'était alors qu'ils auraient dû prévoir le cas où le mari venant à meilleure
fortune, il conviendrait de réduire la contribution
aux charges du mariage stipulées par la femme, et,
en prévoyant ce cas, en faire une clause spéciale
de leur contrat : ne l'ayant pas fait alors, la femme
ne peut plus l'exiger après le mariage consommé.

72. Pourrait-on stipuler dans le contrat, que
quoique tous les biens de la femme fussent paraphernaux, elle ne serait pas obligée de contribuer
aux charges du mariage ? Il faut distinguer : s'il existait
dans les mains du mari assez de biens, ou qu'il eût
une industrie suffisante pour subvenir à tous les
besoins du ménage, nous croyons que la stipulation
serait valable; mais si, au contraire, les ressources
du mari ne pouvaient suffire à toutes les charges du
mariage, il faudrait considérer cette clause comme
non avenue. On ne pourrait pas invoquer, comme
dans le cas précédent, l'immutabilité des conventions matrimoniales, parce que la stipulation serait

nulle comme contraire à la loi. Nous avons en effet
démontré, dans le cours du présent chapitre, que
l'obligation des père et mère de nourrir, entretenir
et élever leurs enfants était la conséquence immédiate de leur union; que la loi leur en faisait un
devoir sacré; d'où il faut conclure qu'ils ne pourraient y déroger par des conventions particulières;
que de pareilles conventions seraient non-seulement
contraires à la loi, mais qu'elles le seraient encore
aux mœurs et à l'ordre public.

73. S'il a été dit dans le contrat, que pour tenir
lieu au mari du tiers des revenus de la femme il se
prévaudrait de l'intérêt d'une somme placée dans
une maison de commerce, la femme pourrait-elle
déplacer ou aliéner cette somme? Il faut aussi distinguer: si le contrat contenait cession ou délégation
des intérêts, et qu'il y eût eu notification de la cession
ou délégation au débiteur, cédé ou délégué avec
obligation de ce dernier, alors la femme ne pourrait
plus disposer de la somme due, qu'à la charge par
elle de faire servir les intérêts par celui en faveur
de qui elle aurait disposé du capital. Mais si le
contrat de mariage ne contenait qu'une simple indication du débiteur à qui le mari pourrait demander les
intérêts sans délégation, il n'y aurait alors nul obstacle
à ce que la femme pût aliéner à la fois et le capital
et les intérêts : elle ne s'en serait pas dessaisie.

74. Ce que nous venons de dire nous conduit

naturellement à examiner de quelle nature est le
droit qu'a le mari d'exiger le tiers des revenus de
la femme dont tous les biens sont paraphernaux. La
femme est obligée par la loi à contribuer, pour
une quotité quelconque, aux charges du mariage;
il y a obligation réelle; mais ne perdons pas de vue
que cette obligation qui forme le titre du mari est
variable, selon que la femme augmente ou dissipe
sa fortune; que si la femme mange son bien, le mari
ne peut s'y opposer; il ne peut prendre des mesures
conservatoires, en ce sens qu'il ne pourrait faire
rendre de jugement contre la femme, ni prendre
d'inscription hypothécaire sur ses biens, pour assurer
le paiement du tiers non échu; nous ne pensons
pas non plus que le mari pût faire faire une saisie-
arrêt sur les fermiers ou débiteurs de la femme,
pour la part contributive qui ne lui serait pas encore
acquise. La raison en est que le tiers peut varier
d'un jour à un autre; que la femme peut se dépouiller
de la totalité ou de partie de ses paraphernaux, et
qu'alors il pourrait arriver qu'il n'y eût rien ou peu
de chose à exiger au moment de l'échéance; le mari
n'est créancier qu'éventuellement, c'est-à-dire que
lorsque la femme a des revenus libres, et que les
créanciers ont exercé tous leurs droits; la femme
n'est censée avoir des biens et des revenus que
lorsque toutes les dettes sont payées. Si tous les biens
de la femme sont saisis et expropriés, et qu'un ordre
étant ouvert il n'y ait pas de quoi payer tout le
monde, le mari ne pourra pas être alloué, s'il est

prouvé surtout qu'au moment où le tiers des revenus était exigible par le mari, la femme était en déconfiture, et qu'elle devait plus qu'elle n'avait ; que si, au contraire, calcul fait, il restait, au moment de l'échéance du tiers, une portion de biens libres, toutes dettes payées, le mari pourrait se faire compter le tiers échu, en prenant pour base de sa fixation ce qui resterait de biens dans les mains de la femme. Ce raisonnement se fera mieux sentir par un exemple : Une femme a pour 50,000 fr. de paraphernaux qui consistent en immeubles ; ces immeubles sont affermés 1,800 fr., dont le tiers devrait être payé au mari pour lui aider à supporter les charges du mariage ; mais ces biens sont grevés de 40,000 fr. d'inscriptions hypothécaires, et les créanciers ne tardent pas à en provoquer la vente et la distribution du prix ; en cet état, un tiers vient à échoir ; le mari se présente dans l'ordre et demande à être alloué pour le tiers échu, qui s'élève selon lui à 600 fr. Les créanciers repoussent cette prétention, en lui disant : Au moment où le tiers des revenus est venu à échoir, votre femme devait 40,000 fr., plus, les intérêts échus qui s'élèvent à 5,000 fr. ; restait de libre dans ses mains 5,000 fr. produisant 250 fr. d'intérêts, dont le tiers vous revenant est de 83 fr. environ ; voilà tout ce que vous avez à réclamer. Ce raisonnement nous semblerait devoir être accueilli, parce que, en résumé, le mari n'est créancier que du tiers des revenus, qu'il n'y a de revenus que lorsqu'il y a des biens, et qu'il n'y a de biens que les dettes payées ; *bona non dicuntur , nisi deducto ære alieno.*

75. La femme doit obéissance à son mari ; elle doit le suivre partout où il juge à propos de résider ; mais ne devrait-il pas y avoir une exception à cette règle en faveur de la femme paraphernale, dans le cas suivant ? Une femme mariée s'est réservé tous ses biens en paraphernaux ; ces biens sont considérables : ils se composent d'une grande exploitation agricole qu'elle-même surveille et administre, ou bien elle a des usines ou artifices dont elle est la directrice. Dans ce cas, pense-t-on que le mari pût contraindre sa femme à le suivre et à abandonner ainsi l'administration de toutes ses propriétés ?

Sans doute, dans l'intérêt du mari, on dira que rien ne doit porter atteinte à la puissance maritale ; qu'elle doit toujours être respectée ; que personne ne peut s'établir juge des motifs qui obligent le mari à s'éloigner de son domicile ; que la femme doit obéir parce que la loi lui en fait un devoir ; qu'en ordonnant à la femme de suivre son mari partout où il juge à propos de résider , le législateur n'a fait aucune distinction entre la femme qui, par son contrat, s'est réservé tous ses biens en paraphernaux, et celle qui, par une clause expresse, les aurait tous rendus dotaux ; que dès que la femme s'est mariée, elle s'est soumise à l'autorité de son mari dans toute son étendue, autorité qu'aucune circonstance ne peut modifier.

Mais on répondrait à cela, que sans doute l'autorité maritale doit obtenir une obéissance aveugle de
la part de la femme, dans les cas ordinaires ; mais
lorsque par son contrat de mariage, d'où naît sa
puissance, le mari a consenti à ce que sa femme se
réservât tous ses biens en paraphernaux, il a tacitement consenti à ce qu'elle pût faire tout ce qui
serait nécessaire à leur administration et à leur
conservation ; qu'en souscrivant cette obligation implicite, il a dû en connaître ou en prévoir toute
l'étendue ; que d'ailleurs, en exigeant que sa femme
le suive, il peut causer sa ruine ou porter une
atteinte à la prospérité de son industrie ; que c'est
dans le contrat de mariage qu'il faut chercher l'é-
tendue que doit avoir la puissance maritale ; que le
mari a dû prévoir que cette autorité devrait nécessairement être modifiée ou restreinte par l'état de
fortune de la femme et l'administration qu'elle devait
nécessairement entraîner ; que dès le moment que
la femme paie exactement sa contribution, qu'elle
remplit tous ses devoirs de mère et d'épouse, le
mari ne peut pas apporter des entraves à l'exercice
de l'administration de ses biens et à l'accroissement
de sa fortune, en l'obligeant à s'éloigner de ses établissements et du siége de ses affaires ; que le mari,
en laissant introduire dans la société conjugale une
séparation de biens telle que celle qui résulte d'une
réserve de tous biens en paraphernaux, s'est en
quelque sorte départi d'une portion de son autorité,
par la raison que qui veut la fin veut les moyens ;

que consentant que la femme eût l'entière administration de ses biens, il a dû vouloir aussi tout ce
qui pouvait la faciliter, et rien de ce qui y porterait
obstacle.

76. Lorsque la femme est obligée de pourvoir en
grande partie ou en totalité aux frais du ménage,
qui doit être chargé, du mari ou de la femme, de
faire les dépenses ? M. Delvincourt qui propose
cette question la résout en faveur du mari ; cela
nous paraît sans réplique. C'est principalement dans
les détails d'administration domestique, que l'autorité maritale a besoin de se manifester pour obtenir
tout le respect qui lui est dû. Une femme qui, dans
un ménage commun, ferait toutes les emplettes,
engagerait ou renverrait les domestiques, ferait
faire les réparations et en solderait elle-même le
prix ; qui, en un mot, disposerait à son gré de tous
les revenus, non-seulement porterait une atteinte
grave à la puissance maritale, mais exposerait encore son mari au ridicule qui accompagne toujours
une pareille interversion de rôle dans la société
conjugale. Voilà pour les cas ordinaires. Mais il
pourrait arriver des circonstances où la solution de
la question deviendrait bien difficile : supposons,
avec M. Delvincourt, que le mari soit un joueur,
un dissipateur, capable d'employer en un seul
jour, à de folles dépenses, les sommes qui lui seraient
données pour les frais du ménage ; que faudrait-il
décider dans un pareil cas ? Il ne faut pas s'y mé-

prendre, l'autorité maritale est une puissance d'ordre
et de nécessité qu'il ne faut attaquer qu'avec une
grande réserve et dans des circonstances graves; la
loi doit au mari toute sa protection dans l'exercice
de ses droits; elle doit surtout le préserver de tout
ce qui peut tendre à lui faire perdre le respect que
commande son titre de chef de la société du mariage; et si, par sa conduite, le mari a déjà altéré
dans l'opinion ses droits au respect public, les tribunaux doivent encore chercher à concilier l'intérêt
des époux et des enfants avec les débris de cette
puissance qui se détruit elle-même; ainsi, nous ne
pensons pas, comme M. Delvincourt, qu'il faille
donner à la femme le droit de tout administrer et
d'employer les revenus, de telle sorte que le mari
ne soit compté pour rien dans son ménage; nous
pensons au contraire qu'il faudra laisser au mari
toute son autorité pour acheter, régler et administrer, sauf à donner à la femme la caisse du ménage
et le droit de solder tous les comptes et tous les
achats. On évitera par là les funestes résultats de la
prodigalité du mari, et on le sauvera des atteintes
de la malignité publique, qui s'attache à tout ce qui
blesse les convenances sociales.

CHAPITRE IV.

Des Droits et des Obligations du mari à l'égard des biens paraphernaux.

77. Les droits et les obligations du mari à l'égard des biens paraphernaux varient suivant le titre en vertu duquel il en jouit, ou en vertu duquel il les administre.

Le mari peut jouir des biens de la femme ou les administrer ensuite du mandat qu'elle lui en a donné.

Il peut en jouir sans mandat, et néanmoins sans opposition de sa part.

Enfin, il peut en jouir sans mandat et malgré l'opposition de la femme.

Nous allons développer, dans trois paragraphes, les principes qui appartiennent à chacune de ces hypothèses, et résoudre les questions qu'elles peuvent faire naître.

§ 1er.

Des Droits et des Obligations du mari à l'égard des biens paraphernaux, lorsqu'il les administre en vertu du mandat de la femme.

78. La femme qui ne veut point elle-même administrer ses biens paraphernaux peut en donner la

régie à son mari par une procuration. Cette procuration peut contenir des pouvoirs plus ou moins
étendus, et déterminer les droits et les devoirs du
mandataire; dans tous ces cas, le mandat est la loi
qu'il faut suivre. Si la procuration ne s'explique pas
sur les droits et sur les obligations du mari, il faut
recourir aux dispositions du Code civil, relatives au
mandat, et en appliquer au mari les règles non
prévues par le contrat.

79. Avant d'entrer dans les détails que comporte
cette importante matière, il convient de dire que
la femme peut donner sa procuration à un tiers
comme à son mari ou le laisser jouir sans mandat (l.
ult. C. *de pact. conv.*, et Malleville sur l'art. 1577);
nulle prohibition n'est établie à cet égard. Il faut seulement remarquer que, dans ce cas, le tiers étranger
ne jouirait pas de l'avantage prévu par l'art. 1578.
Il serait tenu à la restitution de tous les fruits consommés et existants, sans aucune distinction.

Nous fûmes consulté, en 1823, sur une question
qui a un rapport presque direct avec ce que nous
venons de dire relativement au mandataire étranger.
Voici dans quelle espèce :

Mme de Pr..... avait divorcé, pendant la révolu-
tion, avec son mari qui avait suivi les princes français dans leur émigration; rentré en France en
1804, M. de Pr. s'était réuni à sa femme, et les
époux avaient vécu ensemble, comme s'il n'y eût
point eu de divorce prononcé entre eux, jusques au

mois de septembre 1823, époque à laquelle M. de Pr. était décédé. Mme de Pr. qui s'était, par son contrat, réservé une grande partie de ses biens en paraphernaux, en avait laissé jouir son époux; celui-ci s'était constamment prévalu de tous les produits des biens de sa femme, et les avait, selon le dire de ses héritiers, employés aux charges du ménage commun et aux frais d'éducation de leur enfant unique, mort peu de temps avant son père. A la dissolution du mariage, Mme de Pr. réclamait tout à la fois le montant de sa dot et tous les fruits perçus par son mari, provenant de ses biens paraphernaux. Les héritiers de M. de Pr. repoussaient cette demande en disant : M. de Pr. a toujours joui des paraphernaux de sa femme sans opposition de sa part; par conséquent, les héritiers ne sont tenus qu'à la représentation des fruits existants à son décès, et ils ne sont point comptables de ceux qui ont été consommés jusqu'alors. Mme de Pr. répondait : M. de Pr. n'était plus mon mari; le divorce qui avait séparé nos personnes et nos intérêts était légalement intervenu; nous n'étions plus, aux yeux de la loi, que des étrangers; or, en cette qualité, M. de Pr. doit me tenir compte de tous les fruits de mes biens paraphernaux. Dans cette espèce singulière, la femme avait, comme on le voit, la rigueur du droit pour elle, et le mari l'équité; à la vérité, il n'était pas démontré que les revenus des biens paraphernaux eussent été employés pour les besoins de la famille, mais aussi il ne l'était pas mieux que

M. de Pr. fût devenu plus riche. Nous pensâmes que la demande de Mme de Pr. devait être repoussée par les tribunaux, attendu que c'était moins le droit que le fait qu'il fallait examiner dans cette cause ; qu'il était constant que malgré le divorce les époux avaient, pendant près de vingt ans, constamment habité et vécu ensemble ; que M. de Pr. avait administré les biens paraphernaux de sa femme, et qu'il en avait joui sans opposition de sa part ; que dès-lors peu importait la légalité du divorce et le divorce lui-même ; qu'il y avait un fait dominant dans le procès : c'était que malgré la jouissance que M. de Pr. avait eue des biens de Mme de Pr., sa fortune ne s'était pas augmentée, d'où la conséquence nécessaire que les revenus en provenant avaient été consommés dans le ménage ; notre consultation amena une transaction, mais plusieurs jurisconsultes pensèrent comme nous, que les héritiers de M. de Pr. ne devaient représenter que les fruits existants à son décès.

80. La procuration donnée par la femme doit contenir la charge expresse de lui rendre compte des fruits, pour que le mari soit tenu de sa gestion vis-à-vis d'elle comme tout mandataire ; telle est la disposition de l'art. 1577 ; c'est-à-dire qu'il devra tenir compte de tous les fruits tant consommés qu'existants ; cela n'est pas susceptible de contestation. Mais que faudra-t-il décider si la procuration, expresse d'ailleurs, ne contient pas la charge de

rendre compte des fruits? La loi ne dit rien à cet égard. L'art. 1578 s'explique seulement sur le cas où le mari a joui des biens paraphernaux, sans mandat, mais sans opposition de la part de la femme; alors, dit cet article, le mari n'est tenu, à la dissolution du mariage ou à la première demande de la femme, qu'à la représentation des fruits existants; il n'est point comptable de ceux qui ont été consommés jusqu'alors. Il semble qu'il devrait y avoir une différence, pour les résultats, entre la procuration expresse et le mandat tacite : on conçoit en effet que la femme qui laisse jouir son mari de ses biens paraphernaux, soit censée lui en abandonner les revenus et ne pas l'obliger plus tard à les lui restituer; cela paraît naturel et conforme à l'heureuse communion de la société conjugale. On peut même dire qu'il n'y a pas précisément mandat de la part de la femme; c'est en quelque sorte une jouissance commune, puisque tout se passe sous les yeux des deux époux. Mais lorsque celle-ci, par un acte formel, donne tous les pouvoirs d'agir et d'administrer, qu'elle s'en dépouille en quelque sorte, ou que tout au moins elle explique formellement son intention de conférer à son mari tous ses droits, comment se fait-il que, dans ce cas, le mari, ainsi formellement revêtu de tous les pouvoirs d'un mandataire, ne soit pas obligé, comme tel, à tenir compte de tous les fruits perçus et existants? Pourquoi le sortirait-on de la classe des procureurs fondés ordinaires qui sont toujours tenus de rendre compte?

Où est, dans la loi, la disposition qui exempte ce mandataire du devoir que lui impose sa qualité? Comment se trouve-t-il dans un cas exceptionnel? Voilà ce que nous ne saurions expliquer et voilà pourtant de quelle manière on le décidait sous le droit ancien, et comme le professe encore aujourd'hui M. Toullier, dans son *Cours de droit civil*, tom. 14, pag. 435.

Ecoutons-le parler lui-même à ce sujet :

« De même, à l'égard du mandat écrit donné par la femme à son mari pour gérer ses biens paraphernaux, s'il est simple, si elle n'y a point inséré la charge de lui rendre compte, la loi présume qu'il n'a d'autre objet que de faciliter l'administration du mari, de lever les obstacles, les difficultés et les chicanes qu'il pourrait éprouver de la part des étrangers et des débiteurs de mauvaise foi, et non l'obligation de rendre compte des fruits; car pourquoi ce mandat écrit aurait-il plus de force que le mandat tacite, résultant du silence ou de la non-opposition de la femme? N'est-ce pas un principe certain et reconnu, que la volonté manifestée d'une manière tacite et non équivoque, n'a pas moins de force et produit les mêmes effets que la volonté consignée dans un écrit qui n'est nécessaire que pour en prouver l'existence?

» Ainsi, avant la promulgation du Code, les auteurs tenaient pour principe, qu'à l'égard des fruits des biens paraphernaux dont le mari a joui, il n'y a point de distinction à faire entre le cas où il en a joui en vertu d'un consentement exprès, c'est-à-dire d'une procuration qu'elle lui aurait passée, et celui où il n'en a joui qu'en vertu d'un consentement tacite. Le savant Bretonnier, dans les *Questions de droit* par ordre alphabétique, v° *Paraphernaux*, pag. 207, édit. in-4°, dit, d'après Gui-Pape et Feret : *Fructus rerum paraphernalium cedunt lucro viri, si uxor, tacite vel expresse, concesserit viro administrationem.* »

On pourrait encore joindre aux auteurs cités par M. Toullier, l'opinion de Buisson, liv. 5, tit. 14; celle de Boniface, tom. 1er, pag. 427 et 429; de Loyseau, *Du déguerpissement*, liv. 2, tit. 4, nos 4 et 5; de Fromental, au mot *Paraphernaux*; et enfin, de l'auteur des *Maximes du palais*, tom. 1er, pag. 257.

Malgré toutes ces autorités, bien imposantes d'ailleurs, nous ne pouvons nous décider à adopter cette doctrine, et nous croyons pouvoir facilement détruire les objections des auteurs qui nous sont contraires. M. Toullier prétend d'abord que lorsque la femme a donné une procuration expresse au mari sans y insérer la clause de rendement de compte, elle n'a eu d'autre objet que de faciliter l'administration du mari et de lever les obstacles, les difficultés et les chicanes qu'il pourrait éprouver de la part des étrangers et des débiteurs de mauvaise foi, et non l'obligation de rendre compte des fruits. Mais c'est là une erreur manifeste. Lorsque la femme a donné sa procuration au mari, lorsque, par un

acte formel, elle a déclaré l'investir du titre de son
mandataire et de tous les pouvoirs que ce titre lui
confère, et que le mari a accepté ce mandat, il
intervient entre eux un contrat bilatéral donnant
naissance à des obligations et à des droits que la
loi détermine ; c'est un engagement réciproque ,régi
par la loi générale sur le mandat, que nulle disposition ne dispense les parties contractantes d'exécuter. Que si l'on prétend que c'est là une exception
à la loi sur le mandat, on doit le justifier ; que dès
le moment qu'il y a procuration, il y a obligation
de se soumettre à la loi qui la régit, à moins qu'on
ne produise une disposition contraire.

Mais, dit-on, pourquoi le mandat écrit aurait-il
plus de force que le mandat tacite, résultant du
silence et de la non-opposition de la femme? Pourquoi? Parce que le mandat tacite n'est pas un mandat; c'est un abandon momentané et non entier de
l'administration ; c'est une régie commune, car le
mari, dans ce cas, ne peut rien faire sans l'assistance
ou le consentement de sa femme qui est toujours
en qualité dans tous les actes d'administration tant
soit peu importants. Le mari ne fait rien de légal
sans elle avec les tiers. D'un autre côté, la femme
qui laisse son mari administrer ses biens paraphernaux, qui le laisse en percevoir les fruits, est plutôt
censée les lui abandonner, que lorsqu'elle lui passe
une procuration. On conçoit en effet que lorsque la
femme se décide à donner à son mari mandat
exprès d'administrer ses biens, si elle entendait

qu'il dût se prévaloir des fruits, elle s'en explique-
rait formellement ; que si elle ne le fait pas, c'est
évidemment parce qu'elle se les réserve.

Et ce raisonnement acquiert bien plus de force,
lorsque, dans la procuration, il est stipulé un salaire
en faveur du mari. Dans une pareille hypothèse, en
effet, dirait-on que le mari ne serait pas tenu de
rendre compte? Y aurait-il besoin d'une clause
expresse à ce sujet ? Enfin, nous le demandons
encore une fois, pourquoi le mari, procureur fondé,
voudrait-il se soustraire aux obligations que sa qualité lui impose? Où est l'exception signalée par la
loi en sa faveur? Or, s'il n'y en a pas, il doit subir
la règle commune qui veut que tout mandataire
rende compte de sa gestion.

On pourrait encore faire une objection : on pourrait dire que si l'exception qui dispense le mari de
rendre compte, lorsqu'il y a mandat, n'est pas
écrite dans la loi, elle se tire par argumentation de
la disposition de l'art. 1577 ; en effet, cet article
disposant que si la femme donne sa procuration au
mari, avec charge de lui rendre compte des fruits,
il sera tenu vis-à-vis d'elle comme tout mandataire,
il faut en conclure que si la procuration ne contient
pas la charge de rendre compte, le mari ne sera
pas tenu comme mandataire.

Au premier aspect, cette objection peut paraître
sérieuse ; mais examinée avec attention, elle ne l'est
pas : d'abord, une exception aussi importante que
celle dont il s'agit ne doit pas se tirer par argu-

mentation des termes de la loi, elle doit y être formellement écrite; d'un autre côté, nous pouvons
faire le raisonnement contraire et user aussi de la
voie de l'argument : l'art. 1578 décide que si le
mari a joui des biens paraphernaux de sa femme
sans mandat, il n'est pas tenu de rendre compte
des fruits consommés; or, peut-on dire, si le mari
en a joui *avec mandat*, il doit être soumis à la
représentation de tous les fruits, comme tout mandataire; il n'y a donc rien à inférer de ces rédac-
tions vicieuses; il faut toujours recourir à la loi
générale et dire : il y a mandat, donc il doit y
avoir rendement de compte, tout mandataire y
étant soumis. Cod. civ. 1993.

81. Les pouvoirs du mari à qui la femme a donné
sa procuration peuvent être plus ou moins étendus
et de différentes natures. D'abord, si la procuration
est donnée par contrat de mariage, elle ne peut être
révoquée; elle fait partie des conventions matrimoniales, Cod. civ., 1395; vainement dirait-on,
pour démontrer le contraire, que la procuration
donnée au mari est un contrat à part, soumis à la
loi générale du mandat; que décider la question en
sens opposé serait nuire à la femme, puisqu'il ne
lui resterait aucun recours en cas de mauvaise administration de la part de son mari, ce qui n'a pu
entrer dans l'intention du législateur. Que devien-
draient en effet les biens paraphernaux de la femme
si elle était obligée de souffrir l'incurie ou la prodi-

galité de son mari, parce que sa procuration serait irrévocable? Ne serait-ce pas faire tourner contre elle une mesure prise tout entière dans son intérêt? On répondrait à cela qu'il est de principe désormais incontestable, que toutes les clauses insérées dans ce contrat participent de sa nature, laquelle est d'être essentiellement irrévocable; que si bien il est vrai que la mauvaise administration du mari soit un mal sans remède, la femme devait le prévoir lorsqu'elle a donné ce pouvoir exorbitant; que, du reste, pour se soustraire à ce grave inconvénient, elle peut prendre la voie de la séparation de biens. L'irrévocabilité de la procuration a été au reste décidée par un arrêt qui doit être d'autant plus puissant dans la cause, qu'il a été rendu dans une espèce antérieure au Code civil, c'est-à-dire à une époque où il n'existait aucune disposition formelle sur l'irrévocabilité du contrat de mariage, et de toutes les clauses qu'il peut contenir. En voici l'espèce :

La demoiselle Dubesset avait épousé le sieur Foriel, le 12 prairial an 4; leur contrat de mariage contenait une constitution dotale de 2,000 fr., après laquelle on trouvait la clause suivante : *donnant en outre pouvoir à sondit fiancé de recevoir paiement de tout ce qui lui est dû et peut lui revenir en deniers et effets mobiliers, pour droits paternels et maternels, tant ceux échus que ceux à échoir, et en concéder bonne et valable quittance, à la charge d'hypothèque sur ses biens.* Le 3 complémentaire an 8, la femme Foriel et le sieur Dubesset, son frère, règlent entre eux les droits revenant à chacun dans la succession paternelle. Le sieur Dubesset se reconnaît, par la transaction, débiteur envers sa sœur d'une somme de 500 fr. Le sieur Foriel veut obtenir le paiement de cette somme ; mais la dame Foriel, sa femme, lui fait signifier, le 4 ventôse an 13, une révocation de sa 'procuration, en lui déclarant qu'elle veut elle-même régir et administrer ses biens. Elle fait notifier cet acte à son frère, avec défense de payer. Malgré la révocation et la notification qui en était faite, il est rendu jugement, le 10 fructidor an 13, qui condamne le frère à payer au mari les 5,000 fr. portés par la transaction. La dame Foriel appelle de ce jugement ; le 2 mai 1807, arrêt confirmatif en ces termes :

« La cour, attendu qu'avant de rechercher si la constitution dotale qui se trouve dans le contrat de mariage des époux est restreinte à la somme de 2,000 fr., valeur de sa garde-robe, ou s'étend à tous les droits mobiliers qui pourraient lui advenir des chefs paternel et maternel, il convient d'examiner si le pouvoir que donne la future à son mari, de recevoir paiement et de donner valable quittance des sommes provenant desdits droits, est ou n'est pas révocable ; qu'en effet il résulterait de l'irrévocabilité d'un tel pouvoir, que le mari a été autorisé, nonobstant les inhibitions et oppositions de la femme, à exiger le capital dû par le sieur Dubesset, ce qui suffirait pour justifier le jugement du 10 fructidor an 13, et en faire prononcer la confirmation :

» Attendu que l'une des conventions matrimoniales, entre Foriel et son épouse, fut que celle-ci
constituait le premier son procureur fondé, pour
recevoir et quittancer les deniers qui lui échoiraient
dans la succession de ses père et mère; que cette
procuration fut donnée en faveur et à cause du
mariage, ainsi que le porte le contrat; que toutes
clauses ou conditions insérées dans les actes de cette
nature sont nécessairement irrévocables comme
l'acte lui-même, lorsqu'elles intéressent les conjoints
collectivement ou l'un des conjoints; qu'elles em-
pruntent ce caractère du contrat qui les contient,
sans qu'il intervienne une stipulation pour le leur
conférer, principe qui doit être surtout respecté et
invariablement appliqué, lorsqu'il s'agit de carac-
tériser les pactes formés entre les époux; qu'il ne
faut donc pas considérer les règles propres au contrat ou mandat, celui donné par la dame Foriel
faisant partie d'un acte de mariage dont toutes les
conventions forment un tout indivisible. » V. Sirey,
tom. 7, 2, pag. 658.

82. Le mandat donné par la femme au mari,
lorsqu'il est conçu en termes généraux, n'embrasse
que les actes d'administration; le mari ne peut ni
transiger, ni aliéner, ni hypothéquer qu'en vertu
d'un mandat spécial : *mandato generali non
contineri etiam transactionem decidendi causa
interpositam, et ideo si postea is qui mandavit
transactionem ratam non habuit non posse cum*

repelli ab actionibus coercendis , l. 60 , ff. *de procurat. Procurator totorum bonorum , cui res administrandæ mandatæ sunt , res domini neque mobiles vel immobiles , neque servos sine speciali domini mandato alienare potest,* l. 63 , ff. eod.; Cod. civ., 1988. Mais le mari pourrait-il, en vertu d'une procuration générale, administrer les biens échus à la femme depuis la procuration? Nous ne le pensons pas. La procuration doit toujours être restreinte aux choses que les parties ont pu avoir en vue au moment du contrat. Or, une succession, véritable éventualité, n'a pu être alors l'un des objets du mandat. Les parties n'en ont point pu avoir la pensée. D'ailleurs, il est certains actes d'administration qui entraîneraient avec eux l'acceptation de la succession. Ainsi, la passation d'un bail de neuf ans, la réception d'une créance et la main-levée d'une hypothèque après libération, seraient assurément de véritables actes d'héritiers, d'où la conséquence que les biens nouvellement échus à la femme ne pourraient pas être administrés sans une procuration nouvelle.

On peut voir cependant dans Sirey, tom. 22, 1, 111, un arrêt de la cour de cassation qui a formellement décidé que le mandataire général, chargé d'administrer toutes les affaires du mandant, peut valablement consentir un bail des biens d'une succession échue au mandant depuis le mandat, et même avant qu'elle ait été acceptée par le mandant. Toutefois nous ne croyons pas que cet arrêt pût être sérieusement invoqué dans une discussion sur la question que nous examinons ; la raison en est qu'il fut rendu dans une espèce où la procuration contenait tout à la fois et des pouvoirs généraux et des pouvoirs spéciaux ; elle était conçue en ces termes : « La veuve de Repentigny et ses deux fils, Théodore et Camille, donnent procuration à Louis de Repentigny, leur fils et frère, pour gérer et administrer leurs affaires en France, *faire tous recouvrements, faire lever les scellés qui se trouveraient encore apposés sur les meubles et autres objets de toutes successions auxquelles les constituants se trouveraient avoir droit.* » Il est certain que dans ce cas il y avait pouvoir spécial pour les biens à venir ; que la procuration n'était pas seulement restreinte aux biens présents, et que dès-lors l'arrêt ne peut avoir d'application à l'hypothèse par nous posée, où nous ne parlons que de pouvoirs généraux.

83. Le mari ne pourrait au reste rien faire au-delà de ce qui serait porté dans la procuration ; *diligenter fines mandati custodiendi sunt, nam qui excessit aliud quid facere videtur ;* l. 5 in pr., ff. *mandat.* Ainsi, le mari ne pourrait pas abandonner, moyennant un certain prix, une créance paraphernale, l'acte serait nul ; V. arr. de la cour de Grenoble, rapporté par Sirey, tom. 28, 2ᵉ part., pag. 113. Le mari est tenu de prendre le même soin des affaires qui lui sont confiées, que s'il s'agissait des siennes propres ; il est responsable de sa

négligence ; *dum autem apud maritum remanent eædem cautiones; et dolum, et diligentiam maritus circa eas præstare debet, qualem et circa suas res habere invenitur;* l. ult., Cod. *de pact. conv.*

84. L'obligation de rendre compte est absolue; elle ne peut être modifiée par aucune circonstance. Ainsi, le mari ne pourrait pas s'en dispenser en alléguant qu'il a employé les revenus de sa femme aux besoins de la famille, car il pourrait se présenter des cas où, alors même que le fait de l'emploi serait prouvé, le mari serait encore obligé de rendre compte des fruits. Supposons, par exemple, que sa femme eût en même temps et une dot considérable et une réserve de biens en paraphernaux; dans ce cas, la femme n'étant pas obligée de contribuer aux charges du mariage, l'emploi qu'il aurait fait des revenus paraphernaux à cet objet ne serait point une libération du rendement de compte. Si la femme n'avait pas de dot, mais que le mari eût une industrie productive, ou que la dot de la femme fût minime et insuffisante par ses produits pour remplir les charges du mariage, dans ce cas, si le mari alléguait avoir employé les revenus paraphernaux aux dépenses du ménage, il faudrait établir un compte de ces dépenses, faire l'imputation des revenus dotaux ou de ceux de l'industrie, et n'admettre l'emploi des fruits paraphernaux que pour la part des charges du mariage qui resteraient à remplir; et encore, dans ce cas, le mari, procureur

fondé , devrait justifier d'une manière détaillée de cet emploi. Il ne faut pas perdre de vue, en effet, que le mari , mandataire exprès de sa femme , est considéré comme un étranger, et qu'il ne jouit d'aucun privilége ; il subirait, comme tout procureur fondé, la règle qui oblige le mandataire de restituer tout ce qu'il a reçu, quand même ce qu'il aurait reçu n'appartiendrait pas à la femme : *ex mandato apud eum qui mandatum suscepit, nihil remanere oportet*, l. 20 , in pr., ff. *mandat.;* Cod. civ., 1993.

85. Le mari qui n'a pas reçu le pouvoir de vendre ne peut aliéner les biens paraphernaux sans le consentement spécial de sa femme; ce principe est incontestable; mais la vente faite par le mari seul pourrait-elle être querellée si elle avait eu pour objet le paiement des dettes de la femme? Cette question s'est présentée devant la cour de Nîmes, dans l'espèce que voici :

Marguerite Gravejat, en se mariant avec Louis Martin, s'était fait une constitution particulière et s'était réservé tous ses autres biens en paraphernaux. En février 1773, et le 29 novembre 1785, Martin avait passé vente à Pierre Boulet, de deux fonds appartenant à sa femme; l'acquéreur en jouit paisiblement jusques au 29 novembre 1791, époque à laquelle la femme Martin assigna Boulet en délaissement, avec restitution de fruits depuis l'époque de la vente. Boulet étant mort pendant l'instance, elle fut reprise contre les héritiers, qui se défendirent en disant que la vente faite par le mari, d'un bien paraphernal à sa femme, était valable, lorsqu'elle avait eu lieu pour payer les dettes de celle-ci ; ils prouvaient en effet qu'une partie du prix de vente avait eu cette destination. La femme Martin répondait en persistant sur la nullité des actes, et en offrant de rembourser les sommes qui seraient justifiées avoir été payées à sa décharge. Sur ces débats, jugement qui annula les ventes, ordonna le délaissement et donna acte de l'offre faite par la femme Martin. Les héritiers Boulet se rendirent appelants de cette décision, et la cour de Nîmes, investie de cet appel, confirma le jugement.

Cet arrêt est parfaitement conforme à la loi ; mais nous nous sommes demandé si l'on aurait pu juger de cette manière, dans le cas où les ventes n'auraient eu lieu qu'après un commencement de poursuites en expropriation forcée, et lorsque tout le prix aurait été employé au paiement des dettes de la femme ?

Les ventes, aurait-on pu dire pour le mari, étaient devenues nécessaires, indispensables ; il fallait payer pour éviter des frais considérables et une adjudication peut-être à vil prix. Il n'a pas été distrait un centime du produit de ces ventes en faveur du mari ; tout a été délégué aux créanciers de la femme ; par conséquent, cette dernière ne peut élever aucune plainte légitime. Dirait-elle, la femme, qu'il y a eu lésion et fraude dans les aliénations ?

Que le mari s'est entendu avec l'acquéreur pour la tromper? Mais, quant à la fraude, elle ne se présume pas, il faut qu'elle soit prouvée, et en ce qui concerne la lésion, il suffit d'une estimation par experts, pour s'éclairer sur son existence. Que le tribunal ordonne donc cette procédure, c'est là tout ce qui doit être fait dans l'intérêt de toutes les parties.

Toutes ces raisons, qui paraissent concluantes au premier aspect, devraient céder, selon nous, au respect que l'on doit au droit de propriété. Autoriser la vente du bien d'autrui sans le consentement du propriétaire, même en cas de nécessité, c'est bouleverser et détruire l'ordre public, c'est anéantir le plus fort lien des sociétés, la distinction du tien et du mien. N'y a-t-il pas d'ailleurs, de la part du propriétaire, cette affection souvent inexplicable, qui vous attache à un immeuble plutôt qu'à tout autre; qui vous le fait préférer à celui dont le produit est plus considérable, et qui par conséquent vous ôte toute idée d'aliénation? Pourquoi permettrait-on à un étranger, à un mari même, de blesser cette préférence, ce sentiment qui s'attache si intimement à l'objet dont on est propriétaire? Parlerait-on de l'intérêt que le mari porte à tout ce qui peut concerner sa femme? Mais est-ce là une garantie suffisante pour cette dernière? En est-ce assez pour éloigner tout soupçon de fraude et de collusion? Qu'importe d'ailleurs cet intérêt présumé du mari au droit sacré de la propriété? Excuserait-il

cette usurpation de la faculté de disposer de son
bien comme il plait au propriétaire? Il faut laisser à
chacun l'exercice de son droit, voilà le principe;
l'exception n'est que dans l'autorisation du propriétaire de l'exercer à sa place, ce qui manque dans
l'espèce actuelle.

86. On nous opposera peut-être un arrêt rendu
par la cour de Bruxelles (V. Sirey, tom. 7 , 2ᵉ part.,
pag. 988), par lequel il aurait été décidé que la
femme qui a une procuration générale de son mari,
transporte valablement à un tiers, en vertu de cette
procuration, la propriété de billets commerciaux
appartenant au mari, si ce transport a lieu pour
l'acquit d'une dette de ce dernier; qu'en ce cas, le
transport n'excède pas les bornes d'une simple administration.

Mais nous ferons observer, 1° que dans l'espèce
de cet arrêt il s'agissait d'une procuration donnée
par un mari négociant, à sa femme ; que dès-lors
il entre dans l'administration d'un commerce, de
pouvoir recevoir et payer selon les besoins journaliers; que le pouvoir d'administrer, dans ce cas,
sans celui de négocier les valeurs, quand surtout
c'est pour opérer la libération du mandant, serait
un pouvoir illusoire; 2° que dans la procuration
générale dont il s'agissait, donnée par le mari à la
femme, se trouvait effectivement le pouvoir d'aliéner; mandat qui, à la vérité, n'était pas spécial,
mais qui suffisait cependant pour autoriser la femme

à payer, par l'effet d'un transport ou endossement d'effets de commerce, une dette de son mari ; 3° qu'il n'y a qu'une analogie bien éloignée entre l'aliénation d'une valeur commerciale avec la vente d'un immeuble dont le prix n'est jamais fixé d'une manière certaine ; 4° qu'enfin il n'y a rien à regretter pour le propriétaire dans le transport d'un effet de commerce, tandis que la vente d'une terre ou d'un bâtiment peut laisser des regrets et des craintes à celui que l'on a ainsi dépouillé sans son consentement.

Au reste, cet arrêt que nous ne justifions ici que par le fait sur lequel il a été rendu, pourrait être sérieusement querellé quant à l'application des principes, car reste toujours à combattre ici le respect dû au droit de propriété, dont la violation nous paraît bien difficilement excusable dans l'espèce même de cet arrêt qui est cependant bien favorable au mandataire.

Enfin, à cette décision de la cour de Bruxelles, nous pourrions opposer un arrêt de la même cour, plus récent, qui a jugé que l'endossement d'un billet à ordre n'est pas, de sa nature, un acte d'administration ; qu'en conséquence la femme qui n'a reçu de son mari qu'une procuration générale, n'est pas autorisée à faire le transport par endossement d'un billet à ordre appartenant au mari.

Voici, en peu de mots, l'espèce de cet arrêt, rapportée par Sirey, tom. 10, 2, pag. 531.

« Le 19 février 1808, billet à ordre souscrit par

le sieur Leleux au profit du sieur Feneuille. L'épouse
de ce dernier endosse le billet au profit du sieur
Legrand, comme fondée de procuration générale
de son mari. A l'échéance, protêt et assignation. Le
20 octobre 1808, jugement du tribunal de commerce de Mons, qui prononce la condamnation
solidaire, tant contre le débiteur principal que contre le sieur Feneuille, comme endosseur représenté
par sa femme. Le sieur Feneuille appelle de ce
jugement, et prétend que sa femme, n'ayant point
été autorisée à transmettre l'effet par la voie de
l'endossement, n'avait pu endosser le billet ; qu'à la
vérité il lui avait donné un pouvoir général de
gérer ses affaires, mais que ce pouvoir n'avait pu
l'autoriser à endosser un effet de commerce; que
c'était là un acte d'aliénation excédant les bornes
d'une simple administration. L'intimé prétendait
que ce mandat avait été suffisant pour valider l'endossement. Sur ces débats, arrêt. — Considérant
qu'aux termes de l'art. 1988 du Code civil, qui
régit la matière, le mandat conçu en termes
généraux n'embrasse que les actes d'administration; — et attendu que la signature de l'épouse
de l'appelant est si peu un acte d'administration,
que par la lettre de l'intimé, à l'adresse d'Ignace
Leleux, du 8 février 1808, il résulte que cette signature a été accordée aux sollicitations dudit intimé,
pour le couvrir du défaut de paiement d'un billet
de même somme que lui devait Leleux; la cour
réforme. »

87. Le pouvoir d'aliéner ou d'hypothéquer les paraphernaux doit être exprès; mais il pourrait être donné par acte sous seing privé, Cod. civ., art. 1985. Pourrait-il l'être de cette manière dans un pays où le mandat ne peut être concédé que par acte authentique? En d'autres termes, la maxime *locus regit actum* serait-elle applicable dans ce cas?

La loi régit l'acte quant à sa forme : plusieurs articles du Code civil ont consacré ce principe, érigé en maxime long-temps avant sa promulgation; l'art. 47 dispose : « Tout acte de l'état civil des Français et des étrangers, fait en pays étranger, fera foi s'il est rédigé dans les formes usitées dans ledit pays. » L'art. 170 décide que le mariage contracté en pays étranger, entre Français et entre Français et étrangers, sera valable s'il a été célébré dans les formes usitées dans le pays, pourvu qu'il ait été précédé des publications prescrites par l'art. 63, et que le Français n'ait point contrevenu aux dispositions contenues au chapitre précédent. Ces articles ne font aucune distinction, et il semblerait, au premier aspect, que ce principe devrait s'appliquer à l'acte sous seing privé comme à l'acte authentique; on trouverait même dans la rédaction de l'art. 999 du Code civil, un argument en faveur de ce système ; cet article porte en effet qu'un Français qui se trouvera en pays étranger pourra faire ses dispositions testamentaires par acte sous signature privée, ainsi qu'il est prescrit en l'art. 970, ou par acte authentique, *avec les formes usitées dans le*

lieu où cet acte sera passé. Or , pourrait-on
dire, ces derniers mots de l'art. 999 s'appliquent en
même temps et à l'acte authentique et à l'acte sous
seing privé: donc l'acte sous seing privé doit être
soumis aux formes voulues par les lois du pays où
il est passé.

Mais ce raisonnement est vicieux ; il n'est pas vrai
que les mots *avec les formes usitées dans le lieu
où cet acte est passé,* de l'art. 999, aient trait à
l'acte sous seing privé ; le contraire résulte de la
rédaction même de cet article, puisqu'il y est dit
que le Français pourra faire ses dispositions testamentaires par acte sous seing privé, non pas avec les
formes usitées dans le pays où il se trouve, mais
avec celles prescrites par l'art. 970, ce qui est une
disposition absolue de laquelle il ne peut s'écarter,
car s'il s'en écartait, son testament serait nul. Notre
opinion, sur ce point, est confirmée par celle de
M. Delvincourt, qui s'exprime en ces termes dans
son *Cours de droit civil,* tom. 1er, pag. 20, aux
notes :

« S'il s'agit de la forme de l'acte, l'on doit suivre
la loi du pays où il a été passé, si toutefois il s'agit
d'un acte passé devant un officier public ; ce n'est
qu'à ces sortes d'actes que s'applique la règle *locus
regit actum.* En effet, cette règle est fondée sur ce
que l'on ne peut obliger un officier public de connaître ou de suivre d'autres lois que celles du pays
où il exerce ses fonctions. Ce serait donc mettre le
Français dans l'impossibilité de contracter par acte

public en pays étranger, si on ne lui permettait pas de le faire d'après les formes usitées dans le pays où il se trouve. Or, ce motif n'est pas applicable à l'acte sous seing privé. Si donc, d'après la loi française, un acte peut être passé sous signature privée, il sera valable de cette manière, dans quelque pays que se trouve le Français, et quand même la loi de ce pays ne permettrait pas de le passer ainsi. »

Notre opinion est encore confirmée par un arrêt de la cour de cassation, rapporté par Sirey, tom. 28, 1, pag. 105, dont voici la substance :

« Par acte fait à New-Yorck, en la forme d'acte sous seing privé, le sieur Leray, américain, donne pouvoir à son fils de faire des emprunts en son nom et de consentir des hypothèques sur une terre appelée de Chaumont, pour des sommes considérables, au profit des dames Leray et des héritiers de Staël, qui, sans délai, prennent inscription. Plus tard, la terre de Chaumont est vendue sur saisie immobilière; un ordre s'ouvre pour la distribution du prix en provenant. Les dames Leray et les héritiers de Staël se présentent à cet ordre comme créanciers hypothécaires, et demandent à être colloqués à la date de leur hypothèque. Le baron d'Etchegoyen, autre créancier du sieur Leray, produisant au même ordre, conteste la demande des dames Leray et des héritiers de Staël. Il soutient que leurs titres de créances doivent être réputés non avenus, en ce qu'ils furent consentis en vertu d'une procuration nulle, comme n'ayant pas été

revêtue des formalités exigées dans le pays où elle
fut passée : cette procuration, dit-il, est sous seing
privé; or, à New-Yorck, lieu où elle fut donnée,
les procurations doivent être passées devant un
notaire et deux témoins, ou devant un magistrat.
— 23 Juillet 1824, jugement du tribunal de Blois,
qui déclare valable le mandat donné par le sieur
Leray à son fils; dit que le mandat contient suffisamment pouvoir d'hypothéquer; en conséquence,
colloque les dames Leray et les héritiers de Staël à
la date de leurs inscriptions. — Appel par le sieur
d'Etchegoyen. — 10 Juin 1825, arrêt de la cour
royale d'Orléans, qui confirme. — Pourvoi en cassation de la part du sieur d'Etchegoyen. — Arrêt,
après délibéré en chambre du conseil : Attendu
qu'aux termes de l'art. 3, Cod. civ., les immeubles
situés en France, même ceux qui sont possédés par
des étrangers, sont régis par la loi française; que
par conséquent il suffit, pour la validité d'une procuration portant pouvoir d'hypothéquer des immeubles situés en France, qu'elle soit conforme aux
dispositions des lois françaises; attendu que, d'après
l'art. 1985, Cod. civ., le mandat peut être donné
par écrit sous seing privé : que cette règle est générale, et que la loi n'y a pas fait exception pour le
cas où le mandat contient pouvoir d'hypothéquer;
que l'art. 1988 concernant le mandat à l'effet d'hypothéquer n'exige d'autre condition, si ce n'est que
ce mandat soit exprès; qu'il suit de là que la cour
royale d'Orléans, en se fondant, pour écarter la

prétendue nullité de la procuration, sur ce que la signature du constituant n'était pas déniée par le baron d'Etchegoyen, et suffisait pour valider le mandat dont il s'agit, n'a violé aucune loi; rejette.»

88. Le pouvoir donné par la femme au mari, de vendre ses biens paraphernaux, emporte-t-il celui de recevoir le prix? Nous ne le pensons pas. Une femme peut avoir la pensée que son mari saura vendre convenablement et à bon prix ses immeubles; mais elle peut avoir aussi la crainte qu'il en dissipe le prix. Alors, pour se mettre à l'abri de cette crainte, elle donne seulement pouvoir de vendre à son mari, sans y joindre celui de recevoir le montant des ventes; dans ce cas, faudrait-il enfreindre cette intention présumée de la femme? Non, sans doute. Au reste, vendre et recevoir le prix de la vente sont deux actes bien distincts, ayant chacun leur importance et leur gravité. Or, en matière de mandat, il est de principe que tous les actes qui ont pour objet la propriété même et le droit d'en disposer, ou qui peuvent avoir pour résultat plus ou moins éloigné une aliénation quelconque, doivent être nominativement exprimés dans la procuration, sans quoi il n'y a point de mandat à leur égard.

Il pourrait cependant se présenter un cas où la question deviendrait bien douteuse : c'est celui où la femme, après avoir donné au mari des pouvoirs généraux parmi lesquels se trouveraient ceux de recevoir les capitaux mobiliers et d'en passer quit-

tance, lui aurait aussi donné le pouvoir spécial de
vendre ses immeubles, sans y ajouter toutefois celui
d'en recevoir le prix. Pense-t-on que, dans ce cas,
le mari ne pourrait pas exiger et recevoir le prix
des ventes qu'il aurait passées? La négative pourrait paraître bien rigoureuse, et cependant nous
n'hésiterions pas à l'adopter. Vendre les biens d'un
tiers est un acte bien important et pour lequel il
faut toujours un pouvoir spécial; mais recevoir le
prix nous paraît plus important encore, puisque
c'est l'acte qui dépouille le mandant de son droit de
propriété et qui lui ôte toute action contre l'acquéreur de ses biens; or, ce caractère de gravité bien
reconnu, pourrait-on penser qu'il ne fallût pas au
mari un pouvoir spécial pour recevoir le prix de la
vente passée des biens de la femme, lorsqu'il lui en
faut un pour la vente même? Qu'importerait le pouvoir général inséré dans la procuration, de recevoir
les capitaux mobiliers? Ce pouvoir isolé serait sans
force, s'il n'était accompagné de la désignation
même des sommes à recevoir, car ce serait là un
acte touchant immédiatement au droit de propriété,
lequel, comme nous venons de le dire, ne peut être
fait par un tiers sans un pouvoir spécial; or, comment, conçu en termes généraux, pourrait-il servir
pour recevoir un prix de vente?

89. Lorsque au pouvoir de vendre la femme a
joint celui de recevoir le prix, le mari a-t-il le droit
de céder à un tiers une portion de ce prix, et l'acqué-

reur paie-t-il valablement entre les mains de ce tiers la portion du prix cédé?

La cour de Bordeaux a décidé ces deux questions contre le mandant, par arrêt du 20 janvier 1827, non pas, il est vrai, en matière de biens paraphernaux; mais comme ces questions pourraient se présenter sur une procuration donnée par une femme à son mari, nous croyons devoir les examiner ici.

Remarquons d'abord que ces deux questions n'en font qu'une, car s'il est prouvé que le mandataire ne pouvait céder une portion du prix de vente, l'acquéreur ne pouvait non plus payer valablement: que si au contraire le mandataire a pu céder légalement la portion du prix de vente, l'acquéreur s'est libéré valablement dans les mains du cessionnaire.

Or, est-il vrai que le mandataire ait pu céder une portion de son prix de vente, comme l'a décidé la cour de Bordeaux? Nous ne le pensons pas. La cession de la totalité ou d'une partie d'un prix de vente est une véritable aliénation que le procureur fondé ne peut pas faire sans un pouvoir spécial du mandant. Vainement viendrait-on dire que ce pouvoir donné au mandataire de vendre et de recevoir le prix, lui donnait aussi celui de disposer de ce prix. Ce serait là une erreur grossière réfutée par toute l'économie de la loi sur le mandat. Dans ce cas, comme dans le précédent, il ne faut pas perdre de vue que tout acte qui peut porter atteinte au droit de propriété du mandant, ne peut être accompli par le mandataire sans une permission expresse

et spéciale : que le mandat est un contrat de droit
étroit qui doit être restreint dans ses termes et dont
les clauses ne peuvent jamais être étendues d'un
cas à un autre. Or, le pouvoir de vendre et de
recevoir le prix de vente ne peut pas être considéré
comme suffisant pour autoriser le mandataire à
céder une partie de ce prix; cela n'a pas besoin de
développements bien étendus pour être complètement démontré.

Au reste, la cour de Bordeaux a bien implicitement jugé la question, mais il paraît qu'elle s'est
décidée par l'influence de moyens qui se rattachaient
à une question étrangère à celle dont il s'agit ici;
on peut voir l'espèce de cet arrêt dans Sirey, tom.
27, 1, pag. 65.

90. Nous avons dit (n° 84) que l'obligation de
rendre compte imposée au mari, procureur fondé
de sa femme, était absolue et ne pouvait être modifiée par aucune circonstance; mais en quoi con-
sistera ce compte à rendre? Quelles seront les valeurs à porter en recette, et de quels éléments sera
composé le chapitre des dépenses? Voilà ce qu'il
est nécessaire de bien faire connaître.

91. 1° Le mari devra porter en recette toutes les
valeurs de quelque nature qu'elles soient, qu'il aura
reçues en vertu de sa procuration, quand même ce
qu'il aurait reçu n'eût point été dû à la femme, *ex
mandato apud eum qui mandatum suscepit, nihil*

remanere opportet; l. 20, ff. *mandat.*; Cod. civ., 1993; Pothier, *Du mandat*, n° 58.

92. 2° Le mari étant responsable des fautes qu'il commet dans sa gestion, Cod. civ., 1992, il devra porter en recette une somme égale à la valeur de la chose qu'il aura laissé perdre ou périr par sa négligence. Si cette chose était détériorée au point qu'elle ne fût plus recevable, il devrait se charger de la même somme dont il serait tenu de se charger, si elle était entièrement périe ou perdue, sauf à lui à la garder pour son compte. Pothier, *Du mandat*, n° 51.

93. 3° Si les biens de la femme consistent en immeubles, et que le mari les ait cultivés lui-même, il devra compte du prix qu'il aura retiré de la vente des fruits, si ce prix est égal ou supérieur à celui porté par la mercuriale; et si le prix est inférieur à celui porté par la mercuriale, le mari devra porter en recette une somme égale à ce dernier prix; de même si le mari avait reçu le pouvoir de vendre les immeubles paraphernaux pour un certain prix, qu'il les eût vendus à ce prix, et qu'il fût justifié qu'il pouvait les vendre davantage à un acheteur solvable, il devrait porter en recette le prix qu'il aurait pu en retirer; c'est là du moins l'opinion du savant Pothier, *Traité du mandat*, n° 51. « Quoique la procuration de vendre, dit cet auteur, portât le prix pour lequel le mandant la voulait vendre, le mandataire

qui a vendu la chose pour le prix de la procuration
est tenu de tenir compte de ce qu'il a pu la vendre
de plus, s'il est justifié qu'il n'a tenu qu'à lui de la
vendre plus à un acheteur solvable. Car dans le
mandat de vendre pour une certaine somme, on
doit sous-entendre, *ou plus, s'il est possible;* de
même que dans le mandat d'acheter pour une certaine somme, on doit sous-entendre, *ou moins,
s'il est possible.* »

On s'étonnera peut-être de voir appliquer au
mari cette décision rigoureuse, mais il ne faut pas
perdre de vue que la loi dit, d'une manière expresse
et positive, que le mari, procureur fondé, est tenu
vis-à-vis de sa femme *comme tout mandataire;* il
ne faut pas oublier non plus que lorsque la femme,
au lieu de laisser la jouissance tacite de ses paraphernaux à son mari, lui donne sa procuration
pour les administrer, elle a l'intention manifeste de
ne le laisser jouir d'autres avantages que de ceux qui
peuvent être stipulés dans le mandat. Toutefois, si
le mandat était gratuit, on devrait appliquer moins
rigoureusement au mari certaines règles de ce contrat; Cod. civ. 1992. Nous les indiquerons plus
tard.

94. 4° Le mari, procureur fondé pour l'administration des paraphernaux, pourrait-il prétendre
que ce qu'il devrait porter en recette pour dommages
qu'il aurait causés à sa femme dans une affaire,
devrait se compenser avec de grands avantages

qu'il lui aurait procurés par ses soins et son habileté dans d'autres affaires?

Pothier qui pose cette question pour le mandataire ordinaire, la résout en ces termes : « Les lois romaines ont fait cette question à l'égard d'un associé, et elles ont décidé qu'un associé, en pareil cas, n'était pas fondé à prétendre cette compensation, parce qu'il devait ses soins et son industrie à la société. Il y a même raison de décider la question contre le mandataire qui ne doit, pas moins qu'un associé, tous ses soins et toute son habileté à la gestion des affaires dont il s'est chargé, s'y étant obligé envers le mandant par l'acceptation qu'il a faite du mandat. Le sentiment que nous avons embrassé est celui de la Glose. Quelques docteurs cités par Brunnemann *ad leg.* 4, Cod. *mandat.*, sont d'un sentiment contraire et croient qu'on peut admettre cette compensation. Ils se fondent sur la loi Gaïus, ff. *de usur.*, qui décide que lorsque l'administrateur des deniers d'une ville a placé une partie de ces deniers à un taux inférieur au taux commun et ordinaire, de manière que l'intérêt qu'il a retiré du total des sommes monte au moins au taux ordinaire, il ne doit pas être condamné pour en avoir placé une partie à un moindre taux que le taux ordinaire. La réponse est que, dans l'espèce de la loi opposée, la vigilance qu'a eue l'administrateur à profiter des occasions de placer une partie des deniers à un taux plus cher que le taux ordinaire, fait présumer que lorsqu'il en a placé une partie à un taux moins

cher, il n'a pu faire mieux, et qu'il n'est pas en
faute. C'est pourquoi cette loi ne peut recevoir d'application à notre question, où on suppose que le
mandataire a véritablement causé, par sa faute,
dans une affaire, quelque dommage au mandant. »

Nous serions pleinement disposés à adopter cette
opinion du savant Pothier, dans le cas où il aurait
été stipulé quelque salaire en faveur du mari ; mais
si son mandat était purement gratuit, ce serait
porter la rigueur trop loin que de lui appliquer une
telle décision, et nous ne pensons pas qu'aucun
tribunal voulût accueillir la demande de la femme
ou de ses héritiers, dans une semblable hypothèse.

95. 5° Le mari étant soumis à toutes les obligations du mandataire, doit porter en recette les
intérêts des sommes qu'il a employées à son usage
à dater de cet emploi, et de celles dont il est reliquataire, à compter du jour qu'il est mis en demeure ; Cod. civ., 1996. On trouve dans le droit
romain une disposition analogue : *Si procurator
meus pecuniam meam habeat, ex mora utique
usuras mihi pendet. Sed etsi pecuniam meam fe-
nori dedit, usurasque consecutus est, consequenter
dicemus, debere eum prœstare quantumcumque
emolumentum sensit, sive ei mandavi, sine non ;
quia bonœ fidei hoc congruit, ne de alieno lucrum
sentiat. Quod si non exercuit pecuniam, sed ad
usus suos convertit, in usuras convenietur, quæ
legitimo modo in regionibus frequentantur. Deni-*

que Papinianus ait, etiam si usuras exegerit procurator, et in usus suos convertit, usuras enim præstare debere; l. 10, § 3, ff. *mand. Qui aliena negotia gerit, usuras præstare cogitur, ejus scilicet pecuniæ quæ purgatis necessariis sumptibus superest;* l. 31, § 3, ff. *de neg. gest.*

96. La rédaction de cet article 1996, soit qu'on l'applique au mari procureur fondé de la femme, soit qu'on l'applique à un mandataire ordinaire, peut donner lieu à de graves difficultés. D'abord, comment pourra-t-on constater l'emploi que le mandataire aura pu faire à son usage, des deniers du mandant? Quels seront les indices, quelles seront les présomptions que l'on pourra présenter pour prouver cet emploi? Supposons qu'un mari ait retiré une somme de 10,000 fr. d'un débiteur de la femme, et qu'il l'ait employée à payer une de ses dettes personnelles; comment le prouvera-t-on si, au moment où elle lui sera réclamée, il produit une somme égale et offre de la rembourser? On prouvera bien qu'il a reçu les 10,000 fr. au moyen de la quittance qu'il aura passée au débiteur; mais l'emploi de la somme à son usage, cela sera bien difficile. Il ne sera possible d'obtenir cette preuve que lorsque, après sommation faite au mandataire de restituer les 10,000 fr., il s'y refusera; parce qu'alors il sera certain que s'il ne l'a pas en son pouvoir, c'est qu'il l'a employée à ses besoins personnels.

Il nous semble qu'il eût été bien plus convenable

de soumettre le mandataire à payer l'intérêt des sommes qu'il aurait reçues après un délai moral suffisant, pour qu'il pût en faire le placement. Remarquez en effet qu'un procureur fondé peut recevoir des sommes importantes, les faire valoir en les prêtant à intérêt, et n'être tenu à aucun rendement de compte des bénéfices qu'il en aura retirés, si le mandant ne le met pas en demeure. Et lorsqu'il s'agira de biens paraphernaux, s'il faut nécessairement que le mari, procureur fondé de la femme, soit mis en demeure pour qu'il tienne compte des intérêts, alors la femme sera fréquemment exposée à perdre les intérêts, par la crainte qu'elle aura de blesser son mari en lui faisant notifier l'acte de mise en demeure.

Mais il y a plus : l'art. 1577 sera, pour ainsi dire, sans résultat pour la femme qui aura cependant stipulé en sa faveur un rendement de tous les fruits ; le mari, en effet, pourra placer les capitaux reçus, en retirer les intérêts, et répondre, quand on lui en demandera compte : Je n'ai pas employé les sommes reçues à mon usage ; par conséquent, je ne dois pas d'intérêts. Mais, dira-t-on peut-être, le mari devra les intérêts des sommes dont il sera reliquataire ; or, dès le moment qu'il résultera du compte, qu'il a plus reçu qu'il n'a dépensé, il devra l'intérêt de l'excédant. L'objection serait détruite par la lettre même de la loi qui exige, dans ce cas, une mise en demeure. Ainsi, il faudra, chaque fois que la femme supposera que son mari pourra avoir reçu un capital quelconque faisant partie de ses paraphernaux, qu'elle lui fasse sommation de le lui rembourser, pour qu'il soit tenu de lui rendre compte des intérêts qui auront couru depuis cette sommation ; on sent combien cette mesure conservatoire pourra troubler la paix du ménage, et quels inconvénients graves pourront en résulter. En résumé, le mari peut, malgré qu'il soit tenu de rendre compte des fruits, garder pendant un long espace de temps une somme importante, en retirer les intérêts, et n'être obligé, en définitive, à les rembourser, qu'à compter du jour où il sera mis en demeure ; ce qui est une injustice révoltante.

97. Pour remédier au vice de cette disposition, les tribunaux doivent admettre facilement les présomptions tendantes à établir que le mari a employé les sommes par lui reçues, à ses besoins personnels. C'est, au reste, ce qui arrive presque toujours lorsque le mari ne dispose pas des sommes paraphernales dans l'intérêt de la femme. Ainsi, on devra considérer comme un indice probant de l'emploi fait par le mari, à son usage personnel, de la somme par lui reçue, la circonstance que, à l'époque de la réception, il a payé une de ses dettes ou fait une acquisition d'une valeur à peu près égale au capital appartenant à la femme. Le long espace de temps qui se sera écoulé depuis le paiement opéré dans les mains du mari jusques au jour du rendement de compte, devra aussi être une forte présomption de

l'emploi de la somme à son usage. Un arrêt rendu par la cour de Paris, le 14 février 1823, nous offre un exemple de l'admission de cette dernière présomption contre le mandataire.

« Les sieur et dame Boidenemets achètent, le 3 mars 1806, le domaine de Bores. Me S., notaire, reçoit l'acte de vente ; il fait transcrire la vente, et un certificat du conservateur des hypothèques constate que le domaine vendu est grevé de deux cent seize inscriptions. Les acquéreurs chargent Me S. de faire rayer ces inscriptions, et lui remettent à cet effet les sommes nécessaires. En 1822, le domaine de Bores est revendu ; on s'aperçoit alors que sur les deux cent seize inscriptions qui grevaient la terre, cent sept existent encore. Les sieur et dame Boidenemets, ne pouvant retirer leur prix de vente qu'après la radiation de ces inscriptions, ont traduit Me S. devant la chambre de discipline et devant le tribunal de première instance de Mantes. Ils ont conclu à ce que ce notaire fût condamné à leur restituer 781 fr. 10 c. qu'il avait reçus pour faire faire la radiation des cent sept inscriptions, *avec les intérêts depuis seize ans ;* plus, à des dommages-intérêts. Me S. a soutenu qu'il ne pouvait être considéré comme mandataire des sieur et dame Boidenemets, pour la radiation des inscriptions dont il s'agissait ; que cette qualité impliquait avec les fonctions de notaire dont il était revêtu ; que les fonds qui lui avaient été remis l'avaient été à titre de dépôt, et qu'il offrait de les restituer ; mais qu'on ne pouvait dès-lors le condamner, comme mandataire, à payer les intérêt de cette somme. 11 Janvier 1823, jugement du tribunal civil de Mantes ainsi conçu :

» Attendu qu'il est constant, d'après les faits de la cause, et notamment par la main-levée des cent neuf premières inscriptions obtenue par Me S., que c'est, non à titre de dépôt, mais comme mandataire, à l'effet d'obtenir la main-levée des cent sept dernières inscriptions que ledit Me S. a reçu la somme de 781 fr. 10 c.;

» Attendu que Me S. a reconnu lui-même le mandat à lui donné par les parties de Sobier, devant la chambre des notaires, le 24 juillet 1822, puisqu'il a dit avoir fait beaucoup de démarches pour obtenir la main-levée des cent sept dernières inscriptions;

» Attendu que cette allégation d'avoir fait des démarches n'en est pas moins une reconnaissance du mandat, quoique rien n'indique qu'elles aient réellement eu lieu, aucune main-levée sur les cent sept inscriptions n'ayant été obtenue par Me S.;

» Attendu, dès-lors, qu'*il doit être réputé avoir employé cette somme à son usage, dès l'instant qu'elle lui a été remise, lorsqu'on considère qu'il s'est écoulé plus de seize ans depuis le moment où a commencé son mandat, et, par conséquent, qu'aux termes de l'art.* 1996 *du Code civil, il en doit les intérêts depuis cette époque;*

» Condamne Me S. à payer aux parties de Sobier

les 781 fr. 10 c. reçus, avec intérêts depuis seize ans et quatre mois, etc., etc. »

Appel de la part de Mᵉ S. — 14 Février 1823, arrêt qui confirme. V. Sirey, tom. 23, 2, pag. 261.

98. 6° Le mari devrait aussi rendre compte et porter en recette, en cas de procuration pour vendre les paraphernaux, ce qu'il aurait reçu pour épingles, pots de vin ou étrenne. Peu importerait que ces choses eussent été promises et livrées en-dehors du prix de vente et à titre de présent ou d'indemnité : la raison en est que l'acquéreur les a distraites sur le prix qu'il avait l'intention de donner de l'objet vendu ; peu importerait aussi que le mandat fût gratuit ou salarié : le mandataire ne doit pas s'enrichir au détriment du mandant.

99. Nous avons dit au n° précédent, que le mari, mandataire de sa femme, devait porter en recette l'intérêt des sommes dont il resterait reliquataire, à compter du jour qu'il aurait été mis en demeure. Mais de quelle manière le mari pourrait-il être mis en demeure ? Faudrait-il que la femme fît signifier au mari un acte extrajudiciaire portant qu'il eût à payer le capital et les intérêts dont il resterait débiteur, ou bien suffirait-il d'une lettre dans laquelle sa femme lui ferait la même demande ?

Nous croyons qu'il faudrait une signification, parce que ce serait le seul moyen de prouver la mise en demeure d'une manière légale. Une lettre serait sans caractère probant et n'aurait d'ailleurs aucune date certaine. L'époque de la mise en demeure peut être d'une trop grande importance, pour ne pas exiger qu'elle soit constatée d'une manière authentique. Toutefois nous devons dire qu'il existe un arrêt de la cour de cassation qui a décidé que la mise en demeure du mandataire peut résulter de la correspondance des parties. Cet arrêt, rapporté par Denevers, tom. 19, 1re part., pag. 199, fut rendu dans l'affaire Basterrèche contre la banque de Saint-Charles de Madrid ; mais en lisant cet arrêt, on s'aperçoit bien vite que le fait y domine le droit, et qu'il ne peut pas être invoqué pour la solution de la question que nous examinons en ce moment.

La banque Saint-Charles de Madrid était en instance, dès l'an 4, avec la maison Lecoulteux et Ce de Paris, à raison de sommes considérables qu'elle réclamait. En 1807, le sieur Basterrèche fut chargé de la suite de cette affaire, et une transaction suivit. Une longue correspondance avait eu lieu entre le sieur Basterrèche et la banque Saint-Charles; il en résultait que Basterrèche, après avoir payé diverses sommes sur celles qu'il avait reçues, soutenait n'être redevable que de 4,237 fr. La banque soutenait au contraire que Basterrèche restait débiteur de 44,576 fr. On établissait, de part et d'autre, des comptes plus ou moins fondés sur lesquels il intervint jugement du tribunal de Bayonne, qui proscrivit les prétentions de la banque de Madrid.

Il y eut appel de ce jugement, et arrêt, le 7 juillet 1819, qui réforma et qui, entre autres dispositions, condamna le sieur Basterrèche au paiement des intérêts du reliquat, non pas seulement à partir de la demande, mais à compter du 12 mars 1810, *époque depuis laquelle ces intérêts avaient légitimement couru.* Pourvoi en cassation. — Arrêt en ces termes :

« La cour, attendu, en droit, 1° que le mandataire doit l'intérêt des sommes dont il est reliquataire, à compter du jour qu'il est mis en demeure ; 2° que le débiteur est constitué en demeure, soit par une sommation, soit par un autre acte équivalant, soit par l'effet de la convention, lorsqu'elle porte que sans qu'il soit besoin d'acte, et par la seule échéance du terme, le débiteur sera en demeure ; 3° enfin, que cela doit principalement avoir lieu entre commerçants, dans les matières du commerce ; et attendu qu'il a été reconnu en fait, 1° qu'il s'agissait, dans l'espèce, *d'un mandat commercial ;* 2° que d'après *les engagements respectifs des parties,* les éléments de la cause, et notamment de la correspondance, *il résultait non-seulement que le mandataire avait été mis en demeure dès le 12 mars 1810, mais encore que, de cette époque, il avait reconnu et avoué la dette, et qu'il avait promis de la payer sans aucune autre interpellation, ayant, à cet effet, ouvert un crédit en faveur du mandant ;* que dans ces circonstances, en décidant que ce n'était pas du jour de la demande, mais bien du jour de la mise en demeure, que le mandataire devait au mandant l'intérêt des sommes dont il était reliquataire, l'arrêt attaqué a fait une juste application des lois de la matière, rejette. »

On voit, comme nous venons de le dire, que le fait seul de la cause a déterminé la cour de cassation à porter cette décision, et de ce fait on ne peut nullement inférer que la question de savoir si le mandataire peut être mis en demeure par une lettre, a été décidée par la cour suprême. Que dit en effet cet arrêt? Il apprend qu'il s'agissait, dans l'espèce, d'*un mandat commercial; * qu'il résultait *des engagements respectifs des parties que le mandataire avait été mis en demeure dès le* 12 *mars* 1810, c'est-à-dire qu'il y avait eu accord, convention portant que le débiteur paierait, *sans autre interpellation* que l'échéance du terme; qu'en exécution de cette convention ou de cet accord résultant de la correspondance des parties, *le mandataire avait ouvert un crédit en faveur du mandant;* de telle sorte que le mandataire débiteur n'avait pas besoin d'être mis en demeure, puisqu'il avait promis de payer et avait déjà rempli sa promesse par l'ouverture de ce crédit, au mandant. Sans doute s'il fallait juger du prononcé de l'arrêt par la notice de l'arrêtiste, il n'y aurait pas de doute sur la solution de la question de droit; mais il s'en faut de beaucoup que cette notice indique le vrai point décidé par la cour de cassation.

100. Le mari mandataire est autorisé à porter en dépense, 1° les avances et frais qu'il a faits pour l'exécution du mandat. Ces avances et frais comprennent tout ce que le mari a dépensé, soit pour la conservation, soit pour l'amélioration des biens paraphernaux. Si le mari a cultivé les immeubles, on doit comprendre dans la dépense les frais de culture. Il en serait autrement, comme nous le verrons plus tard, si le mari jouissait des biens paraphernaux sans mandat. La femme ne pourrait se dispenser de faire ces remboursements, lors même que le mandat donné au mari n'aurait pas eu un plein succès, pourvu toutefois qu'il n'y eût aucune faute imputable au mari ; elle ne pourrait pas mieux faire réduire le montant des frais et avances, sous le prétexte qu'ils pouvaient être moindres; Cod. civ., 1999. Cette dernière décision est contraire au droit ancien ; Pothier, *Du mandat*, n° 53, s'exprime à cet égard d'une manière précise : « Le compte que doit rendre le mandataire, dit-il, doit aussi contenir un chapitre de mises. Il emploie dans ce chapitre les sommes qu'il a déboursées pour la gestion du mandat. Ces mises ne lui sont allouées qu'autant qu'il a été à propos de les faire; mais si l'affaire ne demandait pas qu'il les fît, *ou s'il a pu les faire à moindres frais, elles doivent être ou rejetées ou réduites à la somme pour laquelle il a pu les faire.*» Il nous semble que cette opinion serait plus conforme à la justice, que celle consacrée par le Code civil. On pourrait n'avoir, en effet, aucun reproche à faire au mari

mandataire, sur son administration; il aurait pu ne
se rendre coupable ni de négligence, ni de fraude,
et cependant payer trop cher certaines dépenses
d'administration; dans ce cas, il nous paraîtrait
juste de ne lui imputer que ce qu'il aurait dû dépenser,
et non ce qu'il aurait payé pour cet objet.

On doit comprendre dans les frais d'administration les dépenses de voyages que le mari a été
obligé de faire pour sa gestion. Pothier demande à
cet égard, si le mandataire peut porter en dépense
tout ce qu'il a été obligé de dépenser pendant le
voyage, ou s'il ne peut porter que ce qu'il a dépensé
de plus que ce qu'il eût dépensé s'il fût resté chez
lui? Il observe que Brunnemann, *ad leg.* 10, § 3,
ff. *mandat.*, cite plusieurs docteurs qui décident
qu'il ne peut coucher en mise que le surplus; parce
que, disent-ils, un mandataire ne peut demander le
remboursement que de ce qu'il lui en a coûté pour
s'être chargé du mandat : *id tantum quod ei abest
ex causa mandati*; or, il ne lui en coûte proprement que ce qu'il a dépensé de plus qu'il n'aurait
dépensé s'il fût resté chez lui. « Néanmoins, ajoute
Pothier, je vois que, *in praxi*, on ne traite pas si
ric-à-ric un mandataire, et qu'on lui alloue tout ce
qu'il a été obligé de débourser pour les frais de son
voyage, sans lui faire déduction de ce qu'il aurait
dépensé en restant chez lui. »

101. 2° Le mari devrait porter en dépense ce
qu'il aurait déboursé pour l'exécution du mandat,

alors même qu'il aurait une action contre un tiers pour s'en faire payer; le mari serait seulement tenu, en ce cas, de subroger la femme à cette action, lorsque elle ou ses héritiers le rembourseraient.

102. 3° Le mari mandataire devrait être remboursé de ce qu'il aurait déboursé pour l'administration des biens paraphernaux, soit qu'il l'eût déboursé lui-même, soit que ce fût un tiers qui l'eût déboursé pour lui et en son nom, quand même ce tiers l'aurait fait pour gratifier le mandataire, et sans en prétendre contre lui aucune répétition; car il suffirait que cela eût été déboursé au nom du mari mandataire, pour que le mari mandataire, fût censé l'avoir déboursé : *Marcellus fatetur, si quis donaturus fidejussori, pro eo solverit creditori, habere fidejussorem actionem mandati, quasi fidejussor ipse solvisset;* l. 12, § 1, ff. *mandat.;* Pothier, *Du mandat*, n° 73.

103. 4° Les paiements annuels faits par le mari mandataire, à la décharge des biens paraphernaux de sa femme, doivent être portés en dépense, lors même que le mari administre et perçoit tous les revenus; on ne pourrait pas dire que le mari est censé les avoir payés avec ces mêmes revenus, parce que, tenant compte de tous les fruits, on doit aussi lui rembourser toutes les dépenses. Il en serait autrement si le mari jouissait sans mandat des biens paraphernaux, comme nous l'expliquerons plus

tard. V. Duport-Lavillette , *Questions de droit* ,
tom. 1er, pag. 339.

104. 5° Le mari doit être remboursé des frais
qu'il a faits pour obtenir le paiement d'une créance,
et de ceux auxquels ont donné lieu un procès ayant
pour objet la jouissance ou la propriété des biens
paraphernaux. Dans ces frais sont compris les hono-
raires de l'avocat qui a plaidé dans l'intérêt de la
femme ; on doit aussi tenir compte au mari des
sommes payées à l'avocat qui a été consulté par
lui. Ces frais d'instance ne seraient pas dus au mari
mandataire, si le débiteur poursuivi était notoirement insolvable , ou si le procès intenté ou soutenu
par lui, l'avait été sans l'autorisation de la femme.
Mais ces frais devraient être remboursés, alors même
que le procès intenté ou soutenu par le mari, avec
cette autorisation , aurait été perdu. V. l. 39 in pr.,
ff. *famil. erciscund.*

105. Le compte du mari mandataire doit aussi
contenir un chapitre de reprises, lequel se compose
de toutes les créances dont le mari devait faire
opérer le remboursement, et qui n'ont pu être payées
à cause de l'insolvabilité des débiteurs , ou parce que
ces créances étaient soldées ou prescrites. La femme
ou ses héritiers peuvent contester ce chapitre en
partie ou en totalité , lorsque le mari n'a pas rempli
toutes les obligations que lui imposait son titre de
mandataire. Ainsi, le mari ne pourrait pas porter

en reprise la créance qu'il aurait laissé prescrire; celle pour la sûreté de laquelle il n'aurait pas pris inscription ou n'aurait pas renouvelé celle qui avait été prise avant son mandat; de même le mari ne pourrait pas exiger la reprise de la créance pour le remboursement de laquelle il n'aurait pas poursuivi le débiteur, lorsqu'il était solvable.

106. Le mari auquel la femme aurait donné une procuration générale pour administrer ses immeubles paraphernaux et poursuivre, par toutes les voies de droit, le remboursement de ses créances, pourrait-il accepter une succession à laquelle un des débiteurs aurait renoncé en fraude des droits de la femme; et s'il ne le faisait pas, serait-il fondé à porter en reprise la créance qui serait restée nulle dans ses mains?

Sur la première question, on peut dire que le créancier, en acceptant la succession à laquelle son débiteur a renoncé, devient héritier à sa place; que l'acceptation qu'il fait de la succession est évidemment un acte d'aliénation, puisque cette succession peut se trouver mauvaise; or, pour aliéner, il faut un pouvoir exprès; le mandat conçu en termes généraux est insuffisant. L'art. 1988 du Code le décide formellement.

On répond à cela que, aux termes de l'art. 788, la renonciation du débiteur, faite au préjudice de son créancier, n'est annulée qu'en faveur de ce dernier et jusqu'à concurrence de ce qui peut lui

être dû ; qu'elle ne l'est pas au profit du cohéritier
qui a renoncé; qu'il suit de là que l'acceptation de
la succession ne peut jamais être onéreuse, le créancier n'étant tenu du paiement des dettes que jusques et à concurrence de ce qui lui revient; que
dès que le mari est nanti d'une procuration portant
pouvoir de faire rentrer les créances par toutes les
voies de droit, ce pouvoir est suffisant pour accepter la succession auquel le débiteur de mauvaise foi
a renoncé. Cette opinion est d'ailleurs soutenue par
un arrêt de la cour de Bourges, du 19 décembre
1821.

Nous n'adoptons point cette décision, et nous
croyons que la cour de Bourges a consacré une
erreur grave: nous allons le démontrer ; rapportons
d'abord les faits et les motifs de cet arrêt :

31 Mars 1813, procuration du sieur Nettement
à Me Quenisset, de toucher des sieur et dame Lebœuf la somme de 25,000 fr. et accessoires qu'ils lui
doivent; et à défaut de paiement, *de faire toutes
poursuites, obtenir tous jugements, etc., et généralement faire tout ce qui sera nécessaire et convenable pour parvenir au remboursement de la
créance.* Poursuites en vertu de cette procuration,
pendant lesquelles s'ouvre la succession d'un sieur
Bellanger, à laquelle se trouve appelée la dame
Lebœuf. Celle-ci renonce. Le sieur Quenisset, ju-
geant qu'il y a fraude dans cette renonciation, se
fait autoriser à accepter la succession au lieu et place
de la dame Lebœuf. — 1er Avril 1818, jugement

qui accorde l'autorisation d'accepter ; 30 mars 1819, acceptation. Les héritiers Bellanger attaquent cette acceptation ; ils soutiennent que l'acceptation faite par Me Quenisset est nulle, en ce que l'acceptation d'une succession était considérée, à raison des conséquences possibles, comme un acte de propriété et d'aliénation qui ne pouvait être fait qu'en vertu d'un mandat exprès, aux termes de l'art. 1988. — 6 Décembre 1819, jugement qui accueille ces moyens. Appel de la part du sieur Nettement. Arrêt. — « La cour, considérant que la dame Lebœuf était l'une des héritières du sieur Bellanger, et qu'elle a renoncé à sa succession ; qu'aux termes de droit, les créanciers de celui qui renonce au préjudice de leurs droits, peuvent se faire autoriser en justice à accepter la succession du chef de leur débiteur, en son lieu et place ; que dans l'espèce, la dame Lebœuf doit et ne paie pas le capital de 25,000 fr. et les intérêts ; que, d'un autre côté, divers actes produits attestent que ses biens sont en expropriation, et que le préjudice que cette renonciation peut faire à ses créanciers est évident ; considérant que l'adition d'hérédité pouvant exposer l'héritier à payer plus qu'il ne recevra, il faut sans doute une procuration expresse ; mais que l'acceptation par un créancier, au lieu et place du débiteur qui renonce, ne l'oblige pas à payer les dettes au-delà de ce qui lui reviendrait ; qu'en vain on oppose le cas d'un créancier qui s'emparerait de tout sans formalités, puisque alors on le poursuivrait, non comme héri-

tier, mais comme voleur; que dans l'espèce, la procuration en vertu de laquelle le mandataire a
accepté, au nom de la femme Lebœuf, est générale
et a pour objet de poursuivre les débiteurs et de
faire rentrer les créances par tous les moyens que la
justice autorise; qu'il ne s'agit ici que de toucher
ce qui aurait pu revenir à la dame Lebœuf, si elle
n'eût pas renoncé, et qu'un tel pouvoir est suffisant
pour cela; réforme. »

La cour de Bourges, dans ses motifs, a reconnu le
principe et n'a pas voulu en faire l'application. Elle
a pensé, avec raison, que l'adition d'hérédité pouvait
exposer l'héritier à payer plus qu'il ne recevrait,
et que par conséquent il fallait une procuration
expresse. Elle a cru pouvoir l'éviter, en décidant
que le créancier qui accepte n'est pas obligé au
paiement des dettes au-delà de ce qui lui revient;
ce qui est vrai, quand il prend quelque chose dans
la succession; mais lorsqu'il n'y a que dettes à payer
et rien à recevoir, le créancier se trouve engagé
envers ceux de la succession qu'il a acceptée, à
concurrence de ce qu'il y aurait pris. Expliquons
notre pensée par un exemple : Pierre, créancier de
Jean, accepte, au nom de ce dernier, une succession qui lui est échue, et à laquelle il a renoncé en
fraude de ses droits; il arrive que cette succession
est grevée de dettes nombreuses, et que Pierre qui
croyait y trouver le paiement de sa créance qui est
de 2,000 fr., n'y trouve que des dettes à payer;
car, ayant accepté, il s'est engagé au paiement de

ces dettes, à concurrence de cette somme de 2,000 fr.
qui lui serait échue, si la succession eût offert quelque avantage aux héritiers. On dira, peut-être, que
le créancier qui accepte au lieu et place de son
débiteur n'est tenu au paiement des dettes qu'à
concurrence de ce qu'il prend, et non à concurrence
de ce qu'il aurait pris, de telle sorte que s'il ne
prend rien dans la succession, il n'est obligé à payer
aucune portion de dettes; mais ce serait là une décision de la plus haute injustice. Qu'est-ce en effet
qu'accepter une succession? C'est déclarer qu'on
veut participer aux avantages qu'elle peut offrir, et
se soumettre aux charges qu'elle impose. On ne peut
concevoir que dans cette espèce de société qui existe
entre cohéritiers, il y en ait un qui prenne sa part
dans les bénéfices et qui ne soit exposé à aucune
chance défavorable. Sans doute, si on obligeait le
créancier à payer dans la succession une portion
de dettes excédant le montant de sa créance, on
commettrait à son égard une criante illégalité; mais
aussi, lorsque le créancier vient témérairement
attaquer un acte comme frauduleux, s'immiscer
dans une succession qui lui est étrangère, prendre
part à tous les secrets d'une famille qui n'est pas la
sienne, on voudrait qu'il ne fût pas soumis au paiement d'une portion de dettes de cette succession?
Mais où est la disposition législative qui le place
dans une telle exception? Je ne trouve que l'art. 788
qui règle les droits, et du créancier, et des cohéritiers, et du débiteur qui a renoncé; or, que porte

cet article? Il dispose que le créancier peut se faire autoriser en justice à *accepter* la succession du chef de son débiteur, *en son lieu et place. Accepter* une succession, se mettre *au lieu et place* du cohéritier qui a renoncé, n'est-ce pas, comme lui, vouloir participer aux avantages et subir les charges de cette succession? Celui qui prend *le lieu et place* de quelqu'un dans une association quelconque, n'y entre-t-il que pour partager les bénéfices? Mais cette question seule serait une absurdité, si on la faisait sérieusement. Dès qu'on se met *au lieu et place* d'un cohéritier, on se soumet à toutes les charges du cohéritier, et par conséquent au paiement des dettes de la succession; c'est là la conséquence nécessaire, inévitable, de toute acceptation de succession. Toutefois, nous le répétons, la part de dettes que doit acquitter le créancier qui accepte, ne doit point excéder le montant de sa créance, puisque c'est à cette seule quotité que se seraient portés ses droits, si la succession eût été plus profitable qu'onéreuse.

Dans l'espèce de l'arrêt que nous venons de rapporter, on citait Chabot de l'Allier, sur l'art. 788, et l'on prétendait s'étayer de son opinion pour soutenir que le créancier qui prenait la place du cohéritier, n'était tenu ni des dettes, ni des charges de la succession.

Voyons si réellement cet auteur est contraire à notre système. Voici ce qu'il dit à ce sujet:

« De ces dispositions, il résulte que les créanciers

qui ont usé du bénéfice accordé par l'art. 788 ne sont pas *de véritables héritiers*, quoiqu'ils aient accepté la succession au lieu et place d'un héritier, et de son chef ; qu'ils ne sont pas tenus personnellement des dettes et charges de la succession, *ainsi que le serait un héritier*, et qu'en conséquence ils ne confondent pas leurs biens personnels avec les biens de l'hérédité. *Comme ils n'ont pas TOUS les droits d'un héritier*, comme ils ne peuvent prendre sur la succession que jusques à concurrence de ce qui leur est dû par l'héritier qui a renoncé, mais non pas toute la part que cet héritier aurait pu avoir, *ils ne peuvent être soumis aux mêmes charges qu'un héritier*. »

Si nous comprenons bien ce que dit M. Chabot de l'Allier, il nous semble que loin que cet auteur ait une opinion contraire à la nôtre, il la partage entièrement. Nous ne disons pas, en effet, que le créancier qui accepte *soit un véritable héritier ;* qu'il soit tenu des dettes et charges de la succession, *ainsi que le serait un héritier ;* nous ne disons pas non plus que ce créancier *ait tous les droits d'un héritier, ni qu'il puisse être soumis aux mêmes charges.* Nous disons seulement qu'en acceptant la succession, le créancier se met au lieu et place de l'héritier, *jusqu'à concurrence du montant de sa créance ;* que pour ce montant, il est soumis aux mêmes charges que l'héritier véritable ; mais que passé cette quotité, il n'a plus aucune obligation à remplir envers la succession. Or, M. Chabot de l'Allier ne dit pas autre chose. Cet auteur n'indique pas, il est vrai, quelle est la portion de dettes que le créancier doit acquitter; mais il est évident qu'en décidant que le créancier, qui n'a pas tous les droits de l'héritier, ne peut être tenu des dettes ainsi que le serait un véritable héritier, il décide implicitement qu'il est tenu jusqu'à concurrence de ce qu'il aurait pris dans la succession.

Ce qui confirme ce que nous pensons à ce sujet, c'est que, après avoir écrit le passage que nous venons de rapporter, M. Chabot ajoute :

« Peut-être même serait-on fondé à soutenir que les créanciers ayant le droit d'accepter, du chef de leur débiteur, comme il aurait pu le faire lui-même, *devraient n'accepter que sous bénéfice d'inventaire, lorsqu'ils ne voudraient pas courir LE RISQUE d'une acceptation pure et simple.* »

Nous le demandons maintenant: quel risque courrait un créancier, s'il n'était jamais tenu au paiement des dettes de la succession qu'il aurait acceptée au nom de son débiteur? Pourquoi accepterait-il cette succession sous bénéfice d'inventaire? Dès qu'on n'est pas exposé à payer une seule dette, a-t-on besoin de prendre la précaution conservatoire de l'acceptation sous bénéfice d'inventaire?

Il résulte donc évidemment de tout cela, que lorsque la cour de Bourges a décidé que le mandataire, n'ayant que des pouvoirs généraux, pouvait accepter la succession à laquelle le débiteur de son mandant avait renoncé pour frauder ses droits, elle a ouvertement violé la disposition de l'art. 1988, qui porte que s'il s'agit d'aliéner ou d'hypothéquer, ou de quelque autre acte de propriété, le mandat doit être exprès.

Il suit aussi de là, que le mari mandataire, auquel sa femme n'aurait donné que des pouvoirs d'administrer ses paraphernaux, ne pourrait être querellé pour n'avoir pas accepté la succession du débiteur de la femme qui aurait renoncé pour frauder ses droits, et qu'il serait autorisé par conséquent à porter au chapitre des reprises la créance qui aurait périclité dans ses mains, faute d'acceptation de la succession à laquelle le débiteur de la somme paraphernale avait droit.

107. Le mari mandataire peut se substituer quelqu'un s'il en a reçu le pouvoir ; si ce pouvoir ne lui a pas été conféré, il répond de celui qu'il s'est substitué dans sa gestion ; il répond même du substitué, quand ce pouvoir lui a été donné, lorsque ce pouvoir lui a été conféré sans désignation d'une personne, et que celle dont il a fait choix était notoirement incapable ou insolvable; Cod. civ., 1994.

Il résulte de cette disposition, que si la personne que le mari s'est substituée dans sa gestion s'écarte du mandat ou commet quelques fautes ou négligences qui nuisent à la femme, le mari en sera responsable et devra des dommages-intérêts à cette dernière, en raison du tort causé. La femme pourra même agir directement contre le substitué; Cod. civ., 1994, *in fin*.

Le mari pourra-t-il, en vertu de cette dernière disposition de l'art. 1994, exiger que la femme discute préalablement le substitué avant d'agir contre lui ? En d'autres termes, pourrait-on considérer le substitué comme débiteur principal des dommages, et le mari seulement comme caution ? Nous ne le pensons pas; la femme pourrait agir indifféremment contre son mari ou contre le substitué, alors même que le mari aurait reçu le pouvoir de se substituer quelqu'un. La raison en est que celui que la femme a eu principalement en vue pour l'administration de ses paraphernaux, c'est son mari; et que si elle lui a conféré le pouvoir de se substituer quelqu'un, ce n'a été que subsidiairement et dans le cas où il y aurait quelque empêchement qui s'opposerait à ce qu'il exécutât lui-même le mandat.

108. Le mari répondrait-il du substitué, si la femme le lui avait nommément désigné en lui conférant le pouvoir de se substituer quelqu'un ? Il faut distinguer : si le mari a été empêché d'accomplir lui-même le mandat, et que forcément il ait été obligé de recourir à la faculté qui lui était donnée par le contrat, de se substituer la personne désignée; dans ce cas, nous croyons que le mari ne serait pas responsable; mais si, au contraire, le mari s'était déchargé volontairement du mandat, lorsqu'il pouvait l'exécuter lui-même; alors nous pensons qu'il

devrait répondre du substitué. La raison qu'on peut
en donner est facile à saisir : le mari, dans ce cas,
n'a rien à se reprocher; il a rempli l'extrême de ses
obligations en gérant lui-même tant qu'il n'en a pas
été empêché par force majeure ; réduit à cette extrémité, il a été contraint de confier l'exécution du
mandat à la personne choisie par la femme; dès ce
moment il a dû être déchargé de toutes les suites.
Toutefois, si la force majeure qui avait empêché le
mari de continuer sa gestion avait cessé, et qu'il ne
l'eût pas reprise lui-même; dans ce cas, nous pensons que le mari devrait être déclaré responsable
du substitué. Cette décision est la conséquence de
notre premier avis.

109. Le mari mandataire répond du substitué,
lorsqu'il a reçu le pouvoir de le choisir, et lorsque
la personne choisie par lui était notoirement incapable et insolvable: telle est la disposition de l'art.
1994; il semblerait, d'après cette disposition, que
le mari mandataire ne serait point responsable de
celui qu'il se serait substitué, s'il n'était ni notoirement incapable, ni notoirement insolvable. Mais ce
serait une erreur. La lettre de l'art. 1994 porte bien
à penser que ce n'est qu'en cas d'incapacité ou d'insolvabilité, que le mandataire doit répondre de celui
qu'il s'est substitué, lorsque d'ailleurs il a reçu le
pouvoir d'investir un tiers de ses pouvoirs. Mais il
ne faut pas consulter seulement les termes de l'article, il faut connaître aussi quelle fut la pensée du

législateur, lorsque cette disposition fut portée. Il est certain, selon nous, qu'elle ne doit pas être entendue d'une manière absolue, et que dans tous les cas le mandataire doit répondre de celui qu'il s'est substitué, à moins qu'une personne ne lui ait été spécialement indiquée par le mandant.

Si nous recourons, en effet, à la discussion qui eut lieu sur cet article, nous y voyons qu'il fut d'abord proposé de défendre au mandataire de se substituer un tiers; mais M. Treilhard répondit que *le mandataire était responsable de celui qu'il employait, et qu'ainsi le mandant avait une garantie.* M. Berlier ajouta, en défendant la permission de substituer, qu'*on ne pouvait rien trouver de mieux que la responsabilité ordonnée; que si celui que le mandataire se serait substitué faisait mal, le mandataire en répondrait;* que s'il faisait bien, le mandant ne pourrait avoir aucun sujet de se plaindre, lors même que la clause prohibitive existerait. On voit que dans cette opinion, clairement manifestée, il n'est point établi de distinction entre le mandataire incapable ou insolvable, et celui qui n'est ni l'un ni l'autre.

Nous ne nous dissimulerons point tout l'avantage de ceux qui soutiendront l'opinion contraire à la nôtre. Ils auront le texte de la loi pour eux, et ils ne manqueront pas de nous dire : La loi est mauvaise, mais il faut l'exécuter jusqu'à son abrogation. L'argument sera puissant, nous sommes obligés d'en convenir, mais en invoquant la discussion au conseil

d'état, nous dirons encore : L'intention du législateur n'a pas été de décharger le mandataire de toute
obligation envers le mandant, une fois la substitution opérée, cela eût été par trop rigoureux ; mais
en supposant que cela fût, voici comment il faudrait
raisonner pour concilier tous les intérêts : si le mandataire ne doit être responsable du substitué que
lorsque ce dernier est incapable, il faudra le déclarer
tel toutes les fois qu'il aura mal administré ou que,
par impéritie ou négligence, il aura laissé perdre
ou périr une chose appartenant au mandant. Les
tribunaux ne devront pas permettre que le mandataire, se retranchant derrière le texte de la loi,
vienne dire : Mon substitué n'était ni incapable, ni
insolvable ; la notoriété publique ne le signalait pas
comme impropre à remplir les devoirs d'un bon
mandataire, comme un homme sans solvabilité ; or,
n'étant pas placé dans les cas prévus par la loi, je
ne suis pas responsable de la gestion de mon substitué. Les tribunaux devront au contraire déclarer
sans capacité celui qui, avec tous les moyens nécessaires pour bien administrer, aura néanmoins nui
d'une manière grave aux droits et à la propriété du
mandant, en les laissant périr ou détériorer par sa
négligence ou sa légèreté.

110. Le mari mandataire qui aurait délégué ses
pouvoirs à un tiers, pourrait-il se refuser au remboursement des avances faites par le délégué ? Faudrait-il que celui-ci s'adressât à la femme pour être

payé de ce qui lui serait dû? **En** d'autres termes, le mandataire qui donne un mandat dans l'intérêt du mandant, s'oblige-t-il personnellement?

En vous déléguant mes pouvoirs, pourrait dire le mandataire au substitué, je vous ai aussi délégué mes actions contre le mandant; je vous ai complètement mis à ma place; or, ce n'est pas à moi que vous devez vous adresser, mais bien au mandant de qui vous avez géré l'affaire; et cela doit d'autant plus être ainsi, que la loi donnant au mandant une action directe contre vous, pour que vous ayez à lui rendre compte de votre mandat, cette action doit être réciproque; vous avez aussi contre le mandant le droit de lui demander ce qui peut vous être dû; et c'est même à lui seul que vous devez vous adresser, car en vous substituant à mon lieu et place, je n'ai contracté personnellement aucune obligation envers vous; je n'ai fait qu'user du droit qui m'était conféré de me substituer un tiers.

Pour le substitué, on répondrait que bien que le mandant soit soumis à l'action du substitué, cela n'ôte pas à celui-ci le droit de s'adresser à celui qui lui a délégué ses pouvoirs, car c'est lui qui l'a chargé de la gestion de l'affaire; c'est lui qui l'a mis en œuvre; c'est, en un mot, avec lui qu'il a contracté; qu'il pourrait même arriver que le mandant n'eût pas eu connaissance de la substitution; que dès-lors il pourrait dire, avec fondement, au substitué : Je ne sais qui vous êtes, je ne vous connais pas; adressez-vous à celui qui vous a chargé de l'affaire que

vous avez gérée. Cette dernière opinion pourrait
être soutenue par un arrêt de la cour de Paris, du
10 novembre 1812, et rapporté par Sirey en ces
termes, dans son tom. 13, 2ᵉ part., pag. 301 :

« La maison Doyen et compagnie, de Paris,
charge le sieur Brinquant, courtier de commerce,
d'opérer la résiliation ou revente de deux marchés
ou achats de deux cents balles de coton faits par
elle pour le compte du sieur Fonteuillat. Le sieur
Brinquant parvient à faire résilier au pair un de ces
deux marchés; et à l'égard de l'autre, il en fait la
revente, même avec bénéfice; ensuite il demande
son droit de courtage s'élevant à 1,084 fr. 21 c. pour
ces deux opérations, à la maison Doyen et compagnie, qui lui avait donné pouvoir de le faire. Cette
maison se refuse à l'acquittement de ce droit. Elle
soutient d'abord, que ces opérations étant faites
pour le compte du sieur Fonteuillat, et n'étant elle-
même par conséquent que le commissionnaire de
ce dernier, c'était à lui que devait s'adresser le sieur
Brinquant pour le courtage réclamé.

« Le sieur Brinquant répond, qu'en principe le
courtier n'est tenu de s'adresser, pour réclamer son
droit de courtage, qu'à la personne qui l'emploie,
soit que celle-ci agisse pour elle-même, soit qu'elle
agisse pour autrui; que cela résulte de la nature
des choses, puisque, en effet, et d'un côté, le courtier est toujours mandataire de celui qui le fait tra-
vailler, commissionnaire ou non, et censé n'en point
connaître d'autre; d'où résulte pour le premier une

action en paiement de salaire contre le dernier personnellement, art. 1999 du Code civil; et que d'un
autre côté, le courtier ne connaît ordinairement
que la personne qui l'emploie, l'un et l'autre demeu-
rant, la plupart du temps, dans le même endroit, et
non le mandant de cette personne, lequel demeure
presque toujours à une distance plus ou moins grande
de cette dernière et du courtier; d'où il suit que
celui-ci étant obligé de s'adresser, pour son courtage, à ce mandant, il en résulterait pour le premier
un inconvénient majeur, puisque alors il serait forcé
d'aller plaider devant un tribunal (celui du mandant) toujours éloigné de son domicile, et quelquefois de plus de deux cents lieues, contre quelqu'un qu'il ne connaîtrait pas; tandis qu'il est bien
plus naturel qu'en pareil cas il s'adresse toujours à
la personne qui l'emploie. — 10 Janvier 1812, jugement du tribunal de commerce de la Seine, qui
condamne la maison Doyen et compagnie, au paiement du courtage réclamé, sauf le recours de celle-
ci contre le sieur Fonteuillat. — Sur l'appel, ce jugement est confirmé par l'arrêt suivant : « La cour,
attendu que le courtier de commerce ne connaît
que la personne qui l'emploie, sans avoir à examiner si cette personne agit pour elle-même ou pour
autrui, met l'appellation au néant, etc. »

111. Dès que le mari qui a reçu une procuration
de sa femme pour gérer ses paraphernaux est tenu
envers elle comme tout mandataire, la femme, à son

tour, doit être obligée comme tout mandant envers
son mari. Ainsi, elle sera tenue d'exécuter les engagements contractés par lui conformément au pouvoir qui lui aura été donné ; Cod. civ, 1998, *in pr.*
Ce sera la nature de la procuration qui détermi-
nera les obligations de la femme envers les tiers. Si
le mandat contenait pouvoir de vendre ou de transiger, la femme sera tenue d'exécuter la vente ou
la transaction consentie par le mari ; mais il ne faut
pas oublier que le mandat, pour passer de pareils
actes, doit être exprès ; que sans un pouvoir spécial,
les aliénations que le mari peut avoir faites des biens
paraphernaux de la femme ne peuvent être opposées à cette dernière. Remarquons toutefois que la
femme serait tenue de ce qui aurait été fait par son
mari au-delà du mandat qu'elle lui avait donné, si
elle l'avait ratifié expressément ou tacitement ; Cod.
civ., 1998, *in fin.*

112. La ratification expresse de la femme devrait-
elle, aux termes de l'art. 1338, faire mention expresse
des objets dans lesquels le mari mandataire aurait
excédé les pouvoirs qui lui auraient été conférés, et
de l'intention formelle de la part de la femme, de
réparer la nullité qui résulterait de cet excès de
pouvoirs ?

Nous ne le pensons pas. Il y a deux sortes de ratifications : la première est celle par laquelle nous
approuvons ce qui a été fait en notre nom, sans
ordre et sans mandat de notre part ; la seconde,

celle par laquelle nous confirmons ou ratifions un acte auquel nous avons concouru, et qui peut être annulé ou rescindé. Cette seconde espèce de ratification, prévue par l'art. 1338, ne peut être appliquée à notre cas ; l'autre est réglée par l'art. 1998 *in pr.;* c'est celle qui régit la question proposée. Vainement dirait-on que l'art. 1998 n'indiquant aucune règle sur la forme et la nature de la ratification qu'il signale, on doit nécessairement recourir aux dispositions générales de l'art. 1338. Cette objection serait repoussée par le texte même de cet article qui ne parle que des obligations contre lesquelles la loi admet l'action en nullité ou en rescision, et non point des actes auxquels nous n'avons pris aucune part. M. Toullier fait parfaitement connaître la différence de ces deux sortes de ratification, dans son *Cours de droit civil*, tom. 8, pag. 689.

Voici comment il s'exprime à ce sujet :

« Le mot ratification, en général, est synonyme d'approbation ; nous pouvons approuver ce qui a été fait en notre nom, sans ordre ou sans mandat ; ce que nous pouvions par conséquent désapprouver. Dans ce cas, la ratification est l'acte par lequel nous manifestons expressément ou tacitement la volonté ou le consentement d'approuver et de nous rendre propre ce qui a été fait en notre nom, comme si nous l'eussions fait nous-même. Les jurisconsultes romains comparaient cette ratification au mandat: *Ratihabitio mandato æquiparatur*, l. 12, § 4, ff. *de solut*. Nous pouvons aussi approuver ou ratifier un contrat ou acte quelconque auquel nous avons concouru, mais qui se trouve nul ou du moins susceptible d'être attaqué, faute de quelques-unes des conditions nécessaires pour sa validité ou pour autres vices ou irrégularités. Dans ce sens, la ratification est proprement appelée la confirmation. Ainsi, deux sortes de ratifications : celle par laquelle nous approuvons ce qui a été fait dans notre nom, sans ordre et sans pouvoir; celle par laquelle nous approuvons un contrat ou autre acte auquel nous avons concouru, ou auquel nous avons été appelés, mais qui était susceptible d'être attaqué pour des vices réels ou apparents, de nature à en faire prononcer la nullité ou la rescision. Le Code ne parle point, en cet endroit, de la première sorte de ratification *qui a ses règles particulières dans l'art.* 1998 *du Code, et qui n'est point soumise aux mentions et énonciations exigées par l'art.* 1338, pour la validité des ratifications ou confirmations des obligations. »

Il existe, au reste, un arrêt de la cour de cassation, du 26 décembre 1815, qui a décidé formellement la question dans l'espèce que voici :

Le sieur Lapierre-Dallard et le sieur Joseph Lapierre, son père, avaient eu ensemble plusieurs procès. Le sieur Lapierre-Dallard, fils aîné, était donataire des biens de sa mère, sous la réserve d'un usufruit au profit de son père. La fixation de cet usufruit fut la matière d'un premier procès qui fut terminé par arrêt du 11 prairial an 11. Pendant

ce procès, le père vendit quelques immeubles à son
fils aîné, par contrat du 22 pluviôse an 11. Le prix
de cette vente fut acquitté. Le père, n'ayant pas
sans doute de quoi vivre dans l'usufruit fixé par
l'arrêt du 11 prairial an 11, fit condamner son fils à
lui payer une pension alimentaire de 1,000 fr. par
année; cette condamnation fut confirmée par arrêt
du 17 août 1810. Tout fait présumer que le père,
en demandant cette pension alimentaire à son fils
aîné, et à lui seul, abandonna à ce fils l'usufruit réglé
par l'arrêt du 11 prairial an 11.

Le 11 juillet 1810, le père avait assigné son
fils en nullité de la vente qu'il lui avait consentie le
22 pluviôse an 11. Ce procès n'a point été jugé. Le
11 juin 1811, le père obtint, au tribunal de première
instance de Privas, un jugement qui condamna son
fils au paiement de certaine somme. La date de la
demande n'est pas connue; mais avant ce jugement,
dès le 1er mars 1811, le père avait donné, sous signature privée, une procuration au sieur Lapierre-
Beaupré, son second fils, par laquelle il le constituait son procureur général, spécial et irrévocable,
à l'effet de poursuivre un procès pendant en la cour de
Nîmes, contre Lapierre-Dallard, son fils aîné; traiter,
transiger sur ledit procès, circonstances et dépen-
dances, de même que sur tous les autres mus et à
mouvoir, et généralement sur tous les droits et
actions qu'il pouvait avoir, tant en demandant
qu'en défendant, et contre qui que ce fût, à tels
prix, conditions et remises qu'il trouverait à propos,

et enfin, de faire tout ce qu'il pourrait faire lui-même, s'il était présent; promettant, etc.

En vertu de cette procuration, Lapierre-Beaupré, stipulant au nom de son père, fit par-devant notaire, le 23 juin 1811, une transaction avec Lapierre-Dallard fils aîné. Par l'art. 1er, Lapierre-Beaupré, audit nom, cède et abandonne à Lapierre-Dallard l'usufruit appartenant au père sur une partie des biens de son épouse, desquels biens le sieur Lapierre-Dallard était donataire; et il renonce à l'exécution du jugement obtenu par le père, le 11 du même mois de juin 1811. Par l'art. 2, il consent à réduire à 700 fr. par an la pension alimentaire pour laquelle Lapierre-Dallard avait été condamné à payer 1,000 fr. Par l'art. 3, Lapierre-Dallard s'oblige à payer 4,000 fr. à un créancier de son père, et en acquit de celui-ci. Par l'art. 6, le procès en nullité de la vente faite par le père, le 22 pluviôse an 11, est éteint, et il est reconnu, en tant que besoin, qu'un petit jardin, renfermé dans les débornements donnés aux choses vendues, fait partie de cette vente, quoiqu'il n'y fût pas nominativement désigné. Enfin, par l'art. 7, le procureur fondé donne main-levée des saisies-arrêts faites par son père, ainsi que d'une inscription aux hypothèques qu'il avait prise sur Lapierre-Dallard, son fils aîné.

Le 24 juillet suivant, le père ratifia cette transaction de la manière la plus formelle : il donna à Lapierre-Dallard, son fils, un acte sous signature privée, par lequel il déclara approuver, ratifier et

confirmer en tout son contenu, la transaction passée
entre eux devant Dufour notaire, le 23 juin précédent, en exécution de laquelle il reconnut avoir
présentement reçu 350 fr. pour le premier terme de
la pension viagère de 700 fr. stipulée audit acte,
qui devait échoir le 1er août suivant ; dont quittance
sans préjudice du terme à échoir. Cependant, le
père continuant ses poursuites, le fils y forma opposition. Le père demanda la nullité et le rejet, tant
de la transaction que de la ratification ; il maintint
que la procuration du 1er mars et la ratification du
24 juillet lui avaient été extorquées, tant par surprise
que par violence, et il offrait d'en fournir la preuve ;
il ajoutait que, d'ailleurs, son fils Lapierre-Beaupré
avait excédé les termes de la procuration, en ce
que la transaction renferme des aliénations que la
procuration n'autorisait pas. La cour de Nîmes n'a
accordé aucune attention à l'allégation de prétendues
surprise et violence ; elle s'est bornée à examiner
en droit, si la procuration du 1er mars 1811 contenait un pouvoir suffisant pour faire la transaction
signée le 23 juin suivant, et si la ratification du 24
juillet pouvait faire obstacle à la demande en rejet
de la transaction ratifiée. Et attendu que la transaction contient, 1° abandon d'un usufruit légué au
père, réduction à 700 fr. d'une pension viagère fixée
à 1,000 fr.; 3° renonciation à la propriété d'un jardin;
4° main-levée d'une inscription hypothécaire; que
tous ces actes sont de véritables aliénations ; que la
procuration du 1er mars ne contient pas le pouvoir

exprès d'aliéner, ainsi que l'exige l'art. 1998 du Code civil; d'où il résulte que la transaction ne peut par elle-même produire aucun effet; et attendu que la ratification de laquelle on veut faire résulter l'approbation de la transaction, ne contient pas la mention du motif de l'action en rescision, et l'intention de réparer le vice sur lequel cette action était fondée; que d'après l'art. 1338 du Code civil, semblable ratification ne saurait être valable et n'a pas eu l'effet d'atteindre l'action en nullité, fondée sur les dispositions de l'art. 1998 du même Code ;

La cour a rejeté la transaction et la ratification, et a permis au père de continuer les poursuites en contrainte. Mais sur le pourvoi en cassation, arrêt du 26 décembre 1815, par lequel,

« La cour, après avoir délibéré en la chambre du conseil; vu l'art. 1998 du Code civil, et l'art. 1338, § 1, du même Code ;

» Considérant que l'art. 1338 ne parle que des obligations; qu'il est facile de concevoir que la ratification d'une obligation dépourvue des mentions qu'exige ledit article, n'ajoute rien à l'obligation même; qu'elle laisse subsister les vices, les nullités dont cette obligation peut être infectée, vices et nullités auxquels rien n'annonce que l'on ait songé, et que l'on ait voulu les réparer: mais qu'il en est autrement de la ratification donnée par un commettant à l'acte fait par son mandataire : en ratifiant, le commettant s'approprie l'acte, il l'adopte, et il se met au même état que s'il l'avait consenti et souscrit lui-même; la ratification seule tient lieu de tous les pouvoirs, et tant que la ratification subsiste, on ne peut être écouté à attaquer l'acte, en alléguant que le mandataire n'avait pas de pouvoirs suffisants; l'art. 1998 du Code a statué sur l'effet de la ratification par les mandants; il déclare les mandants tenus de tout ce qu'ont fait les mandataires au-delà de leur mandat, s'ils l'ont ratifié expressément ou tacitement; il ne soumet point, dans l'espèce, les ratifications, aux formes et aux énonciations exigées par l'art. 1338, pour la ratification des obligations, d'où il résulte que l'arrêt attaqué a fait une fausse application de l'art. 1338, et a contrevenu à la seconde partie de l'art. 1998; casse. »

113. Dès que la ratification des opérations du mandataire excédant son mandat ne doit pas contenir les énonciations voulues par l'art. 1338, il doit suffire que la femme approuve, d'une manière quelconque, la gestion de ses paraphernaux, pour qu'elle soit plus tard non recevable à attaquer les actes faits en son nom par son mari; ainsi, une simple déclaration de la femme, portant qu'elle approuve purement et simplement ce qui a été fait, suffira pour décharger le mari de toute responsabilité; une lettre adressée au mari par sa femme, dans laquelle elle lui témoignerait sa satisfaction sur la manière dont il a rempli son mandat, mettrait le mandataire à l'abri de toute responsabilité.

Mais en serait-il de même d'une lettre adressée

par la femme à un tiers, dans laquelle elle approu-
verait les actes faits par son mari dans la gestion de
ses paraphernaux ? Le mari ou ses héritiers pourraient-ils s'en prévaloir pour soutenir que la femme
a ratifié ce qui a été fait en son nom ?

Nous ne le pensons pas. Une lettre confidentielle
ne peut servir à une personne autre que celle à qui
elle a été adressée, et toute lettre écrite à des tiers
doit être réputée confidentielle, en ce sens que l'inviolabilité du secret qu'elle renferme s'oppose à ce
que des personnes étrangères puissent s'en prévaloir. Ainsi, la cour de Limoges a décidé, le 17 juin
1824, qu'une femme demanderesse en séparation de
corps ne pouvait se prévaloir, pour appuyer sa
demande, d'une lettre écrite par son mari à son
père, V. Sirey, tom. 26, 2, 177 ; ainsi encore, dans
le cas de recherche de la maternité, des lettres de
la mère prétendue ne peuvent, contre le vœu des
tiers à qui ces lettres ont été écrites, être produites
et invoquées comme commencement de preuve par
écrit, V. Sirey, tom. 23, 1, 394 ; enfin, la cour de
cassation a jugé la question même dans l'espèce dont
voici le résumé :

16 Décembre 1788, Jean Bajard, entre autres
dispositions, lègue 4,000 fr. aux pauvres de Saint-
Chamond ; il nomme le sieur Damichon pour son
exécuteur testamentaire. Celui-ci donne procuration
au sieur Vincent, « pour recevoir et exiger des débiteurs de la succession, passer quittance; employer
les sommes qu'il réserve, à acquitter les legs faits

par le testateur; en un mot, pour représenter le constituant dans toutes les affaires quelconques, prévues ou imprévues, concernant la succession; déclarant, le constituant, approuver dès à présent tout ce qui sera fait par le fondé de pouvoirs. »

Ensuite de cette procuration, ce mandataire consent différents traités par suite desquels il ne reste plus de fonds pour faire face aux legs de 4,000 fr. Ceux à qui ils sont dus les réclament au sieur Damichon, exécuteur testamentaire, lequel appelle en garantie le sieur Vincent, son mandataire; celui-ci soutient que, par une lettre adressée au curé de la paroisse de Saint-Chamond, le sieur Damichon a approuvé et ratifié tout ce qu'il a fait en vertu de la procuration.

29 Août 1818, jugement du tribunal de Saint-Etienne, qui annule les traités et déclare le sieur Vincent responsable des suites de cette nullité, attendu qu'il a excédé les bornes de son mandat. Appel. — 21 Juillet 1819, arrêt de la cour de Lyon, qui confirme. Recours en cassation pour violation de l'art. 1998. — 4 Avril 1821, arrêt en ces termes:

« La cour, sur le moyen pris de la violation de l'art. 1998 du Code civil, attendu qu'il est de principe invariable que les lettres adressées à des tiers sont confidentielles, et que l'inviolabilité des secrets qu'elles renferment s'oppose à ce que des personnes étrangères puissent s'en prévaloir, rejette, etc. »

114. La ratification tacite des actes faits par le

mari peut résulter d'une foule de circonstances; les plus probantes sont celles qui établissent l'exécution de ces mêmes actes par la femme. L'exécution du mari, même après la cessation du mandat, ne suffirait pas pour rendre la femme non recevable, alors même que les époux se seraient dits être mariés sous le régime de la communauté : ainsi jugé par la cour de Bourges, le 27 novembre 1829 ; V. Sirey, tom. 30, 2, 171.

115. L'exécution de la femme, d'un compromis nul consenti par le mari à raison de ses paraphernaux, résulterait suffisamment du fait que la femme l'aurait remis tel quel aux arbitres, pour qu'ils eussent à procéder à l'arbitrage; V. arrêt de la cour de cassation, du 1er mars 1830, rapporté par Sirey, tom. 30, 1, 83.

116. La ratification tacite résulterait aussi, s'il s'agissait d'une vente passée par le mari, de la réception de la totalité ou d'une partie du prix, même d'un délai accordé à l'acquéreur, pourvu qu'il fût constaté que la femme connaissait le chiffre du prix et les conditions de la vente.

117. Elle résulterait encore de poursuites dirigées par la femme contre les débiteurs de sommes paraphernales prêtées par le mari à des tiers ; de la réception des intérêts ; d'inscriptions prises en vertu des actes obligatoires stipulés par le mari en faveur

de la femme; du paiement des frais de ces actes au notaire qui les aurait reçus.

118. Mais il ne faudrait pas voir de ratification tacite dans l'exécution que la femme pourrait donner aux actes faits par son mari, lorsqu'elle y serait contrainte par la force des circonstances. Il faut que l'exécution soit volontaire et dégagée de toute influence étrangère. « Pour opérer la ratification tacite, dit Toullier, tom, 8, pag. 715, ou la renonciation aux moyens et exceptions qu'on peut opposer contre un contrat, il faut que l'exécution en soit parfaitement *volontaire*, et entièrement dégagée de l'influence que peut avoir sur l'esprit de celui qui exécute, la frayeur d'une contrainte ou d'un procès. »

Il suit de là qu'il n'y aurait pas ratification de la part de la femme, si elle avait payé le prix d'un immeuble acquis en son nom par son mari et avec les deniers paraphernaux, si le paiement n'avait été fait qu'après un commencement de poursuites dirigées contre elle. Nous ne pensons pas même qu'elle fût obligée, pour conserver son action en nullité, de faire insérer dans la quittance qui lui serait passée, des réserves et protestations d'agir plus tard, soit contre son mari, soit contre le vendeur.

119. J'ai vu soutenir que tant que la femme était sous l'empire du lien conjugal, elle devait être considérée comme n'étant pas libre et entièrement

dégagée de toute influence étrangère; une femme,
disait-on, pour complaire à son mari, lui donne
procuration pour la gestion de ses biens paraphernaux; ce mandataire excède son mandat : il vend
et achète des immeubles; il fait d'autres actes encore
qui sortent entièrement des pouvoirs qui lui ont été
donnés; placée dans la situation de déplaire à son
mari, et de voir troubler la paix du ménage par la
révocation de son mandat et l'action en nullité
des actes faits par lui, en dehors des pouvoirs
qu'elle lui a conférés, la femme exécute pleinement
les contrats et obligations consentis par son mari;
dans ce cas, dirait-on, pourrait-on penser que l'exécution fût libre et volontaire? Ne serait-il pas naturel
de penser au contraire que la femme ayant toujours
été sous l'influence d'une crainte puissante, elle n'a
point agi librement dans la ratification tacite qu'on
pourrait lui opposer?

Cette question n'est pas sans difficulté. Sa solution
pourrait dépendre des circonstances. Il pourrait,
en effet, y avoir un tel concours de faits qu'il ne
serait plus permis de douter que l'empire du mari
aurait été tel, que toujours la crainte eût dominé la
volonté de la femme. On pourrait même dire qu'il
serait peu convenable d'ouvrir pendant le mariage
une action à la femme, pour faire prononcer la nullité des actes consentis par son mari, en-dehors de
son mandat; que toute action lui est interdite durant
le mariage, pour la revendication de ses biens dotaux indûment aliénés par son mari; qu'on lit en effet

dans l'art. 1560 du Code civil, que si, hors les cas d'exception qui viennent d'être expliqués, la femme ou le mari, ou tous les deux conjointement, aliènent le fonds dotal, la femme ou ses héritiers pourront faire révoquer l'aliénation *après la dissolution du mariage*, sans qu'on puisse leur opposer aucune prescription pendant sa durée, etc. Or, conclnerait-on, si toute action est interdite à la femme, durant le mariage, pour la revendication de ses biens dotaux aliénés par le mari, il doit en être de même pour tous les actes qui auraient pu être faits par le mari en-delà de son mandat. Il faudrait attendre la dissolution du mariage ou la séparation de biens, et cela étant, on ne pourrait pas opposer à la femme l'exécution volontaire qu'elle aurait pu donner aux contrats ou autres actes consentis par son mari.

On répondrait à cela que, bien que la loi ait placé la femme sous la dépendance de son mari, et qu'elle soit, par sa faiblesse, soumise à l'influence que son autorité exerce toujours dans la société conjugale, on ne peut pas en conclure que la femme ne puisse et ne doive conserver le libre exercice des droits que la loi lui confère. Le mari étant tenu envers sa femme, comme tout mandataire, il faut aussi que la femme use du pouvoir qu'elle reçoit également de la loi; nulle disposition ne le lui interdit, et il ne faut pas confondre les droits du mari sur les biens paraphernaux, avec ceux qu'il peut avoir sur les biens dotaux. Relativement aux biens paraphernaux,

le mari est considéré comme un étranger , à moins
que la femme ne lui en abandonne la jouissance
sans mandat. A l'égard des biens dotaux, le mari a
plus ou moins de pouvoirs, selon qu'ils sont meubles
ou immeubles, ou que le contrat ait étendu ou restreint ces mêmes pouvoirs. Si la femme dotale ne
peut pas agir durant le mariage, il n'en est pas ainsi
de celle qui a des biens paraphernaux : elle peut
agir en tout temps; si son mari est son mandataire,
elle l'oblige à rendre compte comme tout autre
mandataire; si le mari jouit de ses biens sans mandat,
il doit, à la dissolution du mariage *ou à la première
demande de la femme*, lui restituer les fruits existants, et lui tenir compte des capitaux exigés par
lui; Cod. civ., 1578. Ces mots, *ou à la première
demande de la femme*, disent assez que la femme
peut agir en tout temps pour obliger son mari à lui
rendre compte ou pour quereller de nullité les actes
qu'elle ne lui a pas donné le pouvoir de consentir.
Or, si elle peut agir, elle doit le faire; et si elle ne
le fait pas, et qu'elle exécute les conventions passées
par son mari en-delà de ses pouvoirs, elle se ferme
toute voie pour les attaquer par la suite. La crainte
de voir troubler la paix de la société conjugale par
une action qui attaque la gestion du mari peut
exister, nous ne le nions pas; mais celle non moins
puissante de la perte ou de la diminution de son
patrimoine doit l'encourager à exercer les droits
que la loi a mis dans ses mains pour sa conservation, et surtout à ne pas se livrer à des actes qui

peuvent lui interdire l'exercice de ces mêmes droits.

120. Faudrait-il considérer le long silence de la femme comme une ratification tacite des actes faits sans pouvoir par son mari?

Pour l'affirmative, on peut dire que la femme qui connaît les actes faits par son mari, au-delà des pouvoirs qu'elle lui a conférés, actes qui nuisent essentiellement à ses droits, doit être considérée comme les ayant approuvés. Il n'est pas probable que l'on puisse souffrir long-temps, sans se plaindre ou sans agir, l'existence d'un acte que l'on a le pouvoir de faire annuler. Si une femme, par exemple, avait connu la vente d'un fonds parapbernal, passée par son mari sans mandat de sa part; que pendant plusieurs années elle eût gardé le silence sur cette aliénation, ne devrait-on pas dire qu'elle l'a ratifié tacitement? Comment expliquerait-on autrement un silence qui pourrait avoir des résultats funestes pour elle? Pour la négative, on répondrait que tant que l'action de la femme n'est pas éteinte par la prescription, pouvant agir, elle n'est pas censée y avoir renoncé. *Qui tacet, non utique fatetur, sed tamen verum est, eum non negare;* l. 142, ff. *de reg. jur.* Celui qui se tait n'est censé ni ratifier, ni désavouer. Il faudrait donc qu'au silence gardé par la femme se joignît quelque acte d'exécution volontaire, sans lequel ce silence ne pourrait être considéré comme une ratification tacite.

121. La femme, indépendamment du remboursement des avances auquel elle est tenue envers son
mari mandataire, doit aussi lui payer le salaire
qu'elle s'est engagée à lui compter pour l'indemniser
des soins et travaux qu'a nécessités l'exécution du
mandat. Mais il faut qu'il en ait été promis un, car
le mandat étant gratuit de sa nature, le procureur
fondé n'a rien à réclamer s'il n'a rien été stipulé à
cet égard. Il est rare qu'entre époux une pareille
stipulation ait lieu, et ce n'est ordinairement qu'en
cas d'absence de la femme, qu'un mandat exprès
est donné par elle à son mari pour la gestion de ses
paraphernaux ; dans ce cas, pour tenir lieu au mari
de toute indemnité, il peut arriver que la femme
promette une somme quelconque à son mari, ou
qu'elle lui permette de prélever une quotité quelconque des revenus paraphernaux.

122. Serait-il nécessaire qu'il y eût une stipulation formelle à l'égard du salaire, ou pourrait-on en
induire la promesse d'une stipulation vague et indé-
terminée ? Si, par exemple, la femme, en donnant
le mandat au mari d'administrer ses biens paraphernaux, avait dit que si son mandataire surveillait
avec soin ses intérêts, *il s'en trouverait bien ;* cette
stipulation donnerait-elle au mari le droit de réclamer un salaire ?

Cette question s'est présentée à l'égard d'un mandataire ordinaire, devant la cour de Bordeaux, où
elle a été jugée en ces termes :

« La cour, attendu qu'il est constant que long
temps avant 1825, époque du décès de Louis Benoît,
la demoiselle Léontine Hugue, qui n'avait d'autres
moyens d'existence que son travail, a été constamment employée par lui à la gestion des nombreuses
affaires qu'il avait à Bordeaux ; que soit pour l'administration du Vigeau, soit pour la perception des
loyers et les réparations des maisons qu'il possédait
à Bordeaux, soit pour le soin et l'expédition des
vins dont il se procurait la vente à Paris, il voulait
qu'on ne reconnût pour son agent d'affaires que la
demoiselle Léontine Hugue, de laquelle il exigeait
des états de situation mois par mois ; que si le mandat est gratuit de sa nature, les juges n'en doivent
pas moins chercher, dans les écrits des parties, les
conventions qu'elles ont pu faire à cet égard ; qu'il
ne s'agit pas, dans l'espèce, d'une seule affaire conférée à un individu qui, par sa position, pouvait la
mettre à fin, sans préjudice pour ses intérêts, et par
pure affection pour le mandant ; qu'il est question
de la gestion générale d'affaires nombreuses, com-
pliquées, confiées à une personne réduite à vivre
de son travail journalier, et de laquelle le mandant
exigeait une surveillance de tous les moments, et
des comptes exacts et mensuels ; qu'il est impossible
de supposer que feu Benoît eût pu croire assujettir
ainsi, sans indemnité, la demoiselle Hugue à l'administration la plus minutieuse, et que celle-ci eût consenti à lui faire gratuitement le sacrifice de tous ses
moments ; que le contraire est établi par les propres

écrits du sieur Benoît ; qu'on voit en effet dans une
lettre qu'il écrivit à la demoiselle Hugue , le 14 novembre 1823, qu'il l'engageait à continuer à surveiller
ses intérêts, en lui promettant qu'*elle s'en trouverait
bien ;* que ces expressions suffisent pour prouver que,
dans l'intention de Benoît , le mandat n'était pas
gratuit ; qu'une promesse aussi formelle a dû engager
la demoiselle Hugue à continuer ses soins en remet-
tant, à une époque plus éloignée, la détermination
de l'indemnité à laquelle elle avait un droit évident ;
qu'il appartient aux tribunaux de fixer la taxe de la
récompense formellement promise par l'une des
parties, et sous la foi de laquelle l'autre a scrupu-
leusement rempli les obligations qui lui étaient imposées ; qu'en interprétant ainsi les conventions que
la lettre du 14 novembre constate, la cour n'a fait
qu'user du pouvoir qui lui appartient, en appréciant
équitablement les suites et les conséquences d'une
stipulation prouvée par écrit ; — attendu que l'action du mandataire , pour réclamer l'indemnité de
ses peines et soins, n'est soumise qu'à la prescription
de trente ans; qu'il n'est pas prouvé que feu Benoît
ait acquitté les services de la demoiselle Hugue, en
lui cédant un contrat sur le sieur Cavaignac ; que la
demoiselle Hugue attribue à toute autre cause la possession où elle est de cette créance; qu'il n'est rapporté
aucune preuve par écrit ni de la transmission de
cette créance sur sa tête , ni des causes de cette
transmission ; que dès-lors la cour ne peut scinder
son aveu; qu'en réduisant à 4.000 fr. l'indemnité

attribuée par les premiers juges à la demoiselle Hugue, pour l'espace de six ans qu'elle a consacrés aux affaires de feu Benoît, la cour se maintient dans les limites d'une équitable modération ; — émendant, réduit à 4,000 fr. l'indemnité accordée à Léontine Hugue, à raison de la gestion des affaires de feu Benoît, etc. » V. Sirey, tom. 27, 2, 103.

Cet arrêt, qu'un sentiment de justice et d'équité a dicté plutôt que l'exacte observation des principes, ne nous paraît pas devoir être du nombre de ceux qui sont destinés à fonder une jurisprudence durable. La question qu'il a décidée ne peut l'être, selon nous, que par les règles strictes du droit étroit. Le mandat est gratuit : voilà le principe général auquel il ne peut être dérogé que par une exception formelle ; c'est-à-dire par une stipulation expresse, contenant la promesse d'un salaire ; or, quel lien légal peut naître entre le mandant et le mandataire, à l'égard de ce salaire, de ces mots vagues : *continuez à surveiller mes intérêts, vous vous en trouverez bien*, insérés dans une lettre n'ayant aucun des caractères qui constituent le contrat synallagmatique? Qui pourrait dire qu'il y a là une promesse de salaire faite par le mandant et acceptée par le mandataire? Qui pourrait se décider à trouver là une exception formelle à la règle qui a décidé que le mandat est gratuit de sa nature? Nous l'avons dit plusieurs fois dans le cours de ce traité, l'exception doit être formellement exprimée et ne peut jamais être établie par le secours de l'argumentation ; il

faut qu'aucun doute ne puisse s'élever sur son existence, lorsqu'on croit la trouver dans la loi, et bien
moins encore lorsqu'on veut la faire dériver d'une
convention. Dans le cas qui nous occupe, il n'y a
pas même convention, et rien n'est plus incertain
que ce que l'on voudrait faire considérer comme une
promesse de salaire.

Et quand nous voulons appliquer la décision de
la cour de Bordeaux au cas d'un mari mandataire
de sa femme pour la gestion de ses paraphernaux,
nous éprouvons bien plus de difficulté; car non-seulement le mandat est gratuit de sa nature, mais il
n'en est presque jamais stipulé par la femme en
faveur de son mari; il semble même que ce serait
malséant entre deux époux qui se doivent mutuel-
lement secours et assistance, de voir intervenir une
pareille stipulation; et si cela devait être, il faudrait
que la dérogation à la loi fût expresse et de nature
à ne laisser aucun doute dans l'esprit.

123. Si la femme avait promis un salaire à son
mari pour l'administration de ses paraphernaux, il
cesserait d'être dû dès qu'il y aurait révocation; et
si le mandataire avait continué sa gestion après la
révocation, il n'aurait rien à réclamer, quoiqu'il
eût géré utilement. La raison en est que le mandat
a cessé d'être par la révocation, et que la gestion
qui a continué constitue un nouveau mandat, à
supposer qu'il ait lieu du consentement de la femme,
pour lequel il n'est pas dû de salaire, puisqu'il n'en

a pas été promis. Un arrêt de la cour de Bruxelles, du 24 février 1810, semblerait avoir jugé le contraire, en ce sens qu'elle ne se serait décidée à refuser le salaire que parce qu'un nouveau mandataire salarié aurait été institué et qu'il aurait reçu l'indemnité stipulée en sa faveur; mais nous ne pouvons nous ranger à cette opinion. Le vrai et seul motif que cette cour devait donner à son arrêt était que le mandat étant révoqué, on ne pouvait plus y voir un titre en faveur du premier mandataire, et que c'était dès-lors le cas d'appliquer la règle générale qui veut que le mandat soit gratuit. Les magistrats auteurs de cette décision paraissent regretter de n'avoir pu accorder le salaire; il y avait, disent-ils, un motif d'équité pour ne pas le refuser, c'était que le mandant ne devait pas recueillir le fruit de la gestion du mandataire; mais encore une fois, le mandat n'existait plus depuis la révocation, et si le mandataire avait continué de gérer, c'était comme *negotiorum gestor*, et non par suite de la procuration qui lui avait été primitivement conférée. Or, si c'était comme *negotiorum gestor*, que le mandataire avait géré de nouveau les affaires du mandant, il ne lui était point dû de salaire, puisqu'il n'en est point accordé à celui qui gère, sans mandat, l'affaire d'autrui.

124. Comment est dû le salaire promis au mari? Est-il dû après la gestion consommée, ou bien à proportion du temps qu'elle a duré? Supposons que

six mois après la procuration, la femme vint à mourir, et qu'alors le mari, investi de pouvoirs pour administrer, faire rentrer les créances, vendre même les biens paraphernaux, moyennant une indemnité annuelle, n'eût même encore rien fait ou n'eût fait que peu de chose pour sa gestion ; dans ce cas, aurait-il le droit de réclamer la moitié du salaire ? Il faut distinguer : si le retard apporté dans les actes d'administration était le résultat de sa négligence, et que par suite de ce retard, les intérêts de la femme en eussent souffert, alors il ne serait dû qu'une indemnité proportionnelle au travail fait, et cela sans préjudice des dommages que les héritiers de la femme auraient le droit de demander ; mais si aucun retard n'avait eu lieu, ou qu'il eût été causé par des circonstances indépendantes de la volonté du mari, il n'y a pas de doute que la moitié de l'indemnité ne fût due au mari.

125. Si, au lieu d'une indemnité annuelle, il avait été promis une somme fixe une fois payée, il faudrait aussi, dans les deux hypothèses posées, payer au mari ou une quotité de la somme promise à raison du travail fait, ou une quotité à raison du temps écoulé, selon qu'il y aurait eu ou qu'il n'y aurait pas eu négligence de la part du mari.

126. La femme pourrait ne promettre à son mari qu'un salaire conditionnel, elle pourrait faire insérer dans sa procuration, qu'en cas de réussite, dans un

délai fixé, de la chose pour laquelle le mandat serait donné, elle paierait une somme convenue; dans ce cas, la convention seule règlerait les droits et les obligations des parties. Ainsi, supposons, pour exemple, que la femme eût donné à son mari le pouvoir spécial de faire liquider et expédier en France la part qui lui reviendrait dans une succession mobilière ouverte à son profit en pays étranger, et qui ferait partie des biens qu'elle se serait réservés en paraphernaux; que le mandat portât que la liquidation serait faite dans le délai de deux ans, et sous la promesse, dans ce cas seulement, d'une somme de 10,000 fr.; si la liquidation n'avait été faite qu'après le délai de deux ans, il faudrait s'en tenir à la loi du contrat et décider que le mari n'aurait pas droit à l'indemnité promise.

127. Mais, dans ce cas, la femme pourrait-elle révoquer la procuration, et en cas de révocation, le mari mandataire aurait-il droit à une indemnité?

Le mandant pouvant révoquer le mandat par lui donné *quand bon lui semble*, Cod. civ, 2004, il n'est pas douteux que la femme pourrait user de cette faculté à toutes les époques de la gestion, pourvu qu'elle ne fût pas entièrement terminée. Vainement dirait-on qu'en fixant un délai pendant lequel l'affaire devrait être gérée et liquidée, la femme se serait interdit la faculté de révoquer le mandat, parce que, s'il en était autrement, il lui serait facultatif de frauder les droits du mari; qu'elle n'aurait qu'à attendre le moment où la gestion toucherait à son terme, pour révoquer sa procuration et empêcher ainsi le mari de réclamer l'indemnité qui lui aurait été promise.

On répondrait à cela que dès que le mandant n'aurait pas formellement renoncé au droit de révocation que la loi lui confère, il pourrait toujours en user; que la raison donnée, tirée de la faculté qu'aurait le mandant d'empêcher le mandataire d'accomplir son mandat et d'en réclamer le salaire, disparaîtrait devant la nécessité où serait le mandant d'indemniser le mandataire, en raison du tort que lui causerait la révocation; qu'il ne pourrait pas en être autrement sans blesser la justice et l'autorité d'un droit acquis; qu'au moyen de cette indemnité, personne n'aurait à se plaindre; que le mandant ne pourrait pas se refuser à la payer sous le prétexte que le mandat ne serait pas accompli, puisque ce défaut d'accomplissement serait son propre ouvrage.

Cette décision est au reste conforme à un arrêt de la cour de cassation, du 6 mars 1827, qui a jugé que la stipulation, dans le mandat salarié, que le mandataire n'aura droit au salaire promis qu'au cas de succès dans un délai fixé, n'enlève pas au mandant le droit de révoquer la procuration quand bon lui semble, selon la règle générale, sauf toutefois à indemniser le mandataire des dommages que la révocation peut lui causer.

Voici comment Sirey (tom. 27, 1, 169), rapporte l'espèce de cet arrêt :

« 13 Juillet 1822, acte sous seing privé, par
lequel William Stacpoole promet payer à Driver
Cooper, négociant à Londres, 10,000 liv. sterlings,
à condition que Cooper recouvrera à ses frais la
créance due à William par Georges Stacpoole,
habitant la France. Il est stipulé dans l'acte, que
Cooper devra obtenir le remboursement dans l'année;
que s'il n'y parvient pas, la convention sera nulle,
et qu'*il n'aura aucune prétention ni réclamation
à exercer pour frais et avances*. En conséquence
de cette convention, Cooper fait divers voyages en
France et commence des poursuites contre le débiteur. Ultérieurement, William refuse d'exécuter le
contrat, et avant l'expiration de l'année il nomme
un autre individu pour remplacer Cooper dans les
mêmes opérations.

» Cooper réclame les 10,000 liv. sterlings, en se
fondant sur ce que l'inexécution du contrat étant le
fait de William, lui Cooper ne pouvait ni ne devait
en souffrir. William s'y refuse par le motif que,
s'agissant d'un mandat, il a eu le droit, comme
mandant, de révoquer, quand bon lui a semblé, le
mandat (Cod. civ., 2004). Cooper réplique qu'il
s'agit, non de mandat, mais d'un louage d'industrie ou plutôt d'un contrat aléatoire, l'un des caractères du mandat étant que les risques de son
exécution retombent sur le mandant, tandis que,
dans l'espèce, l'acte du 13 juillet contenait une
stipulation contraire. 11 Avril 1826, jugement du
tribunal civil de la Seine, ainsi conçu :

« Attendu que le premier et principal objet de ce traité est une affaire d'intérêt personnelle à William Stacpoole, et dont il confie la gestion à Cooper qui l'accepte, et qu'ainsi, quelles que soient les formes, les stipulations particulières et la dénomination qu'aient adoptées les contractants, on ne peut y méconnaître le caractère du mandat, tel qu'il est défini par l'art. 1984, Cod. civ., et que relativement aux conditions qui accompagnent la réserve des 10,000 liv. sterlings, on ne doit encore, bien qu'elles présentent une apparence de clause aléatoire, la considérer en réalité que comme la fixation d'un prix ou salaire convenu et autorisé par l'art 1986 du Code civil; d'où il suit que cette fixation et ces conditions qui seraient sans cause, à défaut du mandat ou de son exécution, lui sont nécessairement subordonnées et accessoires, attendu que, de sa nature, le mandat est essentiellement révocable, et qu'entre le mandant et le mandataire, la révocation peut être expresse ou tacite;

» Attendu qu'il est constant dans la cause, que William Stacpoole a refusé à Cooper d'exécuter le mandat, ce qui est justifié, tant par la sommation du 29 août 1822 que par les autres poursuites judiciaires, comme aussi par la nomination d'un autre mandataire avec lequel Cooper a concouru aux recouvrements à faire sur Georges Stacpoole, mais dans un intérêt distinct et pour les autres cohéritiers; attendu, néanmoins, que la révocation, en ce qu'elle serait intempestive et préjudiciable, donne au mandataire une action en indemnité contre le mandant, et qu'à cet égard la demande de Cooper est bien fondée, soit que l'on considère l'abandon qu'il a fait de la direction personnelle de son commerce en Angleterre, ou d'autres dépenses, peines et soins que lui a occasionnés le mandat...; accorde seulement à Cooper une indemnité fixée à 25,000 fr. — Appel par Cooper. — 25 Mai 1826, arrêt confirmatif de la cour royale de Paris.

» Pourvoi en cassation de la part du sieur Johannot, devenu cessionnaire de Cooper.

» Arrêt. — La cour, considérant que l'arrêt attaqué, en appréciant les clauses de l'acte du 13 juillet 1822, et les circonstances qui l'ont précédé et suivi, en a inféré qu'il s'agissait d'un contrat de mandat, révocable de sa nature, lequel avait été tacitement révoqué ; mais que la révocation ayant été *intempestive* et ayant causé des dommages au mandataire, il lui était dû par le mandant une indemnité arbitrée à 25,000 fr. ;

» Attendu que cette interprétation de conventions et cette appréciation de faits et de dommages-intérêts ne viole aucune loi ; car s'il est vrai, d'une part, qu'en thèse générale les risques et périls de l'exécution d'un mandat doivent retomber sur le mandant, et qu'en conséquence le mandataire peut réclamer son salaire, même en cas de non réussite ; il est tout aussi vrai, d'autre part, qu'aucune loi ne défend de modifier le contrat de mandat par des dispositions spéciales, lesquelles ne soumettent le mandant à payer un salaire au mandataire qu'en cas de succès; attendu qu'une pareille clause ne suffit pas pour enlever au mandant le droit de révoquer la procuration *quand bon lui semble*, aux termes de l'art. 2004, Cod. civ., et même dans le cas où *res amplius integra non esset*, en indemnisant toutefois le mandataire des dommages que la révocation peut lui avoir causés, et dont l'appréciation est abandonnée par la loi, à la conscience et à la sagacité du juge, rejette, etc. »

128. Nous avons dit (au n° 100) que la femme devait rembourser au mari mandataire les avances par lui faites pendant la durée de sa gestion; nous devions dire aussi que l'intérêt des sommes avancées devait être payé au mari du jour où ces avances étaient constatées; Cod. civ., 2001.

Cette disposition de l'art. 2001 qui oblige le mandant à payer les intérêts des sommes avancées par le mandataire, du jour où elles ont été faites, a été puisée dans le droit romain; V. l. 12, § 9, ff. *mandat. vel contr.* Cette loi décide même que si le mandataire a été obligé, pour libérer le mandant ou pour la gestion de ses affaires, d'emprunter à gros intérêts, le mandant devra rembourser le capital et les intérêts payés par le mandataire : *Simili modo, et si quid aliud mandaveris, et in sumptum fecero, nec tantum id quod impendi, verum usuras quoque consequar. Usuras autem non tantum ex mora esse admittendas, verum judicem æstimare debere, si*

exegit a debitore suo quis, et solvit, cum uberrimas
usuras consequeretur, aut si ipse mutuatus gra-
vibus usuris, solvit.

Faudrait-il appliquer cette décision au mari, et
dire que si, par exemple, pour libérer la femme ou
pour les dépenses de l'administration de ses paraphernaux, il avait été obligé d'emprunter une somme
chez un banquier, à un taux qui excédât le taux
légal, ces intérêts devraient lui être remboursés?
Cela dépendrait beaucoup des circonstances : si la
libération de la femme avait été urgente ; que ses
biens eussent été menacés de saisie, ou qu'un défaut
d'avances l'eût exposée à une perte considérable, et
qu'il fût constaté que le mari n'avait pu, en ce
moment, se procurer des fonds à un moindre
intérêt, nous pensons que les intérêts excédant le
taux légal devraient être remboursés au mandataire ;
mais au contraire, si les avances à faire n'étaient
pas commandées par une urgente nécessité, et que
le mari eût pu, avec quelques recherches, se procurer de l'argent à un taux raisonnable, ces intérêts
ne devraient pas lui être restitués par la femme, ou
ses héritiers.

129. Comment faut-il entendre ces mots de l'art.
2001, *avances constatées ?* Faudra-t-il que le mari
justifie par titre toutes les dépenses qu'il aura faites
pour la femme ? Il est dans une administration de
biens, quelque peu considérable qu'elle soit, une
multitude de petites dépenses dont il n'est pas pos-

sible de se procurer des quittances. Les achats de menues denrées ou d'objets de peu de valeur; le paiement des salaires de manœuvres ou d'ouvriers ne sachant pas signer, sont des opérations qu'il est impossible de constater par écrit et pour lesquelles il faut faire des avances; si on les conteste, que faudra-t-il décider?

Nous pensons qu'il reste toujours quelques preuves de ces diverses opérations, soit par l'emploi présumé des objets achetés, et qu'alors les magistrats doivent recueillir et admettre ce qui leur paraît probable. Ces appréciations sont entièrement livrées à la conscience du juge. Quant aux grosses dépenses pour lesquelles on peut toujours se procurer une preuve écrite, elles ne sont point admises sans être constatées : s'il s'agit d'un prêt, il faut représenter le billet ou l'obligation; s'il s'agit de paiements de contributions ou de pensions annuelles, il faut représenter les quittances des deux dernières années au moins pour les premières, et des cinq dernières années pour les autres; s'il s'agit d'une acquisition faite, il faut représenter l'acte portant libération du prix; il ne suffirait pas que le mari justifiât de la possession de l'objet prétendu acquis, car on peut posséder à plus d'un titre une chose sans l'avoir achetée, et la possession ne devient un titre que pour celui qui possède à titre de propriétaire, et non pour autrui.

130. La femme doit indemniser le mari mandataire des pertes qu'il a essuyées à l'occasion de la

gestion des paraphernaux, sans imprudence qui lui soit imputable; Cod. civ., 2000. Cette disposition a besoin de quelques développements. Il est naturel d'abord que le mari qui a consacré son temps et ses soins à la gestion des biens de sa femme, soit indemnisé des pertes que lui a occasionnées cette gestion. Mais de quel genre de pertes doit-il être indemnisé? Voilà ce qu'il n'est pas facile de décider. L'art. 2000 dit que ce sont des pertes qu'il a essuyées *à l'occasion de sa gestion;* mais ces expressions sont bien vagues, et il est difficile d'en bien préciser le sens et l'étendue. Le législateur a-t-il voulu dire que le mandant serait obligé d'indemniser le mandataire des pertes dont la gestion aurait été la cause, ou bien a-t-il entendu que le mandant tînt compte au mandataire de toutes les pertes dont sa gestion aurait été seulement *l'occasion?* Il nous semble que le mandant ne doit une indemnité que pour les pertes dont la gestion a été la cause immédiate. Toutefois expliquons notre pensée par des exemples: la culture des immeubles paraphernaux exige que le mari achète une paire de bœufs; il se rend à la foire prochaine et fait son achat; en revenant, un des bœufs achetés est frappé d'apoplexie et meurt des suites de cette maladie dont il n'existait aucun symptôme au moment où il a été acheté; il n'est pas douteux que la gestion du mari ne soit, dans ce cas, la cause immédiate de la perte éprouvée par lui; il devra donc en être indemnisé. Mais si en allant à la foire faire l'achat des bœufs, le mari est

dévalisé par des voleurs, la femme devra-t-elle
l'indemniser des pertes que ce vol lui aura causées?

La loi 26, § 6, ff. *mandati*, dit formellement
que dans ce cas il n'est point dû d'indemnité : *non
omnia quæ impensurus non fuit (mandatarius)
mandatori imputabit, veluti quod spoliatus sit a
latronibus, aut naufragio res amiserit, vel lan-
guore suo suorumque apprehensus quædam eroga-
verit; nam hæc magis casibus quam mandato
imputari debent;* mais la loi 52, § 4, ff. *pro socio*,
dit positivement le contraire; voici en quels termes
elle est conçue : *Quidam sagariam negotiationem
coïerunt; alter ex his ad merces comparandas
profectus in latrones incidit, suamque pecuniam
perdidit; servi ejus vulnerati sunt, resque proprias
perdidit : dicit Julianus damnum esse commune;
ideoque actione pro socio damni partem dimidiam
agnoscere debere, tam pecuniæ quam rerum cæte-
rarum quas secum non tulisset socius, nisi ad
merces communi nomine comparandas proficisce-
retur; sed et si quid in medicos impensum est
socium agnoscere debere, rectissime Julianus
probat.*

Le savant Pothier, traité *Du mandat*, n° 76, a
essayé de détruire cette antinomie; voici ce qu'il dit
à ce sujet :

« Pour concilier ces deux lois, je crois qu'on doit
supposer que dans l'espèce de la loi 52, § 4, ff. *pro
soc.*, le lieu où l'associé a été attaqué et volé était
un lieu infecté de voleurs et dangereux, par lequel

l'associé ne se serait pas exposé de passer s'il n'eût été obligé d'y passer pour l'affaire dont il s'était chargé; en ce cas, le risque qu'il avait à courir de passer par ce chemin était un risque dépendant de la gestion de l'affaire dont il s'était chargé. C'est cette gestion qui est la cause pour laquelle il s'était exposé à ce risque, auquel il ne se serait pas exposé sans cela, et elle est par conséquent la cause de la perte et du dommage qu'il a soufferts pour s'y être exposé; il en doit donc être indemnisé comme d'une perte qu'il a soufferte pour la gestion dont il s'est chargé.

» Au contraire, il faut supposer dans la loi 26, § 6, ff. *mand.*, que le lieu où le mandataire a été volé, en faisant le voyage qu'il était obligé de faire pour la gestion de l'affaire dont il s'était chargé, était un lieu par lequel il n'y avait pas plus de risque de passer, qu'il y en a à passer par tous les autres lieux par lesquels il a coutume de passer pour ses propres affaires. N'y ayant pas plus de risque à courir en passant par le lieu par où la gestion de l'affaire dont il s'est chargé l'obligeait de passer, qu'à passer par tout autre lieu, on ne peut pas dire qu'en se chargeant de la gestion de l'affaire dont il s'est chargé, il se soit exposé à aucun risque qui fût une dépendance de cette gestion, ni par conséquent que cette gestion soit la cause de l'accident qui lui est arrivé; elle n'est que l'occasion de cet accident qui pouvait également arriver partout ailleurs; *hoc magis casibus imputari oportet*; d. l. 26. »

Cette manière de concilier deux lois, entièrement contradictoires, par des suppositions,
paraît peu propre à entraîner les bons esprits.
Pour nous, sans chercher à concilier ce qui est
inconciliable, nous pensons qu'il convient de décider
que conformément à la loi 26, § 6, ff. *mandati*, il
faudra refuser au mari mandataire l'indemnité qu'il
pourra réclamer, résultant du vol commis sur sa
personne, parce que sa gestion n'a pas été la cause
immédiate, mais seulement la cause occasionnelle
du vol.

Il faut remarquer cependant que Pothier, après
avoir tenté la conciliation des deux lois, ajoute que
« lorsque le mandataire qui a été blessé et volé dans
le voyage qu'il faisait pour l'exécution du mandat,
est un pauvre homme, qui a été chargé de ce mandat
par un homme riche, quoiqu'il n'y ait pas de la
part du mandant une *obligation parfaite* d'indemniser le mandataire de cette perte, il est néanmoins
de l'humanité et de la bienséance, qu'il l'en indem-
nise. »

131. Si, d'après cette considération, les tribunaux se décidaient à indemniser le mari mandataire
de la perte du vol qu'il aurait souffert, l'indemnité
ne pourrait être, comme le dit encore Pothier, « que
jusqu'à concurrence de ce qu'il a été obligé de porter
avec lui pour son voyage ; s'il avait avec lui beaucoup d'autres choses qui ne lui étaient pas nécessaires pour ce voyage, il ne serait pas fondé à

demander d'en être indemnisé. » Pothier, *Du man-dat*; n° 76.

132. *Autres exemples.* — Le mari mandataire, au lieu de donner en ferme les biens paraphernaux, les cultive lui-même en même temps que ceux dont il est personnellement propriétaire. Le moment de vendanger arrivé, le mari fait recueillir la vendange de la vigne paraphernale avant la sienne, et à l'instant où on va s'occuper de sa propre récolte, arrive une grêle qui la détruit entièrement; dans ce cas, le mari pourra-t-il dire : La gestion des biens de ma femme a été la cause de la perte de ma vendange; elle me doit une indemnité ? Nous ne le pensons pas, car on peut dire ici : *Hæc magis casibus, quam mandato imputari oportet*; d. l. 26, § 6, in fin. Mais si en faisant transporter la vendange de la vigne paraphernale, un cheval du mari s'est précipité et a péri des suites de sa chute, sans qu'on puisse en imputer la faute au mandataire, l'indemnité lui sera due jusqu'à concurrence de la valeur du cheval, parce qu'ici, la perte éprouvée a pour cause immédiate la gestion des affaires du mandant.

De même, si le mari, entièrement occupé de l'administration des biens paraphernaux de sa femme, néglige ses propres affaires et laisse acquérir contre lui la prescription d'une créance, il ne lui sera pas dû d'indemnité à raison de cette perte, parce qu'ici encore la gestion du mandat n'en sera pas la cause directe; mais si, pour sauver la maison

paraphernale des ravages d'un torrent, le mari a été
forcé de jeter les eaux de ce torrent sur une grange
lui appartenant, la femme devra l'indemniser des
dommages que sa grange aura soufferts.

133. Devra-t-on considérer comme une perte
dont la femme sera tenue d'indemniser le mari
mandataire, la nécessité où se serait trouvé ce
dernier de renoncer à un emploi lucratif, pour se
livrer exclusivement à la gestion des paraphernaux?

Cette question nous paraît sérieuse. Les biens
paraphernaux peuvent être considérables ; leur gestion peut nécessiter une surveillance journalière,
des travaux de tous les instants; des opérations
multipliées; dans cette position, que doit faire le
mari chargé d'une administration pareille? Renoncer
au mandat? Mais le mandat peut être irrévocable,
s'il a été donné par contrat de mariage ; d'un autre
côté, la renonciation peut être préjudiciable à la
femme ; dans cette conjoncture, le mari donne sa
démission d'un emploi lucratif ; il abandonne ses
propres intérêts pour ne s'occuper que de ceux de
sa femme; il régit et administre sa fortune paraphernale jusques à son décès; alors il s'adresse à
ses héritiers et leur demande une indemnité pour la
perte qu'il a éprouvée par suite de la démission
qu'il a donnée de l'emploi qu'il remplissait.

Les héritiers lui répondent qu'il était le maître
de refuser le mandat qu'il a accepté ; qu'il devait
connaître les charges et les obligations que lui

imposait une pareille gestion; que si, plus tard, cette gestion a absorbé tous ses moments et l'a obligé de se démettre d'un emploi quelconque, il doit s'en imputer la faute; qu'il est difficile de croire qu'il n'ait pas pu s'occuper à la fois et des travaux de sa place et de ceux du mandat dont il s'était chargé; qu'il faudrait que l'impossibilité où il s'est trouvé de gérer l'un et l'autre fût légalement constatée; que jusque là il est non recevable à former sa réclama· tion en indemnité.

Malgré la force de ces raisons, nous ne pouvons nous décider à les adopter. Il y aurait réellement, dans ce cas, perte essuyée *à l'occasion de la gestion.* La femme ou ses héritiers ne pourraient pas reprocher au mari d'avoir abandonné ses propres affaires pour s'occuper de leurs intérêts; ils ne seraient pas écoutés dans l'énonciation d'un semblable moyen, et il y aurait presque de l'indélicatesse à le proposer.

134. Indépendamment du paiement du salaire, du remboursement des avances et des pertes que le mari peut avoir essuyées à l'occasion du mandat, la femme doit procurer au mari mandataire la décharge des obligations qu'il a contractées pour l'exécution du mandat. Ainsi, par exemple, si le mari a fait un emprunt pour la gestion des affaires de la femme, avec déclaration que cet emprunt a été fait pour cet objet, la femme doit en faire décharger son mari. «Elle peut s'acquitter de cette obligation de deux manières,» dit Pothier, *Du*

mandat, n° 80, « 1° ou en rapportant au mandataire un acte par lequel le créancier envers qui le mandataire s'est obligé, déclare qu'il décharge le mandataire et qu'il accepte le mandant pour seul débiteur en sa place; 2° ou en payant la dette. Lorsque le mandant, continue cet auteur, ne peut procurer, de la première manière, au mandataire, la décharge des obligations qu'il a contractées, parce que les créanciers ne veulent pas décharger le mandataire, le mandant est obligé de la lui procurer de la seconde manière, c'est-à-dire en payant la dette que le mandataire a contractée pour la gestion du mandat; ces principes sont conformes à la décision de Paul : *Si mandato meo fundum emeris, utrum quum pretium dederis, ages mecum mandati, an et antequam des? Et recte dicitur in hac esse mandati actionem ut suscipiam obligationem quæ adversus te venditori competit;* l. 45, in pr., ff. *mand. Est æquum, sicut mandante aliquo actionem nacti, cogimur eam præstare judicio mandati; ita ex eadem causa obligatos, habere mandati actionem, ut liberemur;* d. l. 45, § 5.

La décharge donnée par la femme ou ses héritiers, au mari, doit contenir aussi, 1° la déclaration que tout ce qui a été fait par ce dernier l'a été convenablement et selon leur gré; 2° la quittance des sommes dont le mari est resté reliquataire; 3° le reçu de tous les objets et titres dont le mari avait été nanti pour l'exécution du mandat.

Lorsque la décharge a été donnée au mari, que

les comptes ont été débattus, et que les quittances ont été passées, il ne peut plus être demandé un nouveau compte ni que celui qui a été rendu et apuré soit revisé. S'il y a eu erreurs, omissions, faux ou doubles emplois, les parties peuvent se pourvoir aux mêmes juges devant lesquels le compte a été débattu; les dépens sont supportés par la partie qui succombe. V. Cod. proc., art. 541.

135. La femme, comme tout mandant, peut révoquer, quand bon lui semble, le mandat qu'elle a donné à son mari pour la gestion de ses paraphernaux, à moins que les pouvoirs n'aient été conférés dans le contrat de mariage, car alors le mandat est irrévocable comme toute autre convention matrimoniale (V. ci-dessus le n° 81); en cas de révocation, la femme peut contraindre son mari à lui remettre, soit l'écrit sous seing privé qui contient la procuration, soit l'original de la procuration, si elle a été délivrée en brevet, soit l'expédition, s'il en a été gardé minute. Cod. civ., 2003 *in pr.*, et 2004.

136. Nous venons de dire que le mandat donné par contrat de mariage au mari, pour la gestion des paraphernaux de la femme, était irrévocable; mais dans ce cas que faudrait-il décider si le mari dissipait la fortune de la femme, ensuite de la procuration qui lui aurait été donnée? Pourrait-elle demander sa séparation de biens?

Nous avons examiné, dans notre *Traité de la*

dot , tom. 1ᵉʳ, pag. 407 et suivantes, la question de
savoir si la femme qui n'a que des biens paraphernaux
peut demander la séparation de biens, et nous nous
sommes décidé pour la négative. Aujourd'hui nous
persistons dans cette opinion, en y apportant toutefois une exception en faveur de la femme qui a
donné une procuration irrévocable à son mari pour
la gestion de ses paraphernaux. Voilà sur quoi nous
nous fondons pour faire prévaloir notre avis :

La femme qui donne un pouvoir irrévocable à son
mari pour la gestion de ses paraphernaux, qui lui
confère le droit de percevoir ses revenus et de les
employer, en partie ou en totalité, aux besoins de la
famille, ne peut pas rester sans secours en cas de
mauvaise conduite de son mari, de dissipation de sa
fortune personnelle et de celle de sa femme. Vainement dirait-on que la femme devait prévoir les conséquences d'une procuration irrévocable; que si ses
biens paraphernaux sont mis en péril, elle doit s'en
imputer la faute; que c'est un malheur irréparable;
que la loi déclare le mandat irrévocable et n'accorde
le remède de la séparation de biens que lorsque la
dot est mise en péril et non les biens paraphernaux.
On répondrait à cela, que les biens ainsi confiés
irrévocablement au mari doivent être considérés
comme formant une constitution dotale, à l'inaliénabilité près; que c'est alors les droits des enfants
et ceux de la famille entière qu'il faut soustraire à
la dissipation du mari; que le législateur n'a pas pu
avoir l'intention de laisser au mari le droit de con-

sommer impunément la ruine de sa femme et celle
des enfants ; que ce serait consacrer une monstruo-
sité morale, qui ne peut jamais être ni dans la lettre
ni dans l'esprit de la loi, que d'admettre une pareille
doctrine. Que d'ailleurs on ne peut pas opposer
l'irrévocabilité des conventions matrimoniales, puisqu'on ne la respecte pas lorsque la dot est en péril ;
qu'il en doit être de même pour les biens paraphernaux, lorsqu'ils sont exposés, puisque ces biens
sont aussi le patrimoine de la femme et celui des
enfants; qu'enfin, si le législateur n'a pas permis à
la femme paraphernale de demander la séparation
de biens, c'est parce qu'il a pensé que la femme en
conservait l'entière administration; mais que dès le
moment que les biens paraphernaux se trouvent en
la possession irrévocable du mari, cette raison cesse
et la femme doit avoir le droit de demander que
ses biens soient séparés des siens.

137. Lorsque le mandat est salarié, la femme
peut révoquer, quand bon lui semble, le mandat
qu'elle a donné à son mari pour la gestion de ses
paraphernaux, comme s'il était gratuit; mais elle
doit payer la totalité ou une portion du salaire
promis, selon que le mari a achevé ou commencé
seulement sa gestion. Le salaire serait dû, alors
même qu'il aurait été stipulé que le mari ne pourrait
le réclamer que lorsque le mandat serait accompli.
La raison en est que la femme pouvant faire cesser
le mandat suivant sa volonté ou son caprice, il ne

serait pas juste de priver le mari de la part du salaire qu'il aurait gagné. V. au reste l'arrêt rapporté par Sirey, tom. 27, 1, 69.

138. La femme qui a donné procuration pour la gestion de ses paraphernaux, à son mari, peut-elle la révoquer sans son autorisation ou celle de la justice ?

L'affirmative ne nous paraît pas douteuse. La révocation de la procuration donnée par la femme, replaçant les choses en l'état où elles étaient avant le mandat, ne saurait nuire ni aux droits résultant de la puissance matrimoniale, ni à ceux de la femme elle-même. Donnée par sa propre volonté, cette procuration peut être retirée par l'effet de la volonté contraire. C'est au reste de cette manière que la question a été jugée par la cour royale de Caen, le 15 juillet 1824, dans l'espèce rapportée par Sirey, en ces termes :

« Deux actions furent intentées par les époux Heuzebrocq, relativement aux biens personnels de la dame Heuzebrocq : 1° l'une contre le sieur Lemonier, son frère, en annulation de divers arrangements de famille ; 2° l'autre contre le sieur Lemière, son oncle, en annulation d'un acte de vente. La dame Heuzebrocq avait donné une procuration à son mari, pour poursuivre ces deux procès. Il avait en conséquence réclamé l'interrogatoire des parties adverses, lorsque la dame Heuzebrocq lui fit signifier une révocation des pouvoirs qu'elle lui avait

donnés, et déclara expressément ne plus vouloir
figurer dans les deux instances. Alors les sieurs
Lemonier et Lemière ont soutenu que le sieur
Heuzebrocq était sans qualité pour poursuivre seul
l'action dirigée contre eux. Le sieur Heuzebrocq a
répondu qu'il suffisait que l'action eût été régulièrement intentée; qu'il n'appartenait pas à la dame
Heuzebrocq de révoquer, sans autorisation de son
mari ou de la justice, des pouvoirs qu'elle avait
valablement conférés; que surtout la révocation de
ses pouvoirs ne pouvait empêcher le sieur Heuzebrocq d'exercer les droits lui appartenant personnellement comme mari, tels que ceux relatifs à l'usufruit des biens de sa femme; que sous ce rapport,
la demande en interrogatoire se trouvait recevable.
—Jugement qui ordonne l'interrogatoire des sieurs
Lemonier et Lemière. — Appel.

» Arrêt. — La cour; considérant que les époux
Heuzebrocq avaient dans la cause un intérêt distinct; que celui de la femme avait pour objet la
propriété des biens en litige, et celui du mari,
l'usufruit qui lui appartient, constant le mariage,
sur ces mêmes biens; qu'il avait, de son chef et
indépendamment de la volonté de sa femme, une
action pour réclamer cet usufruit; qu'il n'en était
pas ainsi relativement à la propriété qui n'intéressait
que celle-ci; qu'elle lui avait en conséquence donné
une procuration pour poursuivre le procès, mais
qu'elle l'a depuis révoquée; qu'elle a pu le faire sans
autorisation de son mari ni de la justice, parce que

ni son mari ni la justice n'ont le pouvoir de l'obliger
à poursuivre un procès qu'elle ne veut pas poursuivre, et que le mandat qu'elle avait donné pour cette
poursuite étant un acte spontané de sa volonté, son
effet cesse par une volonté contraire ; qu'à la vérité
la révocation de son mandat ne peut avoir l'effet
d'un abandon absolu et irrévocable de ses droits,
mais qu'il a l'effet d'interrompre actuellement toutes
poursuites en son nom, et de la mettre hors du
procès ; qu'il suit de là que par les significations
faites par la femme Heuzebrocq, elle a cessé d'être
partie dans la cause, mais que cette cause n'a pas
moins continué d'exister entre son mari, pour son
intérêt personnel, et les autres parties ; que si Lemonier et Lemière prétendent que la présence en
cause de la femme Heuzebrocq soit utile à leurs
intérêts, c'est à eux qu'il incombe de l'y appeler ;
mais qu'ils ne peuvent, sous ce prétexte, en attendant, se soustraire à l'interrogatoire ordonné, parce
qu'il a un but utile à l'intérêt de Heuzebrocq......,
confirme. »

139. La révocation de la procuration donnée au
mari pour la gestion des paraphernaux est expresse
ou tacite. Elle est expresse lorsque la femme fait
notifier à son mari un acte par lequel elle déclare
formellement lui retirer les pouvoirs qu'elle lui avait
conférés. Dès que cette notification est faite, la procuration reste sans effet ; toutefois, si malgré cette
notification, le mari traitait avec des tiers qui n'en

eussent aucune connaissance , la révocation ne pourrait pas leur être opposée, sauf à la femme son recours contre le mari; Cod. civ., 2005.

140. La loi ne présente aucun moyen au mandant de se soustraire à la continuation de la gestion du mandataire après sa révocation: c'est une lacune bien fâcheuse qui disparaîtra sans doute à la première révision du Code civil. Il eût été bien facile, selon nous, de détruire cet inconvénient : il suffisait d'établir un registre public dans tous les greffes des tribunaux civils où l'on aurait fait transcrire les révocations de procurations, et que les tiers auraient pu consulter avant de traiter avec le mandataire. De cette manière, tous les intérêts eussent été garantis : le mandant, une fois la formalité de la transcription remplie, eût été en sécurité, et les tiers auraient été légalement prévenus du danger de traiter avec le mandataire.

En l'absence de ce moyen de publicité de la révocation, la femme pourrait y suppléer en la faisant insérer dans les journaux du département; en la faisant afficher au besoin; mais l'on sent combien ces mesures pourraient entraîner avec elles de suites funestes; elles ne pourraient être prises qu'à la dernière extrémité, et lorsque tous les liens de la paix conjugale seraient entièrement rompus.

141. Les tiers seraient-ils censés avoir connu la révocation après que la femme aurait pris les moyens

de publicité que nous venons d'indiquer? Nous le pensons. Il paraîtrait bien difficile, en effet, que les personnes intéressées à bien connaître les pouvoirs du mari, n'eussent pas eu connaissance de la révocation du mandat. Il pourrait cependant arriver un concours de circonstances propres à démontrer que réellement les tiers étaient de bonne foi au moment où ils ont traité avec le mari ; dans ce cas, l'appréciation de ces circonstances devrait être abandonnée à la prudence du juge.

142. La révocation tacite s'induit de plusieurs faits. Le premier et le plus probant est la constitution d'un nouveau mandataire de la part de la femme, pour la gestion de ses paraphernaux ; *eum qui dedit diversis temporibus procuratores duos, posteriorem dando, priorem prohibuisse videri ;* l. 31, § fin., ff. *de procur.* Il faut remarquer cependant que la procuration donnée au mari ne serait complètement révoquée qu'à compter du jour où la femme lui aurait fait notifier le nouveau choix qu'elle aurait fait. Toutefois, si le mari avait eu connaissance de la constitution du nouveau mandataire, et qu'il eût, ensuite de cette connaissance, cessé la gestion des paraphernaux, il ne pourrait pas opposer plus tard le défaut de notification, s'il s'était permis de faire postérieurement quelque acte relatif à la gestion des biens de la femme.

143. La révocation du mandat donné au mari

serait-elle opérée par l'institution d'un nouveau mandataire, si la procuration nouvelle se trouvait nulle par le choix d'une personne qui n'aurait pas été vivante au moment du mandat ?

Nous pensons, avec Pothier, que la nullité de la seconde procuration n'empêcherait pas la révocation de la première, « car, dit cet auteur, quoique la seconde procuration n'ait pas eu d'effet, il n'en est pas moins vrai que le mandant a eu la volonté de donner la gestion de l'affaire qui en faisait l'objet, à un autre qu'à celui à qui il l'avait donnée par sa première procuration ; et cette volonté de la donner à un autre suppose celle de l'ôter à son premier mandataire. » C'est par une semblable raison que les lois décident que, lorsqu'un testateur, après avoir, par une première disposition testamentaire, légué une chose à une personne ; avoir, par une disposition postérieure, transféré ce legs à une autre, quoique la seconde disposition fût nulle, *puta*, parce que la première personne au profit de qui elle était faite en était incapable, la première disposition ne laisse pas d'être présumée révoquée par la seconde ; l. 34, ff. *de leg.* 1º; l. 8, ff. *de adim. leg.*; l. 78, § 10, ff. *ad s. c. Trebell.* »

144. Nous pensons cependant que la révocation de la procuration n'aurait lieu, dans ce cas, qu'autant que l'élection du second mandataire aurait été notifiée au mari. On conçoit en effet que si, après la nouvelle institution, nulle

par le fait de la mort du mandataire, le mari
avait continué sa gestion sans qu'il eût eu la connaissance légale de la seconde institution, son
mandat ne serait pas éteint, et que tout ce qu'il
aurait fait depuis devrait être confirmé par les
tribunaux.

145. La révocation du mandat donné au mari,
par l'institution d'un nouveau mandataire, ne serait
entière et complète qu'autant que les pouvoirs de ce
dernier auraient autant d'étendue que ceux donnés
au mari; si le second mandataire n'avait reçu qu'un
pouvoir spécial pour une seule affaire, la procuration du mari ne serait révoquée que pour cette
affaire, dont la gestion aurait été spécialement
confiée au second mandataire, suivant la maxime
in toto jure generi per speciem derogatur; l. 80,
ff. *de reg. jur.*

146. Si la femme n'avait d'abord donné qu'un
pouvoir spécial au mari, celui de vendre, par
exemple, les biens paraphernaux, et que plus tard
elle lui en eût donné de généraux pour la gestion
de tous ses biens, pourrait-on soutenir que la
seconde procuration aurait révoqué la première ?
Nous ne le pensons pas. La femme, en conférant
au mari de nouveaux pouvoirs, n'a fait qu'ajouter
à ceux qu'elle lui avait primitivement donnés. Il n'y
aurait révocation que dans le cas où la nouvelle
procuration contiendrait une révocation expresse.

On sent en effet, que la femme, en donnant un nouveau mandat à son mari, n'aurait pas manqué, si elle eût voulu lui enlever les pouvoirs spéciaux qu'elle lui avait conférés, de s'en expliquer d'une manière expresse dans la seconde procuration; cela est de toute évidence. Si donc elle ne l'a pas fait, il faut en conclure qu'elle n'a fait qu'ajouter de plus grands pouvoirs à ceux dont le mari était déjà investi.

On peut tirer un argument en faveur de cette opinion, d'un arrêt rendu par la cour de cassation, le 3 août 1819 (V. Sirey, tom. 19, 1, 359); il s'agissait, dans l'espèce de cet arrêt, d'une demande en nullité formée par le sieur Hervé, d'une vente faite par le sieur Delarue au sieur Fromont, d'un hôtel et d'un domaine; vente faite par le sieur Delarue, tant en son nom qu'en qualité de liqui-dateur de la société qui avait existé entre lui et le sieur Solier, son beau-frère, et comme fondé de procuration expresse et spéciale de ce dernier, par laquelle il était autorisé à vendre les immeubles personnels de son beau-frère, et la moitié qui lui compétait dans les immeubles acquis en commun pendant la durée de leur société dissoute. Un arrêt de la cour de Rennes avait annulé la vente, même pour la part appartenant au mandataire. Il avait aussi prononcé sur plusieurs autres chefs de demande qu'il est inutile de rappeler ici.

Cet arrêt donna lieu à trois pourvois, dont le premier avait trait à la nullité de la vente dont nous

venons de parler. Delarue soutenait qu'il avait pu
vendre la portion de Solier comme la sienne ; que
sa qualité de liquidateur lui en conférait le droit ;
que d'ailleurs il avait vendu tant en son nom personnel qu'au nom de Solier, en qualité de liquidateur et de fondé de pouvoirs spéciaux non révoqués ;
qu'enfin toutes ces opérations avaient été approuvées
par le silence de son commettant, et par une ratification formelle de sa part, qui devait produire son
effet, tant qu'on ne prouverait pas qu'elle avait été
faite *in fraudem creditorum.*

A ces moyens, Hervé répondait, en dernière
analyse, que l'arrêt attaqué avait rendu hommage
aux vrais principes, en décidant qu'en qualité de
liquidateur, Delarue n'avait pas pu vendre les immeubles communs ; qu'il excipait vainement des
procurations qu'il avait reçues précédemment de
Solier, parce qu'elles avaient été révoquées par
l'acte qui l'avait nommé liquidateur de la société,
et que la ratification qu'il appelait en outre à son
secours, ne pouvait lui être d'aucune utilité, parce
qu'elle était tardive et n'avait été donnée que depuis
l'instance engagée. Sur ces débats,

Arrêt. — «La cour, considérant que Solier avait
donné à Delarue, le 11 ventôse an 12, une procuration spéciale, confirmative d'une précédente, à
l'effet de vendre tous les biens qui lui appartenaient
ou pourraient lui appartenir, soit privativement, soit
en commun ; qu'il est facile de reconnaître que
l'objet de cette procuration était de faciliter les

moyens d'acquitter les dettes de la société, dont la dissolution avait été arrêtée pour le 4 juin 1805, avec pouvoir d'en faire la liquidation, dont Delarue fut spécialement chargé; que l'arrêt attaqué a jugé en droit que le mandat pour liquider avait révoqué la procuration à l'effet de vendre, *ce qui est une erreur évidente*, car la société une fois dissoute, Delarue n'aurait pu seul en suivre la liquidation, s'il n'en avait pas été chargé par un mandat particulier; mais une fois porteur de ce mandat, qui n'avait rien d'inconciliable avec celui qu'il avait reçu précédemment, qui n'avait jamais été révoqué par Solier, et qui, comme cela a été précédemment observé, lui avait été conféré pour rendre plus facile la libération de la société qu'il était dans l'intention des associés de dissoudre, il s'ensuit que la cour de Rennes ne pouvait pas, sans violer la loi du mandat et sans commettre un excès de pouvoir, déclarer révoqué le pouvoir exprès et spécial de vendre, contenu dans la procuration du 11 ventôse an 12; par ces motifs, casse, etc. »

147. Un second fait dans lequel on pourrait voir la preuve d'une révocation tacite, serait celui du retrait que la femme aurait fait de toutes les pièces et de tous les titres nécessaires à la gestion des paraphernaux. Ainsi, supposons que la femme eût chargé son mari du recouvrement d'un certain nombre de créances dont elle lui aurait remis tous les titres; si plus tard elle les avait retirés des mains

de son mari, et que par suite celui-ci eût cessé sa gestion à cet égard et les poursuites déjà commencées contre le débiteur des sommes paraphernales, il faudrait dire que la procuration aurait été révoquée alors même qu'il n'y aurait pas eu de notification faite au mari.

148. Il faudrait aussi voir une révocation tacite du mandat, si entre le mari et la femme il était intervenu une instance en séparation de corps et de biens; car dans une pareille circonstance, les poursuites de la femme, demanderesse en séparation, devraient être considérées comme une notification suffisante de la révocation du mandat.

149. Si malgré la révocation, le mari avait continué la gestion des paraphernaux, il n'aurait plus droit au salaire, s'il lui en avait été promis un par le contrat; il n'aurait pas non plus d'action pour réclamer l'indemnité à raison des pertes qu'il aurait essuyées; et si les obligations qu'il aurait contractées au nom de la femme, avec des tiers de bonne foi, causaient quelque tort à cette dernière, il devrait être condamné à des dommages-intérêts envers elle.

150. Les tiers seraient-ils considérés comme étant de bonne foi, s'ils avaient traité avec le mari, après avoir eu connaissance de la révocation, mais avant que la notification lui en eût été faite ?

Pour la négative, on peut dire que dès que les tiers ont eu connaissance du changement de volonté de la femme, ils ont dû considérer le mandat comme résolu, car la loi ne dit pas que les tiers devront avoir connaissance de la notification faite au mari, mais seulement de la révocation, pour que les actes passés avec lui puissent être annulés: « La révocation, dit l'art. 2005, notifiée au seul mandataire, ne peut être opposée aux tiers qui ont traité dans l'ignorance de cette *révocation*, sauf au mandant son recours contre le mandataire. » Il faut donc que les tiers aient traité dans *l'ignorance de la révocation*, pour être considérés comme étant de bonne foi, dès qu'ils connaissent la révocation, ils cessent de l'être.

Pour l'affirmative, on dit au contraire que la révocation ne suffit pas pour opérer la résolution du mandat; qu'il faut encore qu'elle soit notifiée au mari, et que tant que cette notification n'a pas eu lieu, la femme peut avoir changé de volonté et persister à laisser au mari la gestion de ses paraphernaux; qu'il suit de là que quoique les tiers, avec lesquels le mari a traité, eussent connaissance de la révocation, ils ont pu ne pas y croire, la notification n'en étant pas faite au mari.

Ce ne serait qu'avec quelque répugnance que nous nous rendrions à ces dernières raisons, car il nous paraîtrait bien difficile de croire que les tiers fussent de bonne foi, s'ils avaient eu connaissance de la révocation; cependant, nous .devons dire qu'un arrêt de la cour de Turin a jugé la question en ce sens dans l'espèce suivante :

Le sieur Joseph Toraglia , cessionnaire d'une créance sur le sieur François Bertholotti, demandait la compensation de la somme portée dans sa cession, avec celle dont il était débiteur envers le sieur Bertholotti; le sieur Bertholotti prétendit avoir acquitté, le 2 vendémiaire an 13, toutes les sommes dont il était débiteur envers le sieur Fassino, entre les mains du sieur Tinetti, son fondé de pouvoir général. On ne nia pas que le paiement n'eût eu lieu, mais c'est la validité de ce paiement que le sieur Toraglia contesta.

Le sieur Fassino avait révoqué son mandat le 20 fructidor an 13, et quoique la signification de la révocation n'eût été faite au sieur Tinetti, mandataire, que le 4 vendémiaire an 14, le sieur Toraglia prétendit que la connaissance que le sieur Bertholotti avait eue de cette révocation suffisait pour rendre nul le paiement fait au mandataire ; en conséquence, il demandait à être admis à la preuve, qu'à l'époque du paiement, le sieur Bertholotti avait connaissance de la révocation du mandat ; que cette révocation avait été lue par le sieur Fassino lui-même, le 21 fructidor an 13, le lendemain qu'elle avait été faite.

3 Avril 1807 , jugement du tribunal civil de Turin, qui déclare cette preuve inadmissible.

Appel. — Le demandeur soutenait qu'en principe général, le seul changement de volonté suffisait pour révoquer le mandat : que si la loi exige que cette révocation soit notifiée au mandataire, c'est afin de lui faire connaître que le mandant n'entend plus qu'il gère ses affaires; mais que cette notification n'est pas nécessaire, relativement aux tiers qui en ont eu connaissance; car alors le but de la loi est rempli; que telle est l'opinion de Pothier, de M. Malleville, et la disposition des art. 2006 et 2009 du Code civil; que dans l'espèce, le sieur Fassino ayant lu au sieur Bertholotti, ainsi qu'on offre de le prouver, la révocation du mandat qu'il avait donné au sieur Tinetti, le sieur Bertholotti ne pouvait plus faire de paiements valables à ce mandataire.

L'intimé répondait que la preuve offerte par le demandeur était inadmissible, ainsi que l'avait jugé le tribunal de première instance, car en admettant même que le résultat de l'enquête fût tel que le demandeur l'espérait, il n'en résulterait rien en sa faveur, puisque le mandat n'est révoqué que par la notification qui en est faite au mandataire; jusqu'à ce moment, la révocation n'est qu'un simple projet, qui ne reçoit sa perfection que par cette notification.

Arrêt. — «La cour, considérant que la révocation du mandat passé par Fassino à Tinetti n'a été notifiée au mandataire que le 4 vendémiaire an 14, et ainsi deux jours après qu'il avait passé à Bertholotti la quittance dont il s'agit; que cette quittance doit par là sortir tout son effet; confirme.» Sirey, tom. 7, 2, 671.

151. Le mari dont le mandat ne serait pas irré-

vocable pourrait renoncer à le remplir; mais pour que la renonciation fût efficace, il faudrait qu'elle fût notifiée à la femme; Cod. civ., art. 203 et 207. Toutefois, si cette renonciation causait quelque préjudice à cette dernière, elle devrait être indemnisée par le mari, à moins que celui-ci ne se trouvât dans l'impossibilité de continuer la gestion sans en éprouver lui-même un préjudice considérable; art. 2007.

Expliquons cette disposition :

1° Si le mari ne notifiait pas à la femme sa renonciation au mandat, il ne serait point déchargé de ses obligations, et il serait tenu des dommages-intérêts résultant de l'inexécution du mandat. Remarquons cependant que si le motif qui mettrait le mari dans le cas de renoncer au mandat était tel qu'il ne laissât pas au mari, même le pouvoir d'en donner avis à la femme, le mandataire serait néanmoins déchargé du mandat; car, dit Pothier, on ne doit pas exiger de lui l'impossible.

Cet auteur, dans son *Traité du mandat*, n° 42 *in fin.*, range au nombre des causes qui pourraient empêcher le mari de faire faire à la femme la notification de sa renonciation, une maladie aiguë ou une détention dans un lieu où il n'aurait pas la faculté d'écrire.

Faudrait-il une notification par le ministère d'huissier, ou une simple lettre suffirait-elle pour décharger le mari de la gestion? Nous pensons qu'une lettre portant la renonciation expresse du mari au mandat, pourrait suffire, mais qu'il serait plus prudent d'employer la voie de la signification.

2° La femme pourrait éprouver un préjudice par la renonciation du mari dans plusieurs circonstances; supposons, par exemple, que le mari qui cultiverait lui-même les immeubles de la femme, ensuite du mandat qu'il en aurait reçu, renonçât à sa procuration au moment où il serait urgent de faire les labours et les semences; si, par l'effet de cette renonciation, la femme n'avait pas trouvé de tiers qui voulût se charger de ces travaux, et qu'elle eût ainsi perdu la récolte d'une année, soit parce que les semences n'auraient pas eu lieu, soit parce qu'elles auraient été faites tardivement, le mari devrait incontestablement indemniser sa femme de cette perte. Supposons encore qu'au moment d'interrompre une prescription ou de renouveler une inscription hypothécaire sur le point de périmer, le mari avait notifié sa renonciation, et que par suite la femme eût perdu une créance quelconque, il n'est pas douteux que le mari ne dût encore l'indemniser du préjudice qu'elle en recevrait.

3° Mais si le mari ne pouvait, sans éprouver un tort considérable, continuer sa gestion; qu'au moment où il aurait pu remplir des formalités essentielles pour la femme, ou prendre pour elle des mesures conservatoires très-urgentes, il eût été menacé d'une arrestation pour cause d'opinion politique, et obligé de fuir pour s'y soustraire, nous ne pensons pas qu'il fût tenu d'indemniser la femme

des pertes que sa renonciation lui aurait causées.
Le mari ne serait pas mieux obligé d'indemniser la
femme si, au moment de la notification de la renonciation, il était intervenu entre elle et lui des
inimitiés capitales. « La raison en est, dit Pothier,
Du mandat, n° 40, que les services qu'un mandataire s'est obligé de rendre au mandant, en
acceptant le mandat, étant par leur nature un office
d'amitié, le mandat doit cesser par la rupture de
l'amitié, étant contre la nature des choses, qu'un
ennemi exige de son ennemi un office d'amitié.
Observez, ajoute cet auteur, que les lois ne parlent
que d'inimitiés capitales, *capitalium inimicitiarum*,
il n'y a que ces grandes inimitiés qui déchargent le
mandataire d'exécuter le mandat ; un léger refroi-
dissement, un léger différend qui serait, depuis le
contrat, survenu entre les parties. ne l'en décharge
pas. »

152. Le mandat donné pour la gestion des paraphernaux finit par la mort de la femme et par celle
du mari. Si c'est par la mort de la femme, le mari
n'a d'autres obligations à remplir que de rendre
compte de sa gestion à ses héritiers. Ceux-ci, pour
se mettre à l'abri des suites du mandat, doivent
dénoncer au mari la mort de la femme : dès le
moment que la notification de ce décès a été faite,
le mari n'oblige plus les héritiers, par les conventions qu'il passe avec les tiers. Mais tant que le mari
ignore la mort de la femme, ce qu'il fait dans

cette ignorance est valide; Code civ., art. 2008. Ainsi, supposons, par exemple, que le mari ait fait donner une assignation à un débiteur d'une somme paraphernale, postérieurement au décès de la femme et dans l'ignorance de ce décès, l'assignation sera valable, bien que donnée par le mandataire, au nom de la mandante. V. arrêt de la cour de Paris, du 13 avril 1807; Sirey, tom. 7, 2, 65; V. aussi un arrêt de la cour de Nîmes, du 5 janvier 1825; Sirey, tom. 25, 2, 135.

153. Nous venons de dire que si c'est par la mort de la femme qu'a fini le mandat, le mari n'avait d'autre obligation à remplir que celle de rendre compte de sa gestion. Toutefois, il faut remarquer que le mari serait tenu d'achever la chose commencée au décès de la femme, s'il y avait péril en la demeure; Cod. civ., art. 1991, *in fin.*

Mais dans quels cas y aurait-il péril en la demeure? Cela n'est pas facile à décider. Si les héritiers de la femme étaient présents sur les lieux de la situation des biens, pouvant prendre de suite possession de l'hérédité, le mari serait, nous le pensons, déchargé de toutes les opérations commencées et non terminées. Supposons, pour exemple, qu'au nombre des choses gérées par le mari, se trouvât une maison dont la construction faisait partie de son mandat; que cette maison élevée jusqu'à la hauteur fixée n'eût point encore été couverte, et qu'il fût urgent de le faire à cause de l'approche de la mauvaise saison ; dans ce cas, les héritiers présents ne pourraient contraindre le mari à faire achever la maison, bien qu'il y eût péril en la demeure. Pouvant eux-mêmes facilement faire faire la couverture de la maison, le danger que pourrait faire courir le retard, ne retomberait point sur le mari. Mais si le mari mandataire était charpentier ; qu'au moment du décès de la femme il fût difficile de se procurer des ouvriers pour faire le toit de la maison ; quoique les héritiers de la femme fussent sur les lieux, l'obligation de faire la charpente serait à la charge du mari.

154. Y aurait-il péril en la demeure, si les héritiers habitaient une ville éloignée, et qu'il s'agît de l'achèvement d'une digue, dans un moment où les grosses eaux ne seraient pas à craindre ; en hiver, par exemple ?

La solution de la question dépendrait des circonstances : si, pour la sûreté des fonds digués et pour celle de la digue elle-même, il fallait qu'elle fût entièrement achevée avant l'arrivée du temps des grosses eaux, et que quelques jours de retard dans les travaux pussent empêcher l'entière confection avant ce temps, il n'est pas douteux que dans ce cas il y aurait péril en la demeure, et que le mari ne fût tenu de faire continuer lui-même le travail commencé. Mais s'il n'y avait aucun danger à courir, soit parce que le travail à faire n'exigerait que fort peu de temps, soit parce que les grosses eaux ne seraient pas à redouter, les héritiers seuls subiraient la charge de l'achèvement de la digue.

155. Il y aurait péril en la demeure, si le moment de recueillir les récoltes était arrivé, et qu'un retard de quelques jours pût les faire perdre; s'il s'agissait, par exemple, d'une vendange à faire faire, bien que les héritiers habitassent près de là ou sur les lieux mêmes, nous croyons que le mari devrait être chargé du soin de faire récolter le raisin; la raison en est que dès que les vendanges sont ouvertes, on n'est pas libre de retarder l'enlèvement de sa récolte sans s'exposer à quelque danger; bien que les héritiers fussent sur les lieux, ils pourraient ne s'être pas mis en mesure pour cette opération; ils pourraient ignorer aussi l'époque précise de l'ouverture des vendanges; et comme le mari, chargé spécialement de ce soin, aurait au contraire tout préparé pour recueillir la récolte, il devrait rester chargé de ce travail.

156. Si le mari avait reçu le pouvoir de se substituer quelqu'un dans la gestion des paraphernaux, et qu'il vînt à mourir après la substitution, le mandat serait-il éteint, et la femme pourrait-elle rentrer dans la gestion de ses biens?

L'affirmative ne nous paraît pas douteuse; à l'égard du second mandataire, le mari est le véritable mandant; c'est lui qui répond de la gestion de son substitué; mais si en donnant pouvoir de substituer, la femme avait indiqué au mari la personne qu'il pourrait se substituer, dans ce cas, le mandat du substitué ne serait pas éteint, parce que le véritable mandant, dans ce cas, serait la femme et non le mari; c'est ainsi que le décide Pothier, *Du mandat*, n° 105: « Il faudrait décider autrement, dit cet auteur, si la procuration que j'ai donnée à mon mandataire portait, qu'au cas qu'il ne pût pas faire l'affaire, il pourrait substituer *un tel*. Ce tel n'étant point du choix de mon procureur, mais du mien, c'est moi qui suis censé l'avoir directement établi mon mandataire; mon procureur n'est censé avoir fait autre chose que de m'avoir prêté son ministère pour l'établir mon mandataire ; il n'est pas le mandataire de mon procureur qui n'est pas comptable de la gestion de ce substitué; il est directement mon mandataire, et c'est moi qui suis le mandant ; et par conséquent, le mandat de ce substitué ne finit pas par la mort de mon procureur. »

157. Si la femme avait donné procuration au mari, pour la gestion de ses paraphernaux ; qu'elle fût partie pour un long voyage, et que depuis dix ans on n'eût point eu de ses nouvelles, ses héritiers présomptifs pourraient poursuivre la déclaration d'absence, pourvu que les dix ans fussent révolus; telle est la disposition de l'art. 121 du Code civil, ainsi conçu :

« Si l'absent a laissé une procuration, ses héritiers ne pourront poursuivre la déclaration d'absence et l'envoi en possession provisoire, qu'après dix années révolues depuis sa disparition ou depuis ses dernières nouvelles. »

Si la procuration laissée par la femme au mari pour la gestion de ses paraphernaux devait cesser avant l'expiration du délai de dix ans, ses héritiers présomptifs ne pourraient pas mieux poursuivre la déclaration d'absence avant que ce délai fût expiré; telle est aussi la disposition de l'art. 122 :

« Il en sera de même si la procuration vient à cesser, et, dans ce cas, il sera pourvu à l'administration des biens de l'absent, comme il est dit au chapitre 1ᵉʳ du présent titre. »

158. On a agité la question de savoir si une procuration sur un objet spécial empêcherait que la déclaration d'absence pût être provoquée avant qu'il se fût écoulé dix ans depuis la disparition ou les dernières nouvelles de l'absent.

M. Delvincourt pense que l'art. 121 ne doit être appliqué qu'au cas où l'absent a laissé une procuration générale; car ce n'est qu'alors, dit-il, qu'on peut présumer raisonnablement qu'il a prévu le cas d'une absence prolongée.

M. Toullier est d'un avis opposé; il pense qu'il suffit d'une procuration quelconque; M. Duranton partage l'opinion de M. Toullier; il dit :

« Il nous semble que, dans l'esprit de la loi, ce n'est point à l'étendue de la procuration qu'il faut s'attacher pour décider si elle doit ou non avoir de

l'influence sur le mérite de la demande en déclaration d'absence formée avant les dix ans. Un mandat
spécial, en certain cas, peut très-bien indiquer de
la part du mandant, le projet de s'éloigner de son
domicile pendant un temps plus ou moins long ; et
c'est à la présomption de ce dessein, résultant d'une
procuration, que le législateur a principalement
voulu attribuer l'effet de reculer l'époque à laquelle
la demande peut être formée. »

Nous ne partageons pas l'avis de ces deux derniers
auteurs ; voici pourquoi :

Le législateur, en reculant, en cas de procuration laissée par l'absent, les poursuites en déclaration d'absence, à l'expiration du terme de dix
ans, a pensé avec raison que l'absent avait manifesté par là l'intention de s'absenter pendant un
certain temps de son domicile ; que dès-lors il n'était
pas convenable de recevoir la demande des héritiers
présomptifs en déclaration d'absence avant le délai
de dix années révolues. Mais pour qu'il ait pu avoir
cette pensée, il faut que la nature de la procuration
ait pu la lui donner ; or, comment supposer qu'un
mandat spécial n'ayant qu'un objet déterminé qui
peut finir du soir au lendemain ; une procuration,
par exemple, pour paraître devant un juge de paix
ou pour faire opérer le remboursement d'une
créance, puisse faire naître la présomption que
l'absent avait l'intention de s'éloigner de son domicile pour un temps plus ou moins long ? Une femme
qui a des biens paraphernaux considérables, une

grande exploitation à diriger, une manufacture, des usines à surveiller, laisse, avant de disparaître de son domicile, une procuration pour poursuivre un de ses débiteurs ; dira-t-on que cette procuration doit être une présomption de son intention de s'éloigner de sa famille, de son époux, du siége de sa fortune? Non sans doute. Mais si, au contraire, avant de quitter tout ce qu'elle possède de fortune et d'objets d'affection, elle laisse à son mari une procuration générale pour gérer et administrer tous ses biens paraphernaux; qu'elle prévoie tous les cas et donne les pouvoirs les plus amples et les plus détaillés, il n'y aura plus de doute alors qu'elle avait l'intention secrète de s'absenter pendant un long temps. Il faut donc dire que quoique la loi ne fasse pas de distinction entre la procuration générale et celle qui n'a qu'un objet déterminé, il serait injuste de ne pas la faire soi-même, car, dans une multitude de cas, ce serait prêter au législateur une pensée ridicule. M. Duranton, ce jurisconsulte si éminemment judicieux, l'a tellement senti qu'après avoir émis l'opinion que toute espèce de procuration pourrait empêcher les poursuites en déclaration d'absence, s'est vu contraint d'ajouter immédiatement : « En cas de contestation sur l'intention qui a pu dicter le mandat, les tribunaux en apprécieront les caractères; ils jugeront surtout, d'après l'importance de l'affaire et d'après l'époque à laquelle la gestion en a été confiée, les motifs déterminants de l'individu qui a donné le pouvoir. »

159. Si la femme avait laissé à son mari une procuration pour la gestion de ses biens paraphernaux, pendant vingt ans, et qu'elle l'eût motivée sur la nécessité où elle était de s'absenter pendant ce temps, les tribunaux pourraient-ils admettre, après l'expiration de dix ans, fixée par l'art. 121, la demande en déclaration d'absence?

M. Toullier, tom. 1er, n° 424, se décide pour l'affirmative; nous sommes d'une opinion contraire.

La déclaration d'absence et l'envoi en possession provisoire sont fondés sur ce que la personne absente n'est pas présumée s'être absentée de son domicile pendant un long temps, sans avoir pris des mesures pour l'administration de sa fortune et sans vouloir donner de ses nouvelles; rien n'est plus sage qu'une opinion semblable. Mais lorsque la personne qui s'absente annonce, d'une manière formelle, son intention de ne pas reparaître dans le lieu où est le siége de ses affaires, pendant un long espace de temps qu'elle détermine; lorsqu'elle laisse des pouvoirs formels pour la gestion de sa fortune, n'est-il pas naturel de penser que si elle ne donne pas de ses nouvelles, c'est qu'elle juge peu nécessaire de le faire, ayant un procureur fondé sur les lieux? Dans ce cas, la procuration et le terme pour lequel elle est faite parlent plus hautement que la présomption sur laquelle est fondée la disposition de l'art. 121; et s'il en est ainsi, n'est-il pas du devoir des tribunaux de repousser toute demande de la part des héritiers présomptifs, relative à l'envoi en possession provisoire? Demande formée, la plupart du temps, par des collatéraux avides, dont les prétentions ne doivent être accueillies qu'avec beaucoup de réserve, et lorsqu'elles sont pleinement justifiées.

160. La femme éloignée de son mari peut mourir sans que celui-ci en soit instruit immédiatement ; dans ce cas, ce qui a été fait par le mandataire, dans l'ignorance du décès, est valide. Cod. civ., 2008.

161. Le mandat donné au mari par la femme cesse aussi par la mort civile, l'interdiction ou la déconfiture de cette dernière ; Cod. civ., art. 28.

L'application de cet article peut donner lieu à des questions fort graves.

Que faudrait-il décider d'abord, dans le cas où la femme qui aurait donné une procuration au mari pour la gestion de ses paraphernaux aurait été condamnée par contumace à une peine emportant mort civile ? Le mandat serait-il éteint par cette condamnation ?

L'art. 28 du Code civil dispose que les condamnés par contumace seront, pendant les cinq ans, ou jusqu'à ce qu'ils se représentent ou qu'ils soient arrêtés pendant ce délai, privés de l'exercice des droits civils ; leurs biens seront administrés et leurs droits exercés de même que ceux des absents.

Il suit de cette disposition, que la privation de l'exercice des droits civils dont est frappée la femme

ne doit porter aucune atteinte à la procuration antérieurement conférée au mari, parce que c'est un
droit acquis, lequel ne peut lui être enlevé que par
la mort civile encourue, c'est-à-dire après l'expiration
des cinq ans, à partir de l'exécution du jugement
par effigie.

Que si l'on voulait opposer la dernière partie de
l'art. 28, portant que les biens des contumaces sont
administrés et leurs droits exercés comme ceux des
absents; on répondrait qu'en cas d'absence présumée,
lorsqu'il y a une procuration, il n'y a aucune demande
à former relativement à l'administration des biens
de l'absent, à moins qu'il ne se soit écoulé dix années
depuis la disparition ou les dernières nouvelles.

Qu'il suit de là, que si la femme paraphernale
est condamnée par contumace à une peine emportant mort civile, le mandat qu'elle a donné avant
la condamnation, pour la gestion de ses paraphernaux, conserve toute sa force, jusqu'à ce que la mort
civile l'ait entièrement détruit.

Un arrêt de la cour de cassation, du 20 avril
1831, semble bien avoir décidé le contraire; mais
il règne dans cette décision plusieurs motifs qui
nous ont paru contradictoires et peu propres à trancher la question proposée. Examinons ces motifs;
les voici tels qu'ils sont rapportés dans Sirey, tom.
32, 1, 99 :

« La cour; — Attendu qu'il ne résulte autre chose
des dispositions de l'art. 28 du Code civil, relatives
à l'administration des biens du condamné par con-

tumace et qui concordent avec celles portées en
l'art. 471 du Code d'instruction criminelle, si ce n'est
que pendant les cinq ans après l'arrêt de condamnation, ou jusqu'à ce que le condamné se représente
volontairement ou qu'il soit arrêté pendant ce même
délai, ses biens, mis en séquestre sous la main de
la direction des domaines et de l'enregistrement,
doivent être régis et administrés par elle, *comme le
seraient ceux d'un absent;* mais qu'il y a eu erreur
de la part des premiers juges à induire de là, que
la condamnation par contumace aurait pour résultat
de *placer le condamné dans la position d'un absent
déclaré,* comme aussi à conclure de cette prétendue
similitude, que si le condamné est marié, il y aurait
interruption des effets civils du mariage, et que
dès-lors les droits de l'autre conjoint se trouveraient
suspendus, sauf à lui à les faire valoir contre le
séquestre ou l'administrateur établi par la loi;

» Attendu, en effet, que, d'une part, il n'y a
point à faire d'assimilation entre la position d'un
condamné par contumace et celle d'un absent
déclaré, car un jugement de déclaration d'absence
entraîne avec lui, ou plutôt a pour base la probabilité du décès de la personne déclarée absente, et
c'est par une conséquence de cette probabilité,
qu'on doit admettre les héritiers présomptifs de
l'absent à se faire envoyer en possession provisoire
de ses biens, à la charge par eux de donner caution
pour sûreté de leur administration. Mais un jugement
de condamnation par contumace ne fait nullement

présumer le décès du condamné ; car c'est au contraire parce qu'on le répute vivant et fugitif, que la
loi, en prononçant contre lui la privation de ses
droits civils, ordonne le séquestre de ses biens pendant les cinq ans qui auront suivi sa condamnation,
mesure coërcitive qui n'est employée à son égard
qu'afin de faire cesser sa rébellion à la loi, et de
l'obliger à venir devant la justice se purger, s'il le
peut, de l'accusation du crime pour lequel il a été
poursuivi ;

» Attendu, d'ailleurs, qu'il n'est pas vrai qu'un
jugement de déclaration d'absence doive emporter,
lorsque la personne déclarée absente se trouve mariée, l'interruption des effets civils du mariage,
puisque, au contraire, l'art. 124 du Code civil veut
expressément qu'en ce cas l'autre époux, s'il est
commun en biens, soit libre, nonobstant le décès
probable du conjoint déclaré absent, d'opter pour
la continuation de la communauté, et qu'il puisse,
en faisant cette option, empêcher l'envoi provisoire
des héritiers présomptifs de l'absent en possession
de ses biens, et se faire préférer à eux pour l'administration d'iceux; d'où il suit très-évidemment que
les effets civils du mariage ne sont point interrompus
par le jugement de déclaration d'absence, et qu'ainsi
la prétendue analogie qu'ont supposée les premiers
juges, entre ce cas d'une absence déclarée et celui
d'une condamnation par contumace portée contre
l'un des conjoints, donnerait lieu à une conséquence
toute autre que celle qu'ils en ont tirée, c'est-à-dire

qu'il faudrait en conclure que, dans un cas comme dans l'autre, les effets civils du mariage continuent de subsister; mais qu'au surplus toute similitude entre la position d'un absent déclaré et celle d'un condamné par contumace devant être écartée, comme il est dit ci-dessus, les règles spéciales qui peuvent concerner la contumace sont ici, quant aux effets civils du mariage, réclamés par l'appelant, les seules à appliquer;

» Attendu que la femme du sieur D...., appelant, étant condamnée par contumace à la peine capitale, la privation de l'exercice des droits civils est bien, à son égard, conformément à l'art. 28 du Code civil, une suite de sa condamnation, en sorte qu'elle ne peut rien posséder par elle-même ni transmettre à autrui la possession ou la propriété d'aucun de ses biens; mais qu'à l'égard de son mari, les effets civils résultant du mariage qu'elle contracta, bien antérieurement à sa condamnation, n'ont reçu ni pu recevoir aucune atteinte;

» Attendu qu'un des principaux effets civils du mariage est la communauté entre époux, lorsqu'elle a été une suite de leur union, et qu'elle ne se dissout que dans l'un des cas prévus par l'art. 1441 du Code civil, au nombre desquels n'est pas du tout celui d'une condamnation par contumace portée contre l'un des conjoints, et que dès-lors, dans ce cas particulier, la communauté continue bien d'avoir tous ses effets, ou suivant les règles du droit commun, s'il n'y a pas eu de stipulation contraire dans le contrat de mariage , ou telle qu'elle a été restreinte et modifiée par les conventions matrimoniales ;

» Attendu que, suivant leur contrat de mariage du 20 février 1817 , les époux D.... et B... ne se marièrent point sous le régime dotal, mais que la femme se constitua purement et simplement tous ses biens et droits présents et à venir, pour la régie et le recouvrement desquels elle constitua son mari son procureur général et spécial; que d'ailleurs ils entendirent se marier sous le régime de la *communauté d'acquêts*, dans laquelle ils seraient associés, chacun pour une moitié, en tous les bénéfices et acquêts qu'ils pourraient faire durant leur mariage, communauté, fut-il dit, où n'entreraient point leurs biens présents, non plus que ceux à eux constitués par le contrat, mais *de laquelle les fruits ou revenus du tout devraient faire partie ;*

» Attendu que cette dernière stipulation, qui était d'ailleurs conforme à la règle générale posée en l'art. 1401, Cod. civ., § 2, eut bien pour effet de comprendre dans l'actif de la communauté d'acquêts établie entre les époux D..,. et B..., *les fruits et revenus* à percevoir, pendant le mariage, de tous les biens propres à la femme, comme ceux des biens appartenant au mari;

» Attendu que les droits du mari sur les biens de la communauté, tels qu'ils sont déterminés surtout par les art. 1412, 1421 et 1422, Cod. civ., le constituent seul administrateur d'iceux ; qu'il peut les vendre, aliéner et hypothéquer sans le concours de la femme ; que ses créanciers personnels ont droit d'en poursuivre la vente à leur profit ; qu'il peut même disposer à titre gratuit et en faveur de toute personne des objets mobiliers qui en font partie ; qu'en un mot il les a à sa libre et pleine disposition ; d'où il suit clairement que tous les fruits et revenus des biens propres à la femme de l'appelant s'étant trouvés compris dans la communauté d'acquêts dont il s'agit et qui ne cesse pas de subsister, l'appelant, nonobstant la privation de tous droits civils dont sa femme se trouve atteinte par suite de la contumace, continue d'avoir seul droit de les percevoir ;

» Attendu que c'est là un droit qu'il n'a point à exercer pour sa femme ou en son nom, c'est-à-dire comme étant son mandataire général pour l'administration de ses biens, et qu'on ne peut, dès lors, lui en contester l'exercice sous prétexte qu'à ce titre de mandataire, il n'a pas plus de droits que sa femme n'en aurait elle-même ; car il s'agit d'un droit personnel à l'appelant, lequel lui fut acquis par les stipulations de son contrat de mariage, et dont on n'a pu le priver rétroactivement aux évènements postérieurs dont sa femme seule doit subir les conséquences et les rigueurs ;

» Attendu, enfin, que les actes de saisie ou de séquestre auxquels la direction des domaines a fait procéder, ont porté, non pas seulement sur certains capitaux constituant des biens propres à la femme de l'appelant, comme étant provenus de la vente d'immeubles à elle appartenant, mais aussi sur les

intérêts échus et à échoir de ces mêmes capitaux,
et sur les revenus ou fermages d'autres immeubles
dont elle reste propriétaire; et que ces intérêts ou
revenus et fermages devant continuer d'être perçus
par l'appelant, qui a toujours à sa libre disposition
l'actif de la communauté dont ils font partie, il y a
lieu, sans difficulté, d'ordonner, pour ce qui le concerne, la main-levée du séquestre de la direction
des domaines, et d'infirmer, quant à ce, la décision
des premiers juges ;

» Par ces motifs, dit et prononce qu'il a été
mal jugé par le jugement dont est appel, en ce
qu'il a maintenu le séquestre de la direction des
domaines, non-seulement sur des capitaux appartenant en propre à la contumace, femme de l'appelant,
mais aussi sur les intérêts échus ou à échoir de ces
mêmes capitaux, et sur les fruits ou fermages des
domaines dont ladite contumace se trouve propriétaire; bien appelé quant à ce; émendant et faisant
ce que les premiers juges auraient dû faire, donne
main-levée dudit séquestre, soit pour ce qui concerne les intérêts échus et à échoir desdits capitaux
dus par les sieurs Claude et Jean-Claude Benittet,
Germain Chambre, Pierre Bozonnat et Pierre Ma-
rion, soit pour ce qui concerne les fermages échus
ou à échoir, qui sont ou seront dus par le sieur
Roux, fermier dudit domaine; ordonne en conséquence que lesdits intérêts et fermages continueront
d'être payés comme ci-devant entre les mains de
M. D..., appelant, mari de la contumace, et qu'au

surplus le séquestre de la direction des domaines continuera de subsister sur tous les capitaux sus-mentionnés, jusqu'à l'expiration du délai fixé par la loi; tous dépens dûment compensés, etc. »

Retenons d'abord que, dans l'espèce de cet arrêt, le mari avait été institué procureur général et irré-vocable de sa femme, qu'elle lui avait conféré l'en-tière administration de ses biens propres, d'où la conséquence que ce pouvoir ne pouvait être enlevé au mari que par la dissolution du mariage; or, il n'y avait point encore de mort civile encourue, puisque la femme condamnée par contumace avait cinq ans pour se représenter et purger sa condamnation; donc le mariage n'était pas dissous; donc le mandat devait subsister.

Cela posé, que devait faire la cour? Elle devait déclarer l'administration des domaines non recevable dans sa demande, et annuler les saisies faites par elle, soit qu'elles portassent sur les fruits et intérêts tombant dans la communauté, soit qu'elles eussent pour objet les capitaux faisant partie des biens propres de la femme; elle devait le prononcer ainsi, puisqu'elle avait reconnu dans un de ses motifs, *que les effets civils du mariage ne pouvaient, quant au mari, recevoir aucune atteinte.*

Eh bien! la cour, au lieu de donner main-levée de la saisie, quant aux capitaux de la femme qui n'entraient point en communauté, maintient au contraire la régie dans le séquestre qu'elle a fait prononcer à l'égard de ces mêmes capitaux, ce qui est une erreur manifeste, puisque, nous le répétons, elle a reconnu que la condamnation encourue par la femme ne devait porter aucune atteinte aux droits du mari.

Remarquons, en second lieu, que la cour décide que la femme, par suite de sa condamnation à la peine capitale, a encouru la mort civile, en ce sens qu'elle n'a plus l'exercice de ses droits civils; qu'en conséquence la qualité de mandataire de son mari doit cesser, puisque représentant sa femme, il ne doit pas avoir plus de droits qu'elle.

Erreur nouvelle !

La procuration dont le mari est investi fut donnée par contrat de mariage; comme toutes les clauses de ce contrat, elle devait être irrévocable, d'où il suit que la privation de l'exercice des droits civils encourue par la femme, n'a pu détruire un droit acquis au mari, et stipulé devoir durer tant que le mariage ne serait pas dissous.

Remarquons enfin que l'art. 28 décidant que les biens des condamnés par contumace doivent être administrés comme ceux des absents, il en résulte évidemment que le mari, nanti d'une procuration, doit arrêter pendant cinq ans l'exercice de toute administration des biens de sa femme, qu'elle soit réclamée par la régie des domaines ou par les héritiers présomptifs de cette dernière.

162. Le mandat donné au mari ne cesse pas tant que l'interdiction n'est pas prononcée, cela est

évident; cependant, si le tribunal saisi de la demande en interdiction nomme un administrateur provisoire pour prendre soin des biens du défendeur, conformément à l'art. 497 du Code civil, qui devra gérer des deux mandataires? Devra-t-on considérer le jugement rendu comme une révocation du mandat conféré au mari?

Nous ne le pensons pas. D'abord, si la procuration a été donnée par contrat de mariage, il est certain que le tribunal n'aura pas pu y porter atteinte par son jugement; le mari pourra évidemment y former opposition comme tiers non ouï et le faire réformer. Si le mandat n'a pas été donné par contrat de mariage, le mari n'en restera pas moins administrateur; il pourra aussi, par la même voie, faire réformer le jugement qui aura nommé l'administrateur provisoire.

163. Un mari procureur fondé de sa femme, pour la gestion de ses biens paraphernaux, provoque son interdiction; après le premier interrogatoire, le tribunal commet le mari pour administrer provisoirement les biens de la femme; en vertu, soit de sa procuration, soit du jugement, le mari gère; et comme sa procuration lui donnait pouvoir d'aliéner les paraphernaux, il vend une maison qui en faisait partie; la femme meurt; ses héritiers attaquent la vente en soutenant qu'elle est nulle, attendu que l'administrateur provisoire n'a pas le droit d'aliéner; que le mandat a été révoqué par l'acceptation du

mari de l'administration provisoire, ou tout au moins qu'il est censé avoir renoncé au mandat en laissant rendre le jugement qui l'a nommé et dans lequel il a été partie. L'acquéreur répond que le mandat ne finit que par l'interdiction, laquelle n'est pas prononcée; que la prétendue renonciation du mari ne peut pas être invoquée, parce qu'il est de principe qu'il faut que la renonciation soit formelle et qu'elle soit notifiée au mandant; que ces deux cas ne se rencontrant pas dans la cause, le mandat du mari a continué d'avoir tout son effet, et qu'il a pu vendre légalement la maison dont il s'agit; qu'au surplus, le jugement qui a nommé le mari administrateur provisoire ne lui ayant point ôté les pouvoirs dont il avait été précédemment investi, n'a fait qu'y ajouter ou les confirmer.

Cette dernière opinion nous semblerait devoir être adoptée, si ce n'était pas le mari qui eût provoqué l'interdiction et qui eût laissé rendre le jugement qui l'a nommé administrateur provisoire; mais dès que c'est lui qui a provoqué l'interdiction et qui a laissé rendre le jugement qui l'a nommé, il y a chose jugée contre lui; on doit dire qu'il a renoncé au mandat et qu'il ne peut plus agir qu'en vertu du jugement devenu irrévocable, personne n'en ayant appelé.

164. Il faudrait décider de même en cas de nomination d'un conseil judiciaire, si le mari ne s'était pas opposé aux poursuites, et qu'il eût lui-même

demandé l'interdiction ou la nomination du conseil;
comme il serait de droit nommé lui-même, il serait
censé avoir renoncé à sa qualité de mandataire, et
on lui opposerait à juste titre l'exception de la chose
jugée.

165. Le mandat donné au mari finissant par la
déconfiture de la femme et par celle du mari, il faut
bien préciser ce qu'on entend par cette expression.
« Pour qu'il y ait déconfiture, dit Me Fournier-
Verneuil, dans une dissertation insérée dans Sirey,
tom. 11, 2e part., pag. 277, il ne suffit pas qu'il y
ait un rapport moral et secret entre l'actif et le
passif du débiteur; il faut, de plus, qu'il y ait eu
saisie à son préjudice, concours de créanciers se
disputant le produit de la saisie, réclamation des
droits de contribution, attendu l'insuffisance de l'avoir
du débiteur; enfin, constatation ou aperçu qu'il y
a en effet moins de biens que de dettes; c'est alors
seulement, et dans la réunion de toutes ces circonstances, que se trouve la déconfiture. »
On ne pourrait pas en effet voir un état de déconfiture dans une saisie mobilière ou immobilière
exercée contre un individu, si d'ailleurs il avait une
fortune considérable et excédant ses dettes. Le
mandat ne cesse donc que lorsqu'il est démontré
que le mandant ou le mandataire est insolvable,
c'est-à-dire lorsque tous les biens ne pourraient
suffire à payer les dettes.

166. Mais, dans ce cas, comment se constate le jour précis de la fin du mandat? Comment faudra-t-il que le mandant ou le mandataire établisse l'insolvabilité du débiteur ? On ne déclare pas l'état de déconfiture comme on déclare l'état de faillite du débiteur commerçant ; et cependant il peut devenir très-important de fixer d'une manière précise l'époque de la déconfiture, à cause de la responsabilité du mandataire.

Nous pensons que dès qu'il est établi que le passif du débiteur excède son actif; du jour même où il est démontré que les dettes ont dépassé l'avoir, dès ce jour le mandat est éteint, et le mandataire cesse d'être responsable. Ainsi, dès le jour où la femme a, par une nouvelle obligation, excédé son avoir, le mandat est censé avoir été révoqué; que si le mari mandataire a continué de gérer les paraphernaux de sa femme malgré cet état de déconfiture, il cesse d'avoir droit au salaire, s'il lui en avait été promis un.

167. Le mandat donné au mari par la femme cesse aussi par la mort naturelle ou civile du mari. Si celui-ci n'habite pas avec la femme, les héritiers doivent donner avis à cette dernière du décès, et pourvoir, en attendant, à ce que les circonstances exigent pour l'intérêt du mandat; Cod. civ., 2010.

168. Que faudrait-il décider si les héritiers géraient un long espace de temps après avoir donné avis à la

femme du décès de son mari, administrateur des paraphernaux? Auraient-ils droit au salaire stipulé en faveur du mari?

On pourrait soutenir en faveur des héritiers du mari, que la loi les obligeant à continuer le mandat, afin que les intérêts de la femme n'en souffrent pas, ils doivent avoir droit au salaire promis au mandataire; que le législateur ayant porté cette décision, afin que le mandant ne fût pas exposé, par suite du décès du mandataire, à perdre ou le capital, ou les fruits de l'objet laissé en gestion, il est de toute justice que le mandat continuant ainsi, les héritiers du mari ne perdent pas ce qui leur reviendrait du salaire stipulé; que si la gestion des héritiers a duré trop long-temps, c'est la faute de la femme qui devait se mettre immédiatement en possession des biens gérés; qu'il est bien assez désagréable pour les héritiers du mari, d'avoir à continuer une gestion à laquelle ils peuvent n'être pas propres.

Pour la femme, on répondrait que c'est comme *negotiorum gestor*, que l'héritier du mari décédé a géré les paraphernaux, d'où la conséquence qu'il n'est point dû de salaire; que le mandat a été éteint par la mort du mandataire, et que les soins donnés par son héritier aux choses soumises au mandat, ne l'ont nullement été comme suite du mandat, mais à titre du négoce géré; que dès-lors il ne peut être accordé de salaire; que dès le moment qu'il s'était écoulé un délai moral suffisant pour que la femme pût venir reprendre la gestion de ses biens, les héritiers du mari étaient libérés du mandat ; que s'ils ont continué la gestion, ce n'a plus été en vertu de la disposition de la loi qui leur en faisait une obligation, mais de leur propre volonté, et qu'alors on ne pouvait considérer l'héritier que comme gérant officieusement la chose d'autrui, sans espoir d'obtenir aucun salaire.

169. Les héritiers du mari mandataire, auxquels il serait dû une somme du chef de ce dernier pour avances par lui faites durant la gestion des paraphernaux, pourraient-ils se retenir les titres et autres objets qui avaient été remis au mandataire pour l'exécution du mandat, jusques à ce qu'ils fussent remboursés de la somme réclamée ?

170. Plusieurs textes de droit romain permettaient au mari de rester en possession des choses dotales, jusques à ce qu'il fût remboursé des impenses nécessaires qu'il avait faites. *Manebit igitur maritus in rerum detentationem, donec ei satisfiat*, l. 5, in pr., ff. *de imp. in res dot. fact.; quod dicitur, necessarias impensas ipso jure dotem minuere, non eo pertinet, ut si forte fundus in dote sit, desinat aliqua ex parte dotalis esse, sed nisi impensa reddatur, aut pars fundi, aut totus retineatur :* l. 56, § 3, ff. *de jur. dot.* Pothier, dans ses *Pandectes,* accordait même ce droit pour les impenses utiles: *Nil ergo differunt impensæ necessariæ, ab utilibus propter quas etiam vir jus retentionis habet ?* Les

avances faites par le mari mandataire, pour la gestion des biens paraphernaux, sembleraient devoir jouir du même avantage, mais il serait difficile d'appuyer cette opinion sur quelque autorité; nous n'en avons trouvé nulle part. Un arrêt de la cour de Bordeaux, du 14 janvier 1830, a même décidé le contraire à l'égard du mandataire ordinaire, et nous sommes très-disposé à en adopter la doctrine ; cet arrêt mérite d'être rapporté; le voici :

« Par une des clauses de son testament, le sieur Guillaume Leborgne avait conféré la tutelle de ses enfants mineurs à Philippe Leborgne son frère. — En conséquence de cette 'disposition, Philippe Leborgne prit, au décès de son frère, possession de tous les biens des mineurs. — Mais Guillaume Leborgne laissait une veuve ; dès-lors, la nomination de tuteur, portée au testament, était nulle, la loi (Cod. civ., 397) n'accordant le droit de choisir un tuteur qu'au dernier mourant des père et mère. — Aussi la veuve Leborgne s'adressa-t-elle au conseil de famille pour que la tutelle de ses enfants lui fût attribuée nonobstant la clause qui la conférait à Philippe Leborgne. — Le conseil rejeta cette demande, et maintint ce dernier dans la tutelle ; mais un jugement du 31 janvier 1827 la rendit à la mère.

» En cet état, la veuve Leborgne, agissant en qualité de tutrice, forme, contre Philippe Leborgne, une demande en restitution de toutes les valeurs mobilières et immobilières qu'il avait eues en son pouvoir pour les mineurs. — Le défendeur ne fait

aucune difficulté sur la restitution en elle-même ;
mais il soutient que cette restitution ne doit avoir
lieu qu'après remboursement de plusieurs avances
qu'il avait faites (comme tuteur ou mandataire)
dans l'intérêt des mineurs, lesquelles s'élevaient,
d'après un compte par lui présenté, à environ
19,000 fr., et que, jusqu'au remboursement de cette
somme, il doit être autorisé à retenir les biens des
mineurs. — 18 Juin 1828, jugement qui accueille
ce système. — Appel.

» Arrêt. La cour ; — Attendu que la créance
prétendue de Philippe Leborgne n'est pas liquide ;
qu'elle n'est pas encore légalement constatée,
puisque les premiers juges ont ordonné que les
parties instruiraient plus amplement sur la vérification du compte qui sert d'appui à cette créance, et
que Philippe Leborgne ne s'est pas plaint de cette
décision ; — Attendu que lors même que cette
créance serait claire et liquide, elle ne donnerait
pas à Philippe Leborgne le droit de retenir les biens
de la succession de son frère, jusqu'à son entier
paiement ; et qu'il ne pourrait, comme tout autre
créancier, qu'agir par les voies de droit pour se
faire payer ; — Attendu, en effet, qu'il n'existe
dans nos Codes aucune disposition légale qui autorise un créancier à retenir les biens de son débiteur
jusqu'à ce qu'il soit payé de ce qu'il prétend lui
être dû ; — Que c'est vainement que le tribunal de
première instance, en accordant à Philippe Leborgne
la rétention des meubles et effets, ainsi que du

domaine de Fécamp, dépendant de la succession de feu Guillaume Leborgne, a motivé cette décision sur ce que ledit Philippe Leborgne s'était constitué en avances par suite du mandat que son frère lui avait donné, et que le mandataire qui se constitue en avances jouit du droit de rétention sur les objets qui lui ont été confiés; — Qu'on a beau parcourir tous les articles du Code au titre du mandat, qu'on n'y trouve rien qui établisse ce privilége exorbitant du droit commun, de la rétention des biens du débiteur au profit du créancier; — Que le Code dit bien que le mandataire doit être remboursé de toutes les avances qu'il a faites pour l'exécution du mandat; mais qu'il ne va pas au-delà, et qu'il laisse ainsi le mandataire dans les termes du droit commun sur les voies qu'il doit prendre pour se faire payer de ses avances; — Attendu que Philippe Leborgne ne peut se prévaloir de ce qu'il est nanti de bonne foi des meubles et effets qu'il a reconnu avoir en sa possession; qu'en effet la loi n'accorde au créancier le privilége de se faire payer sur les objets qu'il a en mains appartenant à son débiteur, qu'autant qu'il en a été nanti par un acte public ou sous signature privée, dûment enregistré, ce qui n'est pas ici le cas, puisque Philippe Leborgne ne peut produire aucun écrit de cette espèce; d'où il suit que, sous aucun rapport, la disposition du jugement qui accorde à Philippe Leborgne la rétention dont s'agit ne saurait être justifiée; — Faisant droit sur l'appel interjeté par la veuve Leborgne, dans le

chef qui autorise Philippe Leborgne à rester nanti
du domaine de Fécamp et des effets mobiliers qu'il
a reconnu avoir en mains, provenant de la succession de Guillaume Leborgne son frère, jusqu'à ce
qu'il ait été remboursé de ses avances; émendant,
quant à ce, condamne Philippe Leborgne à remettre et délaisser à la veuve Guillaume Leborgne,
ès-mains qu'elle agit, le domaine de Fécamp ,
ensemble les meubles et effets dont il s'est reconnu
détenteur , comme provenant de la succession
de Guillaume Leborgne son frère, à la charge
par ledit Philippe Leborgne d'affirmer par serment
que ces meubles et effets sont les seuls objets qu'il
a recueillis de ladite succession, etc. » — Sirey ,
tom. 3o , 2, 1o6.

§ 2.

Des Droits et des Obligations du mari à l'égard des biens
paraphernaux , lorsqu'il les administre et en jouit sans
mandat de la femme , et néanmoins sans opposition de
sa part.

171. Il est facile de déterminer les droits et les
obligations du mari à l'égard des biens paraphernaux,
lorsque la femme lui en a conféré la gestion par un
mandat exprès; il nous a suffi, pour arriver à ce
but, d'appliquer au mari les règles du mandat
ordinaire, et d'expliquer quelques doutes que cette

matière présente dans son application au mari mandataire; là s'est borné tout notre travail. Il n'en est pas de même pour ce qui concerne les droits du mari à l'égard des biens paraphernaux, lorsqu'il en jouit sans mandat de la femme, et néanmoins sans opposition de sa part. De quelle nature sont ces droits? Sont-ils régis par la loi sur l'usufruit, ou doit-on appliquer au mari les principes du *négoce géré?* Ou bien, enfin, cette jouissance du mari est-elle réglée par les lois générales? Voilà ce qu'il n'est pas aisé de décider. Pour ce qui est des obligations du mari dans ce cas, la loi porte que ce sont toutes celles de l'usufruitier; il y aura peu de difficultés à les faire connaître et à en expliquer les détails; mais quant aux droits qui compètent au mari, nous avons été quelque temps à nous former une opinion stable et rationnelle sur ce point.

172. Lorsque nous nous occupions du *Traité de la dot* que nous avons publié il y a quelques années (1), nous fûmes arrêté par la même difficulté, à l'égard des droits du mari sur les biens dotaux; nous nous demandâmes si ces droits ne devaient pas être assimilés à ceux de l'usufruitier, et nous nous décidâmes pour l'affirmative. Nous fûmes entraîné à adopter cette opinion par plusieurs raisons que nous ne crûmes pas devoir faire connaître, parce qu'alors notre conviction était entière

(1) En 1829, à Grenoble, chez Prudhomme, libraire.

et qu'il n'entrait pas dans notre esprit qu'on pût élever aucun doute à cet égard. Nous avions, au reste, pour soutien, dans cette pensée, l'autorité de M. Proudhon, l'un des plus savants jurisconsultes français, celui qui avait le plus médité sur la matière de l'usufruit.

Mais plus tard, M. Toullier, dans son 14me volume, publié en 1831, a attaqué avec force l'opinion que nous avions émise sur la nature des droits du mari sur les biens dotaux ; il a dit que nous avions été égaré par celle de M. Proudhon, qui assimile ces droits à un usufruit, ce qui était une erreur des plus graves, *et un exemple des écarts où les fausses doctrines peuvent entraîner les meilleurs esprits.*

Après un jugement aussi formellement exprimé sur notre opinion, nous avons dû examiner avec une scrupuleuse attention les motifs qui nous avaient déterminé à l'adopter ; nous l'avons fait avec cette consciencieuse intégrité que tout homme sage doit apporter dans la recherche de la vérité ; nous étions prêt à la rétracter, si elle nous eût paru erronnée comme à M. Toullier, et aujourd'hui nous ne l'appliquerions pas au mari qui jouit des biens paraphernaux sans mandat de sa femme, si nous n'avions de nouveau médité sur les éléments dont elle se compose et sur les objections plus ou moins sérieuses qu'on peut lui faire.

Nous allons, au reste, tout faire connaître au lecteur, qui jugera quelle est celle des deux opinions qui doit prévaloir.

173. L'usufruit est le droit de jouir des choses dont un autre a la propriété, comme le propriétaire lui-même, mais à la charge d'en conserver la substance; c'est la définition donnée par la loi elle-même, Cod. civ., 578. Mais cette définition peut-elle s'appliquer au mari qui jouit des biens dotaux ou paraphernaux de la femme?

M. Proudhon, *Traité de l'usufruit*, tom. 1er, pag. 143 et 357, n'y met pas le moindre doute :

« Le droit de jouissance, dit-il, qui résulte du fait du mariage, soit au profit de la communauté sur les biens des deux époux, suivant le régime communal, soit au profit du mari, seulement sur les biens de la femme, si les époux, *en* se mariant, ont adopté le régime dotal, *est véritablement un droit d'usufruit*, puisque l'usufruit ne consiste que dans le droit de jouir de la chose d'autrui. »

M. Proudhon ne s'explique pas, il est vrai, sur les biens paraphernaux; mais ne perdons pas de vue qu'il parle en général du droit de jouissance du mari sur les biens de la femme mariée sous le régime dotal, ce qui comprend évidemment tous les genres de biens de cette dernière. Joignons à cela la disposition de l'art. 1580 qui décide que les obligations du mari envers les biens paraphernaux de la femme, sont *toutes celles de l'usufruitier*.

M. Toullier, tom. 14, pag. 145, tout en rendant justice aux lumières et aux doctrines de M. Proudhon, rejette au loin cette opinion, comme essentiellement vicieuse; écoutons-le parler lui-même :

« Nous croyons avoir victorieusement démontré l'erreur de M. Delvincourt qui, le premier, avait soutenu que la communauté conjugale est un être moral qui a l'usufruit de tous les biens des deux époux, et dont le mari est l'administrateur ; de sorte qu'il ne jouit plus, pendant le mariage, même de ses biens propres, qu'en qualité d'administrateur de ce fantôme inexplicable de la personne morale de la communauté. Nous ne répéterons pas ce que nous avons dit à ce sujet, et nous nous bornons à examiner ici l'opinion de M. Proudhon, qui a cru reconnaître dans la jouissance des biens dotaux accordée au mari pendant la durée du mariage, un véritable droit d'usufruit, par la seule raison que *l'usufruit ne consiste que dans le droit de jouir de la chose d'autrui.* Il nous paraît que le savant auteur ne s'est point en cela expliqué avec son exactitude accoutumée. C'est, comme il le dit fort bien ailleurs, *le démembrement de la propriété qui constitue l'usufruit.* Ce principe qu'il établit au commencement de son traité, il le confirme par la comparaison qu'il fait ensuite du droit d'usufruit à toutes les espèces qui ont quelque similitude avec ce droit, en ce qu'on y trouve aussi le droit de jouir de la chose d'autrui, notamment dans les comparaisons qu'il fait, pag. 104 et suiv., des droits d'usufruit et de location, et surtout pag. 113, où il répète une dissertation qu'on trouve dans le *Répertoire,* et où l'auteur s'efforce de prouver que les droits de bail à vie et de l'usufruit sont de même nature.

» M. Proudhon soutient avec raison la négative,
par des raisons victorieuses, et principalement parce
que le bail à vie n'opère point le démembrement de
la propriété, qui constitue l'usufruit et qui en est
l'effet caractéristique. Tous ces raisonnements peuvent donc servir à prouver que la nature des droits
du mari sur les biens dotaux est essentiellement
différente de celle de l'usufruitier sur les biens
grevés d'usufruit.

» En effet, en prenant, avec M. Proudhon, pour
principe fondamental de l'usufruit, que c'est le
démembrement de la propriété qui le constitue, on
ne saurait dire que le droit du mari sur les biens
dotaux de la femme soit une espèce d'usufruit; car
pour ranger des espèces particulières sous un genre
commun, il ne suffit pas qu'elles aient avec lui
quelques points de similitude; il faut qu'elles aient
un caractère essentiel commun, qui les unisse au
genre dont elles sont alors des espèces, qui ont
seulement quelques règles, quelques points particuliers qui les différencient, quoique unies par l'attribut
essentiel et caractéristique du genre; les genres et
les espèces se déterminent par les qualités essentielles.

» Or, le caractère essentiel de l'usufruit est d'être
un démembrement de la propriété, autrement un
droit réel. Et qui peut avoir conféré ce droit au
mari sur les biens dotaux? Ce n'est pas la loi qui,
loin de lui donner les droits de l'usufruitier, les lui
refuse équivalemment dans l'art. 1562, en disant

qu'il est tenu sur les biens dotaux à toutes les obligations de l'usufruitier, d'où la conséquence qu'il n'en a pas les droits.

» Ce n'est pas non plus le contrat de constitution qui a conféré au mari un droit réel sur les biens dotaux; car la femme ne lui en a abandonné que la perception des fruits, en un mot, la jouissance, pour qu'il supportât seul les charges du mariage, et qu'elle demeurât quitte à forfait de sa portion contributive à ces charges; en sorte qu'à la dissolution du mariage, les fruits se partagent à proportion du temps qu'il a duré, comme nous le verrons dans la suite.

» Il faut donc tenir pour principe, que le droit du mari sur les biens dotaux de son épouse n'ont point un droit d'usufruit, et ce principe est très-important; car si c'était un usufruit, il faudrait dire qu'il est susceptible d'hypothèque pendant le temps de sa durée, art. 2118, et même soumis à l'expropriation forcée, suivant la disposition de l'art. 2205, qui porte que le créancier peut poursuivre l'expropriation forcée, 1° des biens immobiliers appartenant à son débiteur; 2° de l'usufruit appartenant au débiteur sur les biens de même nature.

» Le droit d'usufruit et celui du mari sur les biens dotaux, sont d'une nature tellement différente, qu'il n'était jamais venu dans l'esprit des jurisconsultes romains de confondre ces droits, quoique l'usufruitier et le mari aient l'un et l'autre la jouissance des biens dont un autre a la propriété. C'est en généralisant la définition de l'usufruit donnée par le Code, *l'usufruit est le droit de jouir des choses dont un autre a la propriété*, qu'il est venu dans l'esprit de quelques jurisconsultes de l'appliquer au droit du mari sur les biens dotaux. Ils ont dit : L'usufruit consiste dans le droit de jouir de la chose d'autrui ; et ils ont conclu que le mari ayant le droit de jouir des biens dotaux qui appartiennent à la femme, son droit est un usufruit. Ce raisonnement est vicieux en ce qu'il conclut du particulier au général. »

Tout ce que vient de dire M. Toullier se résume de cette manière : le droit sur les biens dotaux n'est pas un usufruit,

1° Parce qu'il n'est pas un démembrement de la propriété, mais un simple droit mobilier ;

2° Parce qu'il n'est pas susceptible d'hypothèque ;

3° Parce qu'il n'est pas expropriable ;

4° Parce qu'il ne serait dû au mari aucune indemnité pour les améliorations et reconstructions faites dans les biens dotaux, l'art. 599 les refusant à l'usufruitier, ce qui serait une injustice. V. Toullier, tom. 14, pag. 390 et 392.

Avant d'examiner ces objections, disons d'abord que le mari a le droit de jouir de tous les biens dotaux ; *qu'il en perçoit tous les fruits de quelque nature qu'ils soient*, et qu'il est soumis envers ces mêmes biens *à toutes les obligations de l'usufruitier* ; ainsi, ce ne sont pas seulement QUELQUES POINTS DE SIMILITUDE qui font ranger les droits du mari sur les biens dotaux dans la classe des usufruits, mais bien DES CARACTÈRES ESSENTIELS COMMUNS , comme le désire M. Toullier, tom. 14, pag. 146.

Disons, en second lieu, que si c'est une *fausse* doctrine que de considérer le mari comme un véritable usufruitier, elle a égaré bien des jurisconsultes recommandables, quoique M. Toullier soutienne qu'*il n'est jamais venu dans l'esprit des jurisconsultes français, de confondre les droits du mari et ceux de l'usufruitier* : ainsi, 1° Roussilhe, dans son *Traité de la dot*, tom. 1er, pag. 355 , édit. de 1785, intitule un de ses paragraphes en ces termes: SI L'USUFRUIT QU'A LE MARI DU BIEN DOTAL, *l'assujettit au paiement des dettes de la femme;* 2° l'auteur des *Maximes du palais*, tom. 1er, pag. 464, max. 5, parle des droits du mari en ces termes : « L'usufruitier transmet de droit, à sa succession, les fruits perçus et non consommés, ainsi que ceux qui peuvent lui être dus pendant son usufruit et qu'il n'aurait pas perçus, l. 13, ff. *quib. mod. usufr.;* on distingue, à cet égard, l'usufruitier à titre lucratif, d'avec l'usufruitier à titre onéreux, *tels que le mari qui supporte les charges du mariage, et le bénéficier*, etc.;» 3° M. Salviat, dans son *Traité de l'usufruit*, pag. 12, s'exprime en ces termes : « L'usufruit légal est accordé par la loi; tel est celui que les art. 1428 et 1549 du Code civil adjugent au mari sur les biens personnels de sa femme, et *sur ses biens dotaux*,» cet auteur va plus loin; il dit, pag. 336, que « le mari auquel on a donné en dot l'usufruit des biens de sa femme *a le droit, comme*

*tout autre usufruitier, de l'hypothéquer pour toute
la durée du mariage;*» 4° M. Favard de Langlade,
dans son *Répertoire*, mot *Régime dotal*, § 2, n° 7,
n'est pas moins expressif dans son opinion sur ce
point; il dit : *Le mari, puisqu'il n'est qu'usufruitier, ne peut*, etc.; 5° M. Bellot des Minières,
Traité du contrat de mariage, tom. 4, pag. 92,
tranche nettement la question; il dit : «Néanmoins,
nous embrassons aussi l'opinion que LE MARI EST
USUFRUITIER, qu'il a un *jus in re* dans le fonds dotal,
qu'il est acquéreur à titre onéreux de l'usufruit dont
il s'agit, etc.; » 6° enfin, M. Proudhon, non-seulement dans le passage que nous avons précédemment
rapporté, mais dans plusieurs autres, professe la
doctrine que nous défendons, et certes, cette autorité
doit être d'un grand poids dans la balance.

En voilà sans doute assez pour démontrer qu'il y
a au moins un peu de légèreté à soutenir qu'il n'était
venu dans l'esprit d'aucun auteur français de confondre les droits du mari avec ceux de l'usufruitier.

Passons maintenant à la réfutation des objections
de M. Toullier.

La première est celle qui consiste à dire que le
droit du mari n'est pas, comme l'usufruit ordinaire,
un démembrement de la propriété, mais un simple
droit mobilier.

Avant d'entrer dans la discussion de cette objection, il est nécessaire de bien s'entendre sur le sens
des termes.

Et d'abord, qu'est-ce que la propriété? C'est, dit

l'art. 544 du Code civil, « le droit de jouir et de disposer des choses de la manière la plus absolue, pourvu qu'on n'en fasse pas un usage prohibé par les lois ou par les règlements. »

Ainsi, celui qui a la propriété a deux choses, le droit de jouir et celui de disposer. Le droit de jouir est incontestablement tout ce qui entre dans l'usufruit, c'est-à-dire la perception de tous les fruits produits par la chose qui y est soumise ; le droit de disposer est la faculté de transmettre à un tiers la chose elle-même ou le droit de propriété.

Cela posé et bien compris, que fait la femme lorsqu'elle se constitue en dot une partie ou la totalité de ses biens ? Elle confère à son mari, non pas le droit de disposer des biens constitués, mais le droit d'en jouir; elle sépare donc de son droit de propriété l'un de ses membres constitutifs, car nous venons de voir que la propriété se divise en droit de jouir et en droit de disposer.

Or, s'il y a séparation du droit de jouir d'avec celui de disposer, il y a inévitablement *démembrement de la propriété.*

Mais, nous dira-t-on peut-être ici, les droits du mari ne sont pas aussi étendus que ceux de l'usufruitier; le mari n'a pas le *jus in re*, le *jus in corpore.*

Nous répondrons à cela que nous ne voyons pas pourquoi le mari ne serait pas considéré comme propriétaire de son droit de jouir, car en quoi consiste le *jus in corpore* dans un usufruit? Dans le droit de jouir et de disposer des fruits perçus, par la chose soumise à l'usufruit; or, ce droit, le mari l'a incontestablement.

Mais ici on nous arrête et l'on dit, en nous faisant la deuxième et la troisième objection de M. Toullier : Ce qui prouve que vous n'avez pas le *jus in corpore*, c'est que vous ne pouvez hypothéquer ni aliéner votre droit sur les immeubles dotaux, d'où il faut conclure que vous n'avez qu'un simple droit mobilier et non un démembrement de la propriété ou un usufruit proprement dit.

La réponse à cet argument, le plus spécieux que l'on puisse faire, ne présente rien de sérieux ni de difficile; elle résulte de l'entente complète de la proposition mise en discussion.

Que soutient M. Toullier? Il soutient que les droits du mari sur les biens dotaux ne constituent pas un véritable usufruit; entend-il par là que ces droits ne forment pas un droit d'usufruit soumis à *toutes* les règles tracées dans le titre 3 du 2ᵉ livre du Code civil? nous sommes d'accord avec lui, car l'usufruit du mari est à l'usufruit ordinaire, ce que l'espèce est au genre : c'est l'usufruit tel qu'il est défini par l'art. 578, mais modifié par les lois spéciales de la dotalité; comme l'usufruit accordé au père sur les biens de ses enfants est aussi l'usufruit de ce même art. 578, modifié par l'art. 384 et suiv. du Code civil.

Or, quelles sont les dispositions qui modifient l'usufruit du mari? Ce sont, par exemple, celle qui le dispense de donner caution (art. 1550), *celle qui en défend l'aliénation* (art. 1554), celle qui ordonne le partage des fruits de la dernière année entre l'usufruitier et le propriétaire (art. 1571), etc.

Ces modifications à part, les droits du mari sur les biens dotaux constituent un véritable usufruit, car, 1º le mari, comme l'usufruitier, perçoit tous les fruits des choses soumises à son usufruit ; 2º comme lui, il est obligé d'en conserver la substance ; 3º comme lui, il est soumis à des obligations que la loi indique être toutes celles auxquelles l'usufruitier est tenu lui-même ; 4º enfin, parce que le mari réunit sur sa tête, comme l'usufruitier, tous les droits et actions attachés à la jouissance.

M. Toullier aurait-il entendu son opinion de telle sorte, qu'il eût voulu soutenir que dès qu'il y avait entre l'usufruit du mari et l'usufruit ordinaire, des différences essentielles, on ne pouvait pas dire que ce fût un véritable usufruit? Mais ce serait une objection qui se détruirait par l'existence légale, et non contestée par M. Toullier, de l'usufruit paternel ; car cet usufruit offre aussi des différences essentielles qui le distinguent de l'usufruit ordinaire.

Disons-le donc encore ici : l'usufruit du mari est un véritable usufruit, mais modifié par les lois spéciales du régime dotal ; modifié principalement en ce qu'il participe de l'inaliénabilité de la dot dont il fait partie ; ce qui, cependant, n'empêche pas que le mari n'ait le *jus in corpore* comme l'usufruitier ordinaire.

En ce qui concerne la quatrième objection de

M. Toullier, qui consiste à dire que s'il fallait appliquer à la jouissance du mari les règles de l'usufruit
ordinaire, il en résulterait qu'il ne serait dû à ce
dernier aucune indemnité pour les améliorations et
reconstructions faites dans les biens dotaux, l'art.
599 la refusant à l'usufruitier.

Dans notre *Traité de la dot*, tom. 2, n° 234,
nous avions dit que la femme ne devrait aucune
indemnité pour la reconstruction d'une maison
fermière qui serait tombée de vétusté; nous avions
ajouté que bien que la loi 7, § 16, ff. *solut. matr.*
eût une disposition contraire à notre opinion, cette
loi ne devait pas être observée dans l'état actuel de
notre législation, attendu que l'art. 607 du Code
civil disposait que ni le propriétaire ni l'usufruitier
n'était tenu de reconstruire ce qui était tombé de
vétusté.

M. Toullier, tom. 14, pag. 390 et suiv., s'est
élevé avec force contre cette doctrine, et il est
parti de là pour soutenir, avec plus d'insistance
encore, que les droits du mari sur les biens dotaux
n'étaient pas un usufruit.

La conclusion nous a paru forcée, car M. Toullier
pourrait avoir raison à l'égard de ce que nous avons
dit sur le défaut d'action du mari, pour répéter le
prix de la reconstruction du bâtiment tombé de
vétusté, sans que pour cela il pût en tirer la conséquence que les droits du mari sur les biens dotaux
ne constituent pas un usufruit. Ce serait là encore
une modification apportée à cet usufruit, par la

nature du titre en vertu duquel il est établi ; il ne
faut pas perdre de vue, en effet, que la jouissance
du mari est un usufruit à titre onéreux, et que par
conséquent il doit obtenir une indemnité pour les
améliorations qu'il a faites dans les biens dotaux ; ce
qui ne doit pas avoir lieu pour l'usufruitier à titre
gratuit.

Aussi nous empressons-nous de rétracter ici tout
ce que nous avons dit de contraire à la loi 7, § 16,
ff. *soluto matr.* Nous reconnaissons que cette loi
doit être suivie parmi nous, et que l'on ne doit pas
appliquer au mari la disposition de l'art. 607 qui ne
concerne que l'usufruitier ordinaire.

Nous aurions pu cependant invoquer, pour nous
aider à nous maintenir dans notre première opinion,
un arrêt de la cour de Caen, du 5 décembre 1826,
ainsi qu'une note de l'arrêtiste, qui sembleraient
soutenir cette doctrine ; mais nous aimons mieux
revenir franchement d'une erreur, que de céder à
un mouvement d'amour-propre mal entendu.

174. La discussion à laquelle nous venons de
nous livrer ne nous a pas fait oublier notre première
question, celle de savoir si nous devions aussi considérer comme usufruitier le mari qui jouit des biens
paraphernaux de sa femme sans mandat, mais néanmoins sans opposition de sa part. Tout ce que nous
avons dit dans cette même discussion, tend nécessairement à en prouver l'affirmative. Cette espèce
d'usufruit aura sans doute aussi quelques modifica-

tions à subir, mais il n'en devra pas moins être classé dans la catégorie des usufruits; c'est d'ailleurs, comme nous l'avons déjà vu ci-dessus, l'opinion de M. Proudhon.

175. La solution de cette question nous oblige ainsi à diviser notre paragraphe en deux parties. La première sera relative aux droits du mari sur les biens paraphernaux, lorsqu'il en jouit sans mandat; la seconde à ses obligations.

1° Droits du mari sur les biens paraphernaux, lorsqu'il en jouit sans mandat et néanmoins sans opposition de la part de la femme.

176. En sa qualité d'usufruitier des biens paraphernaux, le mari en perçoit tous les fruits; les fruits se divisent en fruits naturels, industriels et civils; Cod. civ., art. 582.

Les fruits naturels sont ceux qui sont le produit spontané de la terre. Le produit et le croît des animaux sont aussi des fruits naturels; Cod. civ., 583.

Les fruits industriels sont ceux qu'on obtient par la culture; d. art. 583, § 1.

Les fruits civils sont les loyers des maisons, les intérêts des sommes exigibles, les arrérages des rentes. Les prix des baux à ferme sont aussi rangés dans la classe des fruits civils; Cod. civ., art. 584.

177. Le mari fait siens tous les fruits perçus, et n'est point tenu d'en rendre compte ; il suffit, pour cela, que la femme ait gardé le silence sur son administration et sa jouissance. Mais ce droit doit-il avoir lieu, alors même que le mari n'a pas employé les fruits perçus aux besoins du ménage ?

Si nous consultons le droit romain, nous voyons que la loi 11, Cod. *de pactis convent.*, après avoir dit que le consentement tacite de la femme suffit au mari pour recevoir les dettes paraphernales, ajoute que le mari doit en conserver les capitaux à sa femme, et employer les intérêts à leur usage commun. *Sancimus itaque, si quid tale evenerit, actiones quidem apud uxorem manere, licentiam autem marito dari easdem actiones movere apud competentes judices et usuras quidem earum circa se et uxorem expendere, pecunias autem sortis quas exegerit servare mulieri, vel in causas ad quas ipsa voluerit distribuere.*

M. Merlin, qui rappelle cette disposition, dit que « ce qu'a décidé ce texte pour les intérêts qui sont des fruits civils, doit, sans contredit, s'appliquer aux fruits des héritages : il y a, ajoute-t-il, entre les uns et les autres, une parité absolue de raison, et par conséquent nécessité absolue d'étendre à ceux-ci la loi qui règle expressément le sort de ceux-là. Cela est d'autant plus certain, qu'en général, et comme le décide la loi 34, ff. *de usur. et fruct.*, les fruits des héritages se règlent par les mêmes principes que les intérêts. »

Bretonnier, en ses *Questions alphabétiques*, mot
Paraphernal, pag. 13, dit que « le mari qui a joui
des fruits naturels des biens de sa femme, soit de son
consentement tacite ou exprès, en profite, s'il les a
employés à l'usage de lui et de son épouse, ou de
leur famille ; il n'est pas obligé de les rendre. »
Roussilhe, qui rapporte aussi l'opinion de Bretonnier, tom. 1er, pag. 169, ajoute que « si le mari
gagne les fruits naturels, à plus forte raison doit-il
profiter des industriels. » C'est l'opinion de Barthole,
sur la loi pénultième qui est suivie par plusieurs
auteurs ; mais il faut qu'il les ait employés à son
usage ou à celui de sa femme ou de leurs enfants ;
car s'il les avait employés à son profit particulier,
celle-ci serait en droit d'en demander compte à son
mari.

Despeisses, tom. 1er, pag. 431, s'explique sur ce
point d'une manière non moins expresse : « Le mari,
dit-il, ni ses enfants ne sont pas tenus à la restitution
desdits fruits ni à leur valeur, lorsque lesdits fruits
ayant été perçus de la volonté de la femme, ne sont
plus en nature, non-seulement lorsqu'il est question
des fruits industriaux, mais aussi des fruits naturels
consommés à l'usage commun des mariés, comme il
les juge tous les jours, et notamment à la chambre
de l'édit de Castres, en septembre 1618, suivant la
Novelle de Valentinien, *de fructibus inter maritum
et uxorem impensis*, au *Code théodosien*, et ce
qui est dit des dettes paraphernales exigées et employées par le mari à l'usage commun des mariés. »

Lapeyrère, lettre *F*, n° 103, cite un arrêt du parlement de Bordeaux, du 13 août 1645, qui a jugé que le mari qui a perçu les fruits des paraphernaux n'en est pas comptable.

Au parlement de Provence, on jugeait, selon Bretonnier, que quand le mari a joui des biens paraphernaux du consentement de la femme, et qu'il les a employés à leur usage commun, la femme ne peut plus les redemander; Boniface rapporte un arrêt conforme, du 30 juin 1644.

Cette uniformité de doctrine et de jurisprudence dans le droit ancien, semblait devoir provoquer, de la part du législateur, une disposition qui tranchât le doute, s'il en restait encore dans les esprits; cependant il n'en a rien été, ou du moins l'art. 1578 se borne-t-il à décider que le mari n'est point comptable des fruits consommés, lorsqu'il a joui des biens paraphernaux sans opposition de la part de la femme.

Toutefois M. Toullier croit voir dans cette disposition générale un entier abandon de ce que décidait le droit ancien à cet égard; voici ce qu'il dit à ce sujet, tom. 14, pag. 441 : « Cette opinion, qui se rapproche davantage de la loi de la propriété, avait l'inconvénient de donner lieu à plusieurs distinctions, surtout à la question de savoir si le mari était devenu plus riche au moyen des fruits paraphernaux; question de fait très-difficile à résoudre, ainsi que celle de savoir si réellement il avait employé les revenus aux dépenses communes de la famille

ou à d'autres usages particuliers. Notre Code a sage-
ment prévenu ces questions et beaucoup d'autres,
en portant l'art. 1578; ainsi, la femme ou ses héritiers ne seraient pas reçus à vouloir prouver que le
mari s'est enrichi des fruits des biens paraphernaux,
ou qu'il les a employés à d'autres usages que ceux
de la famille. »

Mais cette opinion de M. Toullier est-elle bien
l'expression de la véritable intention du législateur?
La loi ne fait aucune distinction, il est vrai; mais
elle est fondée uniquement sur la présomption que
si la femme ne s'est pas opposée à la jouissance du
mari, c'est parce que les fruits ont eu la destination
qu'elle désirait; or, s'il était démontré que cette
présomption est fausse; que les fruits ont été convertis en capitaux dont le mari a grossi sa fortune;
s'il était prouvé, par exemple, que le mari se serait
fait passer des obligations par les fermiers débiteurs
d'arrérages de prix de ferme ou par des débiteurs
d'intérêts résultant de sommes placées dans leurs
mains; est-ce que la présomption de la loi ne devrait
pas céder devant ces faits qui lui seraient entièrement contraires?

L'affirmative ne nous paraît pas douteuse. On
ne saurait voir, dans cette disposition de l'art.
1578, une présomption *juris et de jure*, contre
laquelle nulle preuve n'est admise. Nous pensons
donc que M. Toullier professe une erreur grave,
lorsqu'il dit que la femme ou ses héritiers ne
seraient pas reçus à vouloir prouver que le mari

s'est enrichi des fruits des biens paraphernaux.

178. Si, dans les biens paraphernaux de la femme, il se trouvait un troupeau, le mari profiterait du laitage, du fumier et du croît; nous verrons plus tard à quelles obligations cette jouissance soumet le mari. Le mari pourrait aussi se prévaloir du cuir des bêtes mortes, à moins, toutefois, que tout le troupeau vînt à périr sans la faute du mari, car dans ce cas, n'étant pas soumis au remplacement, il n'aurait pas le droit de se prévaloir des cuirs; ils appartiendraient à la femme.

179. Si les biens paraphernaux consistent en bois taillis ou de haute futaie, le mari a aussi droit à leur produit; s'il s'agit de bois taillis, le mari est tenu d'observer l'ordre et la qualité des coupes, conformément à l'aménagement ou à l'usage constant des propriétaires; Cod. civ., art. 590.

180. Que faudrait-il décider si le mari, usufruitier des paraphernaux, avait vendu une coupe de bois taillis, et que l'exploitation n'en eût pas été achevée de son vivant ou avant la révocation de son usufruit? La coupe non achevée appartiendrait-elle à la femme ou aux acquéreurs?

Un arrêt de la cour d'Orléans, du 10 août 1815, a décidé la question en matière d'usufruit ordinaire, en faveur du propriétaire. Voici sur quels motifs :

« Considérant qu'aux termes de l'art. 585 du

Code civil, tous les fruits pendants par les racines sont acquis au nu-propriétaire, à l'instant de la mort de l'usufruitier; considérant qu'on ne peut transmettre à un tiers plus de droits qu'on n'en a soi-même; considérant que les droits du sieur Delavigne, sur la coupe du bois vendu, ont cessé à l'instant de son décès; considérant que les acquéreurs, en traitant avec un usufruitier, se sont mis en son lieu et place, et ont dû calculer que la perfection de leur contrat de vente était soumise et dépendante de l'existence de leur vendeur, jusqu'à l'époque où les bois seraient abattus. »

Cet arrêt nous paraît entièrement contraire aux principes. D'abord, nous ne pensons pas que l'art. 585 du Code civil soit applicable aux bois taillis ni de haute futaie; cet article porte : « Les fruits naturels et industriels pendants par branches ou par racines au moment où l'usufruit est ouvert appartiennent à l'usufruitier. Ceux qui sont dans le même état au moment où finit l'usufruit appartiennent au propriétaire, sans récompense de part ni d'autre, *des labours et des semences;* mais aussi sans préjudice de la portion des fruits qui pourrait être acquise au colon partiaire, s'il en existait un au commencement ou à la cessation de l'usufruit. »

Ces expressions, sans récompense de part ni d'autre, *des labours et des semences*, démontrent assez qu'il ne s'agit pas de bois à couper, mais bien de récoltes de fruits et de grains pour la venue desquels la culture est nécessaire. D'un autre côté, la jurispru-

dence a désormais consacré ce point de droit, que
les fruits encore pendants deviennent meubles par
la vente qui en est faite, et que conséquemment le
principe que les fruits pendants font partie du fonds
et conservent la qualité d'immeubles, cesse d'être
applicable à l'espèce; ainsi, l'on ne peut plus, dans
le même cas, invoquer la disposition qui, par une
conséquence de ce principe, attribue au propriétaire les fruits encore pendants à l'extinction de
l'usufruit. Ils ne peuvent appartenir, comme accessoire de ce fonds, à celui qui en devient possesseur
au décès de l'usufruitier. L'aliénation faite par ce
dernier doit donc recevoir son exécution, et la totalité du prix être dévolue à ses héritiers.

C'est à peu près dans ces termes que se défendait
l'acquéreur de la coupe, dans l'espèce de l'arrêt
dont nous venons de rappeler les motifs. Il ajoutait,
à l'appui de ce dernier moyen, l'autorité de trois
arrêts qui l'avaient accueilli; depuis, deux autres
arrêts de la cour de cassation ont mis le sceau à
cette doctrine. Le premier, du 20 mars 1820, est
ainsi conçu :

« Considérant que l'art. 520 du Code civil est
conçu dans les mêmes termes que l'art. 92 de la coutume de Paris, lequel réputait immeubles les bois
sur pied, les récoltes pendantes par les racines, et
les fruits attachés aux arbres; que la jurisprudence
la plus uniforme et l'opinion unanime des jurisconsultes avaient restreint l'application de ces dispositions au seul cas où il s'agissait de régler les droits

des propriétaires, des usufruitiers (1) ou des héritiers entre eux;

» Considérant que ledit art. 520 ne s'oppose pas
à ce que, dans tous les autres cas *que ceux où il
s'agit de la propriété de fonds*, les récoltes, fruits
et bois pendants par les racines et destinés à être
séparés du fonds soient considérés comme meubles
ou effets mobiliers;

» Considérant que la vente de ces récoltes, fruits
et bois, sans que le fonds fasse partie de la vente,
n'a évidemment pour objet que des choses qui doivent être séparées du fonds et devenir mobilières;

» Considérant que plusieurs lois, et notamment
le Code de procédure, art. 626 et autres, disposent
que les récoltes et fruits pendants par les racines
peuvent être mobilièrement saisis, et que les deniers
provenant de la vente, sont distribués par contribution, etc. »

Le second arrêt de la cour de cassation est du 21

_____

(1) Il ne faudrait pas voir dans ce motif une raison contraire à notre opinion, car s'il est vrai que la jurisprudence
et la doctrine des auteurs ait restreint l'application de ces
dispositions au cas où il s'agit de régler les droits *des propriétaires et des usufruitiers*, cela doit s'entendre du cas où
il n'y a pas eu vente par ces derniers, des coupes de bois ou
des récoltes pendantes par racines; que dès qu'il ne s'agissait plus de régler les droits de l'usufruitier et du propriétaire,
la jurisprudence était que les coupes de bois et les récoltes
pendantes par racines étaient meubles, et appartenaient au tiers
qui les réclamait en vertu d'un acte translatif de propriété.

juin 1820 ; il est fondé sur les mêmes motifs ; on le trouve dans Sirey, tom. 21, 1, 109.

Il résulte évidemment de cette jurisprudence uniforme, qu'une coupe de bois à terme, étant au nombre des fruits, devient la propriété de l'usufruitier, et qu'il la transmet valablement à un tiers, alors même que ce tiers aurait négligé d'en commencer l'exploitation pendant la durée de l'usufruit ; que le propriétaire ne peut plus dire que cette coupe de bois, étant encore pendante par racines, doit être considérée comme l'accessoire de son fonds et lui appartenir ; que c'est de cette manière que les auteurs modernes l'ont généralement entendu ; qu'ils ont tous décidé que dans les mains de l'usufruitier ou du propriétaire, la coupe était immeuble, mais que dans celles de l'acquéreur, elle était meuble ; que dès que l'usufruitier ou le propriétaire avait transmis à un autre le droit de percevoir ce genre de récolte, il en était dépouillé, et que dès-lors aussi les bois perdaient leur caractère d'immeubles et d'accessoires des fonds. V. Duranton, *Droit français*, tom. 4, pag. 30 ; Delvincourt, tom. 1er, pag. 332, aux notes, et Toullier, tom. 3, pag. 8.

Ce dernier auteur s'explique à cet égard d'une manière décisive :

« Les arbres, dit-il, qui ne sont pas destinés à être coupés ou abattus sont immeubles ; ils font partie du fonds, quand ils y sont attachés ; *s'ils sont vendus, ils deviennent meubles entre les mains de l'acquéreur*, parce qu'ils sont destinés à être abattus. L'art. 521, qui porte que les bois de futaie ne deviennent

meubles qu'au fur et à mesure qu'ils sont abattus,
s'entend du cas *où ils sont dans la main du pro-*
priétaire du fonds ou de l'usufruitier ; il a pour
objet d'établir une règle entre le propriétaire qui
succède, ou à un autre propriétaire, ou à un
usufruitier. »

En résumé, il suit de tout cela, que si le mari
qui jouit des biens paraphernaux de sa femme avait
vendu une coupe de bois taillis pendant la durée de
son usufruit, la femme n'aurait pas le droit de s'opposer à la coupe que l'acquéreur voudrait en faire
postérieurement à la cessation de l'usufruit du mari.

181. Lorsque dans les biens paraphernaux il y a
des bois de haute futaie, le mari a le droit d'en
jouir, en se conformant aussi, pour les coupes, à
l'usage des anciens propriétaires, soit que ces coupes
se fassent périodiquement sur une certaine étendue
de terrain, soit qu'elles se fassent d'une certaine
quantité d'arbres pris indistinctement sur toute la
surface du domaine; Cod. civ., art. 591.

182. Ces coupes à part, le mari n'a pas le droit
de toucher aux arbres de haute futaie ; il peut seulement employer, pour faire les réparations dont il
est tenu, les arbres arrachés ou brisés par accident;
s'il n'y en avait pas de cette espèce, il pourrait, en
cas de nécessité constatée, en faire abattre pour cet
objet; Cod. civ., 592.

183. Le mari peut prendre, dans les bois, des échalas pour l'entretien des vignes paraphernales; il peut aussi prendre, sur les arbres, des produits annuels ou périodiques, le tout suivant l'usage du pays ou la coutume des propriétaires ; Cod. civ., 593.

184. Les arbres fruitiers qui meurent, ceux même qui sont arrachés ou brisés par accident, appartiennent au mari, à la charge par lui de les remplacer par d'autres; Cod. civ., 594.

185. Le mari jouit des accroissements survenus par alluvion aux biens paraphernaux. Il jouit aussi des mines et carrières qui sont en exploitation à l'ouverture de son usufruit; et néanmoins, s'il s'agit d'une exploitation qui ne puisse être faite sans une concession, le mari ne pourra en jouir qu'après en avoir obtenu la permission du roi; Cod. civ., art. 596 et 598. Il n'a aucun droit aux mines et carrières non encore ouvertes, ni aux tourbières dont l'exploitation n'est point encore commencée, Cod. civ., 598, v̇ 2, ni au trésor qui pourrait être découvert pendant la durée de l'usufruit; Cod. civ., *eod.*

186. Remarquons toutefois que cette disposition ne s'applique pas au trésor qui a été trouvé par le fait de l'usufruitier, et qu'il a lui-même découvert; dans ce cas, le mari pourrait réclamer la moitié du trésor, comme tout autre inventeur; c'est ce qu'a jugé la cour de Grenoble, dans l'espèce suivante :

Le sieur Lespalier fait un testament en 1792, par lequel il lègue à sa femme la jouissance de ses biens, et à ses deux filles, les dames Garin et Chantelouve, la nue-propriété. En l'an 6, un groupe de marbre est trouvé par l'usufruitière, en faisant faire des fouilles pour des eaux. Ce groupe est vendu 2,400 fr., dont la dame Lespalier demande la moitié. Les dames Garin et Chantelouve soutiennent que l'art. 716 ne s'applique pas à l'usufruitier; que l'art. 598 décide, au contraire, que l'usufruitier n'a aucun droit aux trésors qui se découvrent pendant la durée de l'usufruit.

Jugement du tribunal civil de Vienne, qui accueille ce système. — Appel. — Arrêt. — « Attendu que la découverte du groupe en marbre procède du fait de l'usufruitière, par suite de fouilles et excavations par elle ordonnées; par ces motifs, la cour réforme et condamne les intimées au paiement de la moitié des 2,400 fr. » Sirey, tom. 13, 2, pag. 306.

187. Il ne faudrait pas appliquer au mari qui jouirait des biens paraphernaux, la disposition de l'art. 599 qui décide que « l'usufruitier ne peut, à la cessation de l'usufruit, réclamer aucune indemnité pour les améliorations qu'il prétendrait avoir faites, encore que la valeur de la chose en fût augmentée. » La raison en est, comme nous l'avons déjà dit, en rétractant l'opinion contraire que nous avions émise dans notre *Traité de la dot* (n° 179), que le mari qui jouit des paraphernaux est usufrui-

tier à titre onéreux, puisqu'il doit employer les fruits qu'il perçoit aux besoins communs. Il serait d'autant plus injuste d'appliquer au mari la disposition de cet article, que la cour de cassation a rendu un arrêt, le 23 mars 1825, par lequel elle a jugé que des constructions faites par l'usufruitier sur le sol du nu-propriétaire, sont (ou peuvent être) réputées des améliorations dans le sens de l'art. 599, et qu'aucune indemnité n'est due par le propriétaire à l'usufruitier, à raison de ces améliorations.

Qu'on se représente en effet la position du mari qui, jouissant des immeubles paraphernaux de sa femme, aurait fait construire des bâtiments considérables d'exploitation sur le sol d'un de ses immeubles, qui en aurait ainsi de beaucoup augmenté la valeur, et qui, à la cessation de l'usufruit, se trouverait privé de la juste indemnité qui lui serait due, surtout s'il avait consciencieusement employé tous les revenus paraphernaux aux besoins du ménage. On conçoit que s'il ne s'agissait que de quelques minimes améliorations faites dans le fonds paraphernal, la décision pourrait paraître applicable ; mais lorsque la cour de cassation décide que les constructions faites par l'usufruitier ne sont que des améliorations, il deviendrait par trop rigoureux d'appliquer au mari l'art. 599.

L'arrêt de la cour de cassation, dont nous venons de parler, est allé jusqu'à décider que les entrepreneurs et constructeurs n'étaient pas même autorisés à reprendre leurs matériaux ; que l'art. 555 du Code civil ne s'étendait pas au cas prévu par l'art. 599. Cet arrêt peut avoir trop d'influence sur l'opinion que nous venons d'émettre, pour que nous ne le rapportions pas ici, du moins en substance :

« En 1778, décès du marquis de Galiffet, laissant à son frère *l'usufruit*, et au fils de son frère la *nue-propriété* de l'hôtel de Galiffet, sis rue de Grenelle-Saint-Germain, à Paris.

» L'usufruitier, père du nu-propriétaire, fit une *amélioration* magnifique; il acheta, rue du Bac, une maison communiquant à son hôtel rue de Grenelle, puis, abattant la maison rue du Bac et une partie de l'hôtel rue de Grenelle, construisant d'ailleurs sur l'espace intermédiaire, il fit du tout un très-bel hôtel toujours dit de Galiffet, aujourd'hui dit l'hôtel des Affaires étrangères, ayant sa principale entrée rue du Bac.

» Entre la personne de l'usufruitier et la personne du nu-propriétaire, cette construction nouvelle n'aurait point offert d'inconvénients, et n'aurait pas occasionné de litige. Mais les évènements ont mis en présence des tiers.

» D'abord l'usufruitier, qui était encore un autre marquis de Galiffet, a émigré; il a été séquestré, frappé de confiscation, ruiné; puis il est décédé en cet état. Son fils, le nu-propriétaire, comte de Galiffet, a répudié la succession de son père. — Voilà donc que les créanciers de M. le marquis de Galiffet père, usufruitier, se sont trouvés en présence de M. le comte de Galiffet fils, nu-propriétaire.

» A la tête des créanciers de l'usufruitier figurait le maçon, constructeur du nouvel hôtel de Galiffet, ou plutôt les syndics de sa faillite. — Les créanciers réclamaient, comme de raison, le prix de leurs *avances*, s'élevant à 127,975 fr., en exécution d'un jugement rendu contre le feu marquis, le 3 mars 1792, par le tribunal civil de la Seine. — Et leur action première était dirigée contre la succession vacante du marquis de Galiffet père.

» Même action de la part de la veuve du sieur Martin, serrurier, qui avait fourni tous les ouvrages de son état. — Et encore de la part d'héritiers Querhouet, créanciers d'une rente perpétuelle de 5,000 fr.

» Une deuxième action était dirigée contre M. le comte de Galiffet fils, en qualité de propriétaire de l'ancien hôtel de Galiffet, magnifiquement *amélioré* par des *constructions* importantes et dispendieuses. — Les ayant-droit du maçon constructeur ainsi que du serrurier, s'appuyant sur l'art. 555, Code civil, sommèrent le propriétaire de l'édifice amélioré par des *constructions*, ou de payer la valeur des constructions, ou de souffrir l'enlèvement des *matériaux* employés à la construction.

» A cet égard, M. le comte de Galiffet répondit que l'art. 555 était inapplicable à *l'usufruitier;* — que le sort de celui-ci était réglé par l'art. 599, 2ᵉ al., portant *que l'usufruitier ne peut réclamer aucune indemnité pour les* AMÉLIORATIONS *qu'il prétendrait avoir faites.....* sauf les enlèvements de ce qui est *ornement,* ainsi qu'il est dit au 3ᵉ al.

» Le 27 août 1822, jugement du tribunal de la Seine, et 10 juin 1823, arrêt de la cour royale, ordonnant la *licitation*, en adjugeant au *nu-propriétaire toutes améliorations*, même par *construction*. — Le jugement confirmé est conçu comme il suit : « En ce qui concerne la demande des héritiers de Querhouet, attendu qu'il est nécessaire de constater préalablement s'il est possible de partager les deux immeubles aujourd'hui réunis; s'il est avantageux aux différentes parties d'opérer le partage, et, dans le cas contraire , d'estimer par ventilation la portion afférente à la succession du marquis de Galiffet;

» En ce qui touche la demande formée par les ouvriers constructeurs, attendu que le marquis de Galiffet, qui les a mis en œuvre, n'était pas propriétaire, mais seulement usufruitier de l'hôtel de Galiffet dont il s'agit; — Attendu que, soit d'après la législation romaine, soit d'après les principes établis par le Code civil, sur les droits de l'usufruitier, le marquis de Galiffet ne pouvait, en cette qualité, faire sur l'immeuble aucuns changements ou constructions, à raison desquels il pût demander une indemnité au propriétaire, ou dont il eût le droit de demander une démolition à son profit; qu'en vain on voudrait tirer cette conséquence, par voie d'induction, de la disposition de l'art. 599, § 2, Cod. civ., qui permet à l'usufruitier ou à ses héritiers d'enlever les glaces, tableaux et autres ornements qu'il aurait fait placer, mais à la charge

de rétablir les lieux dans leur premier état ; qu'en
effet, cette expédition ne peut comprendre que les
objets de la nature de ceux énoncés dans cet article,
et dont l'enlèvement ou le déplacement est facile,
mais est évidemment inapplicable au cas où l'usufruitier a fait élever, sur le fonds dont il a la
jouissance, des constructions importantes ; — Attendu que les ouvriers ne peuvent non plus invoquer
l'application des règles établies en matière d'accession, puisque, d'une part, ce droit ne peut appartenir ni à l'usufruitier ni à ses représentants ; et que,
d'autre part, il est constant que l'art. 556 (qui
rappelle en tous points les principes de l'ancienne
législation) ne dispose que pour les cas où un tiers
a construit, avec ses matériaux, sur le terrain dont
il était détenteur ; — Ordonne que, par experts, les
immeubles dont il s'agit seront vus et visités, à l'effet
de constater la portion qui doit appartenir à la
succession du marquis de Galiffet, de donner leur
avis sur la possibilité et les avantages de la séparation
ou de la vente simultanée, et, dans ce dernier cas,
d'évaluer, par ventilation, la portion du prix qui
devrait revenir à la succession du marquis de Galiffet ;
de tout quoi il sera dressé procès-verbal de rapport,
pour, icelui fait et rapporté, être ensuite, par les
parties requis, et par le tribunal statué ce qu'il
appartiendra ; — Déclare les héritiers et représentants des ouvriers constructeurs non recevables dans
leur intervention, et les condamne aux dépens. »

» Les créanciers du marquis de Galiffet se sont

pourvus en cassation, 1° du chef qui ordonne la *lici-*
tation des deux propriétés, quoique non communes :
ils voyaient là une contravention à l'art. 1686, Code
civil ;

» 2° Du chef qui leur avait refusé la faculté d'enlever les *matériaux*, à défaut, par le comte de Galiffet, de payer les *constructions* faites sur son sol : ils
voyaient là une contravention aux art. 565 et 1375,
Code civil, et une fausse application de l'art. 599 ;

» Arrêt (après délibéré). — La cour ; — Attendu
qu'aux termes de l'art. 599, Code civ., l'usufruitier
ne peut, à la cessation de l'usufruit, exiger aucune
indemnité pour les améliorations par lui faites sur
le fonds soumis à son usufruit, encore que la valeur
de la chose en soit augmentée ; et que de ce principe il résulte que les ouvriers constructeurs qui les
ont faites sciemment, sont soumis à la même fin
de non-recevoir, sans quoi la loi serait illusoire ;
qu'il est reconnu, en fait, par l'arrêt dénoncé, que
c'est comme usufruitier de l'ancien hôtel Galiffet,
que le marquis de Galiffet a mis en œuvre les ouvriers
constructeurs, pour faire à cet hôtel les changements
et constructions au moyen desquels il l'a uni à la
maison rue du Bac ; qu'il suit de là, qu'ils ont fait
sciemment ces changements et constructions qui,
de leur nature, sont de véritables améliorations ;
qu'ainsi, en déclarant les héritiers et représentants
de ces ouvriers non recevables dans leurs interven-
tions, l'arrêt n'a fait qu'une exacte application dudit
article, et n'a violé aucune des lois par eux invoquées

sur l'accession, la revendication et la gestion des
affaires pour autrui, qui étaient sans application à
l'espèce ; — Rejette, etc. »

188. Les fruits civils qui s'acquièrent jour par
jour et qui appartiennent à l'usufruitier ordinaire, à
proportion de la durée de l'usufruit, n'entrent point
dans le domaine du mari qui jouit des biens paraphernaux, s'il ne les a exigés et reçus des débiteurs
de la femme. C'est là une modification apportée aux
règles de l'usufruit ordinaire par la loi spéciale sur
les paraphernaux; l'art. 1578 dispose que le mari
qui jouit des biens paraphernaux est tenu, à la
dissolution du mariage ou à la première demande
de la femme, à la représentation de tous fruits
existants. Or, il faut incontestablement ranger dans
les fruits existants, les prix de ferme, les loyers des
maisons ou les arrérages de rentes et d'intérêts qui
n'ont pas été reçus par le mari. Il en est de même
des fruits et récoltes des années précédentes qui se
trouvent en nature au moment de la dissolution du
mariage ou de la première demande de la femme.
C'est de cette manière que les auteurs ont entendu
ces mots, *fruits existants :* M. Toullier explique très-
bien, par un exemple, comment cette règle doit être
appliquée. « Une femme, dit-il, mariée en 1820, a
des paraphernaux considérables en vignobles dont
elle a laissé jouir son mari sans opposition jusqu'en
1827, temps où elle lui notifie une opposition,
malgré laquelle le mari continue de jouir et de

recueillir les vins. En 1830, elle lui demande compte ; il se trouve alors cent tonneaux existants, des meilleurs vins, que le mari avait mis en réserve dans les caves, pour les laisser mûrir et s'améliorer par le temps; la femme a le droit de se les faire représenter tous, et de les vendre à son profit, sans distinction des vins des récoltes antérieures à 1827, et de ceux qui ont été recueillis depuis. Il faut appliquer, continue cet auteur, la même décision à tous les fruits industriels quelconques, tels que les grains des récoltes antérieures à l'opposition et conservés dans les greniers, les produits des usines, etc.; il faut l'appliquer également aux fruits naturels, tels que les foins, les bois ou les forêts dont les coupes antérieures peuvent être d'un grand produit. »

189. Que faudrait-il décider si le mari avait vendu des fruits, et que le prix en fût encore dû? La femme pourrait-elle se prévaloir de la dette? L'affirmative ne paraît pas douteuse : *pretium succedit loco rei*. M. Toullier décide même que si le mari s'était fait souscrire des billets, et que ces billets ne fussent pas causés pour ventes de fruits, la femme devrait être admise à faire la preuve de la cause réelle des billets. V. tom. 14, pag. 440.

190. Lorsque le mari entre en jouissance des biens paraphernaux, comme l'abandon de la femme s'en fait d'une manière tacite et sans convention, le mari qui trouve des récoltes pendantes par racines

les perçoit sans être obligé au remboursement des semences et frais de culture. De même, le mari ne peut, à la cessation de son usufruit, réclamer aucune indemnité à raison des frais et avances qu'il aurait faits pour cet objet, à son entrée en jouissance, V. Cod. civ., 585. Ainsi, les créanciers du mari ne peuvent faire saisir les récoltes provenant des immeubles paraphernaux, sous le prétexte qu'il est dû au mari une indemnité à raison de ses travaux ; c'est ce qui a été jugé par arrêt de la cour de Grenoble, le 12 janvier 1831, dans l'espèce suivante :

« Antoine Duc - Repatel, créancier d'Etienne Tignel, ayant fait procéder contre son débiteur à saisie-exécution, la femme Tignel forma opposition à cette saisie, en soutenant que, par son contrat de mariage du 11 août 1809, elle s'était réservé tous ses biens présents et à venir en paraphernaux, pour en disposer à sa volonté sans le concours de son mari, en capitaux et revenus, et que les effets mobiliers et les vins saisis lui appartenaient. — Alors Duc prétendit que Tignel avait cultivé les immeubles paraphernaux de sa femme, qui avaient produit les vins saisis, et qu'à raison de ce, il revenait audit Tignel une indemnité jusqu'à concurrence de laquelle il devait être permis à Duc de poursuivre la saisie.

» Le 29 décembre 1829, le tribunal de Saint-Marcellin rendit jugement par lequel, considérant que Tignel avait cultivé les immeubles de son épouse, et qu'à raison de ce, il lui compétait une indemnité, il fixa cette indemnité à 200 fr ; et au moyen de cette somme, qui devait être payée au créancier saisissant, il donna à la femme Tignel main-levée de la saisie. La femme Tignel a appelé de ce jugement.

» Devant la cour, elle a soutenu qu'il n'était rien dû à son mari sur les récoltes qui faisaient l'objet de la saisie; que tous ses biens étant paraphernaux, ses revenus étaient sa propriété exclusive, et que quand même son mari aurait cultivé et administré ses immeubles, il devrait rendre compte de son administration comme tout mandataire, et ne pourrait rien retenir pour indemnité, le mandat étant gratuit; que si le mari faisait les fruits siens par la consommation, ceux non consommés ne lui appartenaient pas, et que ses créanciers ne pouvaient les saisir; que d'ailleurs celui qui avait agi sans mandat ne pouvait être mieux traité que celui qui agit avec mandat; que si les fruits produits par la chose n'appartiennent au propriétaire qu'à la charge de rembourser les frais de labours, travaux et semences, faits par des tiers (art. 548 du Code civil), le mari ne peut être considéré comme un tiers; et comme il doit fournir aux dépenses du ménage, la femme n'étant soumise à y contribuer que pour un tiers de ses revenus, il n'a fait que remplir une obligation en fournissant au moins son travail. Ce système a été adopté par l'arrêt suivant :

» Arrêt. — Attendu qu'il résulte du contrat de mariage de Rose Boissieu-Perrin, femme Tignel, que cette dernière s'était réservé l'administration de tous ses biens paraphernaux;

» Attendu qu'en fait il est constant que la saisie à laquelle a fait procéder Duc-Repatel a porté sur les récoltes perçues dans les immeubles appartenant à la femme Tignel;

» Attendu que le mari ne peut être assimilé à un tiers, et que le créancier, en son nom, ne peut faire prononcer qu'il lui est dû des frais de culture, ses travaux, supposé qu'il en ait fait dans les biens de sa femme, devant profiter au ménage commun et ne pouvant lui attribuer aucun droit particulier sur les fruits de l'immeuble;

» Attendu, dès-lors, que la saisie dont il s'agit ayant mal procédé, doit être annulée;

» La cour, réformant, déclare le verbal de saisie nul, de nul effet, et accorde à la femme Tignel main-levée de tous les objets saisis. » — Jurisprudence de la cour de Grenoble, tom. 5, pag. 292.

191. Quelle que soit l'étendue des droits du mari sur les biens paraphernaux, lorsqu'il en jouit du consentement de la femme, ces droits ne peuvent néanmoins s'exercer que sur les fruits; la propriété reste toujours intacte dans le domaine de la femme, et le mari n'en pourrait nullement disposer sans le consentement de la femme. Si des aliénations avaient été faites par le mari, la femme pourrait en demander la nullité, laquelle serait prononcée par les tribunaux, à moins qu'elle n'eût ratifié l'aliénation, soit expressément, soit tacitement. V. ce que nous avons dit à ce sujet aux n°s 3 et suivants.

2° *Obligations du mari à l'égard des biens paraphernaux de la femme, lorsqu'il en jouit sans mandat, et néanmoins sans opposition de sa part.*

192. L'art. 1580 impose au mari qui jouit des biens paraphernaux *toutes* les obligations de l'usufruitier. Cette disposition, jetée en quelque sorte dans le Code comme pour satisfaire à une nécessité, présente de nombreuses difficultés dans son application. Nous avions déjà fait une semblable observation dans notre *Traité de la dot* (1), à l'égard de l'art. 1562 qui soumet aussi le mari à toutes les obligations de l'usufruitier à l'égard des biens dotaux; nous avions dit que malgré les termes formels de cet article, nous serions quelquefois obligé de rejeter celles de ses dispositions qui blesseraient l'ensemble du régime dotal; nous nous verrons contraint d'en faire autant en ce qui touche les obligations du mari envers les biens paraphernaux, car il nous arrivera quelquefois de rencontrer dans la section qui trace les obligations de l'usufruitier, des règles inapplicables à notre sujet.

193. La première obligation du mari à l'égard des paraphernaux, serait de faire faire un inventaire des meubles et un état des immeubles qui les composent; mais lorsqu'on réfléchit à la manière dont les choses se passent entre époux, on pense, avec

(1) Tom. 1ᵉʳ, pag. 207.

raison, que cette règle peut rarement être observée; on sait, en effet, que lorsque la femme abandonne à son mari la jouissance de ses biens paraphernaux, cela se fait souvent par gradation, quelquefois même sans que la femme y pense, de manière à fixer spécialement son attention. Dès-lors, il devient fort difficile de fixer l'époque précise où l'usufruit a commencé, et où ont commencé également les obligations de l'usufruitier. Dans ce cas, quelle décision faut-il prendre à l'égard de l'obligation imposée au mari, de faire faire l'inventaire et l'état des immeubles? Il faudrait dire, à l'égard du mobilier, que la femme serait admise à en prouver la consistance au moment où le mari a commencé sa jouissance. Elle pourrait invoquer, à l'appui de sa demande, les dispositions des art. 1415 et 1504 du Code civil, qui portent que la femme peut être admise à faire la preuve de la consistance et de la valeur du mobilier non inventorié et apporté par elle dans la communauté. Cette preuve pourrait être faite, tant par titres et papiers domestiques que par témoins, et, au besoin, par la commune renommée. V. dit art. 1415.

194. Si le mari était tombé en déconfiture, que ses biens eussent été expropriés, la femme pourrait-elle se présenter dans l'ordre et offrir de prouver, par commune renommée, contre les créanciers opposants, la consistance et la valeur de son mobilier?

Ce qui pourrait faire naître quelque doute sur l'affirmative de cette question, c'est qu'il est naturel d'admettre la preuve contre le mari ou ses héritiers, parce qu'il est facile à ceux-ci de se procurer des témoins, tandis que des tiers ne peuvent facilement trouver les éléments de la preuve contraire.

Toutefois la question a été jugée contre les tiers, dans l'espèce suivante, où il s'agissait d'un mobilier paraphernal.

5 Janvier 1813, jugement qui prononce la séparation de biens entre les époux Ferchat. En 1820, un ordre est ouvert pour la distribution d'une somme de 4,000 fr., prix d'un domaine provenant du sieur Ferchat. Les enfants Ferchat demandent à être colloqués au premier rang pour une somme de 4,040 fr., dont 2,440 fr. pour prix du mobilier apporté par leur mère à son mari, suivant un état estimatif par elle présenté. Faure, créancier, combat cette allocation; il soutient que la créance des enfants n'est pas constatée, et que rien ne prouve que le mobilier dont la valeur est réclamée ait été reçu par le mari. Les enfants Ferchat offrent de prouver la valeur du mobilier par commune renommée. 13 Août 1824, jugement qui colloque purement et simplement les enfants Ferchat. Appel par le sieur Faure. Il soutient que la preuve offerte ne peut être faite contre les tiers.

Arrêt. — «La cour; .... Attendu que Faure n'a point établi que le règlement des droits de la femme Ferchat fût exagéré; que les enfants Ferchat ne rapportent aucun acte constatant la quotité de ses reprises ; que dans cette position, ces derniers offrant de prouver, par l'enquête de commune renommée, quelle était la consistance du mobilier que Ferchat père avait recueilli, il y a lieu d'accueillir cette offre qui conduira à la connaissance de la valeur des reprises de la femme Ferchat, ordonne, avant faire droit, etc. »

195. A l'égard des immeubles, il faudrait décider que le mari serait censé les avoir reçus en bon état, s'il avait négligé d'en faire constater les dégradations; mais serait-il admis à faire la preuve que les dégradations existaient avant son entrée en jouissance? Cette question s'est présentée devant la cour de Nancy, le 28 novembre 1824, et a été jugée en faveur de l'usufruitier ; remarquez toutefois que cette preuve ne peut être faite qu'autant qu'il existe déjà un commencement de preuve par écrit ; V. Sirey, tom. 26, 2, 114.

196. Si le mari, au lieu de se mettre en possession des biens paraphernaux de la femme, par suite de l'abandon tacite de cette dernière, était entré en jouissance par son consentement formel, mais néanmoins sans mandat de sa part ; que pour se conformer à l'art. 600, il eût tout à la fois fait faire l'inventaire du mobilier et l'état descriptif des immeubles, lequel, du mari ou de la femme, devrait en supporter les frais?

Dans notre *Traité de la dot*, en parlant des obligations du mari à l'égard des biens dotaux, nous avions décidé cette question contre la femme ; nous pensions avoir réfuté les raisons sur lesquelles M. Proudhon fondait l'opinion contraire ; mais M. Toullier, dans son 14ᵉ volume, pag. 398, a professé la même doctrine que M. Proudhon, et a condamné la nôtre. Voici comment il s'exprime à ce sujet :

« Cet auteur (l'auteur du *Traité de la dot*) pense aussi qu'à la dissolution du mariage le mari peut répéter les frais de l'inventaire des meubles et de l'état des immeubles qu'il doit faire dresser à son entrée en jouissance des biens dotaux. C'est une obligation qui lui est imposée par la généralité de la disposition de l'art. 1562, lequel le soumet généralement, à l'égard des biens dotaux, à *toutes* les obligations de l'usufruitier, à qui l'art. 600 prescrit de faire dresser cet inventaire et cet état. On a donc demandé aux dépens de qui ? Nous avions déjà résolu la question contre l'usufruitier, dans notre tome 3 (pag. 278), et le docte Proudhon la résout de la même manière. Nous persistons donc dans notre opinion. C'est au mari que la loi prescrit de faire dresser l'inventaire ; c'est sur lui seul que pèse cette obligation, dont l'observation lui importe pour le moins autant qu'à son épouse. »

Personne n'est plus disposé que nous à revenir d'une opinion que l'on nous prouve être erronnée, et nous cédons toujours à l'autorité de la raison ;

si nous nous trompons, c'est de bonne foi. Sur la
question proposée, nous ne pouvons nous rendre
aux raisons de M. Toullier; elles nous paraissent
même peu propres à résoudre la question d'une
manière satisfaisante.

Cet auteur, d'ailleurs si éminemment judicieux,
s'était prononcé, dans son tome 3, contre l'usufruitier, mais il n'avait point examiné la question, et il
ne la motive pas autrement que par ces mots :
« Les frais de cet inventaire et de cet état sont pour
le compte de l'usufruitier, *auquel la loi impose
l'obligation de le faire dresser.* » Ainsi, comme on
le voit, c'est la seule raison sur laquelle M. Toullier
fonde son opinion; c'est aussi celle qui avait principalement décidé M. Proudhon.

Examinons-la donc avec attention.

D'abord, nous reconnaissons que l'art. 600 impose
l'obligation formelle à l'usufruitier de faire procéder
à l'inventaire des meubles et à la vérification des
immeubles soumis à l'usufruit; c'est un point incontestable. Mais est-ce là une raison pour lui en faire
supporter les frais? Nous ne le pensons pas; nous
allons le démontrer.

L'art. 451 du Code civil dispose que le tuteur,
dix jours après sa nomination, devra faire procéder
à l'inventaire des biens du mineur. On ne saurait
contester aussi que ce ne soit là une obligation formelle imposée au tuteur; et jamais il n'est venu
dans l'esprit de qui que ce soit, de penser que les
frais de cet inventaire dussent être à la charge du

mineur. Une semblable obligation est imposée à l'exécuteur testamentaire, Cod. civ., 1031 ; à l'héritier bénéficiaire, art. 794, et enfin, au mari, dans le cas prévu par l'art. 1414; et ces diverses personnes ne sont, pas mieux que le tuteur , obligées de payer les frais de cet inventaire auquel elles sont formellement astreintes. Pourquoi voudrait-on prendre une décision contraire à l'égard du mari?

Dirait-on que cet inventaire et cet état sont faits dans son intérêt, afin qu'il puisse réclamer les améliorations qu'il aura faites dans les immeubles, et qu'il ne soit tenu que de rendre les meubles inventoriés; mais nous avions déjà prévu cette objection dans notre *Traité de la dot* où elle se trouve réfutée; voici ce que nous disions à ce sujet :

« Mais aux frais de qui doit être fait cet inventaire? Nous croyons que cette question doit se résoudre contre celui des époux qui a le plus d'intérêt à ce qu'il soit fait ; or, c'est sans contredit à la femme qu'il importe le plus que cette formalité soit remplie, *puisque c'est là le seul titre qu'elle puisse avoir pour constater l'existence de son mobilier et de ses titres de créances*, dans le cas surtout où elle s'est fait une constitution générale de biens présents et à venir , sans aucune désignation détaillée des biens présents. On peut bien dire, à la vérité, que le mari est aussi intéressé à faire faire un inventaire, puisque c'est pour lui un moyen de faire connaître les améliorations et les dépenses qu'il aura faites pendant la durée du mariage; mais remarquons que cet intérêt n'est, en quelque sorte, que secondaire, puisqu'il repose sur des circonstances encore incertaines, et qui peuvent ne pas exister. »

M. Toullier n'a pas répondu à cette raison, et cependant il est obligé de convenir que cet inventaire est fait dans l'intérêt de la femme autant que dans celui du mari. M. Proudhon, qui fait le même aveu que M. Toullier, croit repousser l'argument puisé dans l'intérêt de la femme, en disant que « quoique une obligation soit faite dans l'intérêt du prêteur, les frais n'en sont pas moins à la charge de l'emprunteur; mais nous avons encore répondu à cela, dans notre *Traité de la dot*, tom. 1er, pag. 211; nous avons dit qu'il y avait, à l'égard du prêteur, une disposition certaine, et qu'en ce qui concerne le paiement des frais de l'inventaire, il n'en existait aucune, d'où il suit qu'on ne peut argumenter de ce cas à celui que nous examinons.

En résumé, dès le moment qu'il est démontré que tous ceux qui sont appelés à l'administration ou à la jouissance du bien d'autrui, ne sont pas tenus au paiement des frais de l'inventaire qu'on les oblige de faire dresser, il faut en dire autant du mari, puisqu'il n'y a point de disposition qui décide le contraire; d'un autre côté, dès qu'il est également prouvé que l'inventaire est plus dans l'intérêt de la femme que dans celui du mari, on ne peut pas, sans blesser la justice, en mettre les frais à la charge de ce dernier.

197. Quoique le mari, qui jouit des paraphernaux, soit tenu de *toutes* les obligations de l'usufruitier, nous ne pensons pas qu'il soit obligé de donner caution; les lois 1 et 2, Cod. *de fidej. vel mand.*, *dot. deut.*, et l'art. 1560 en dispensent le mari à l'égard des biens dotaux; il en doit être de même pour le mari qui jouit des paraphernaux. Il y a d'ailleurs, pour la femme paraphernale, dans ce cas, une garantie que n'a pas la femme dotale; c'est que la première peut faire cesser, quand il lui plait, l'usufruit du mari; or, dès qu'à la moindre malversation du mari, la femme peut retirer tous les pouvoirs qu'elle lui avait abandonnés, elle peut facilement se mettre à l'abri, ce que ne peut pas faire la femme ayant une constitution dotale. M. Bellot des Minières, dans son *Traité du contrat de mariage*, tom. 4, pag. 316, est aussi de cet avis. « L'obligation de fournir caution, dit-il, est bien une de celles de l'usufruitier. Nous ne pensons pas que ce soit là l'esprit du Code; en général, les maris sont dispensés, à l'égard de leurs femmes, de donner caution. La femme a une ressource que n'a point le propriétaire en matière d'usufruit; c'est l'hypothèque légale. D'ailleurs, l'art. 1580 est fait dans la supposition que le mari jouit sans ordre ou en vertu d'ordre tacite de la femme. »

Nous ne partageons pas l'opinion de M. Bellot des Minières, relativement à l'hypothèque légale qu'il accorde à la femme pour le prix de ses paraphernaux; mais la raison qu'il donne sans la déve-

lopper, de la jouissance tacite du mari, fait assez
pressentir que l'obligation de fournir caution ne peut
être imposée au mari, parce qu'elle ne serait guères
praticable. Quel moment la femme choisirait-elle
pour exiger la caution? Ce ne serait pas au moment
où le mari entrerait en jouissance, car alors elle lui
refuserait bien plutôt cette jouissance, que de
l'obliger à un cautionnement; serait-ce lorsque le
mari se serait déjà mis en possession et jouirait des
paraphernaux? Mais alors, au lieu de lui demander
une caution, elle aurait un moyen bien plus assuré
de se garantir de sa mauvaise administration, en
lui retirant son usufruit, puisque par une simple
demande elle peut y mettre fin. Ce serait donc une
inutilité que de demander au mari l'exécution de
l'obligation qui prescrit à l'usufruitier de donner
caution. Elle n'a pas été, comme le dit M. Bellot,
dans l'intention du législateur.

198. Le mari qui a l'usufruit des paraphernaux
doit jouir en bon père de famille. *Sed cum fructua-*
rius debeat quod suo suorumque facto deterius
factum sit reficere, non est absolvendus, licet
usumfructum derelinquere paratus sit. Debet enim
omne quod diligens pater-familias in domo sua
facit, et ipse facere, l. 65, ff. *de usufr.* Mais qu'est-
ce que c'est que jouir en bon père de famille? C'est
administrer avec une sagesse éclairée; c'est concilier, dans sa jouissance, les intérêts du propriétaire
avec ceux de l'usufruitier; c'est percevoir de façon

que la jouissance actuelle ne nuise pas à la jouissance à venir; enfin, « jouir en bon père de famille,
dit M. Proudhon, tom. 3, pag. 441, ce n'est pas,
pour l'usufruitier, user des choses soumises à son
usufruit, comme il est accoutumé d'user des siennes
propres; car s'il est trop peu soigneux dans ses
affaires, cela ne peut l'autoriser à ne l'être pas assez
dans celles d'autrui. Par la même raison, jouir en
bon père de famille, ce n'est pas user comme
faisait le testateur qui pouvait s'écarter des règles
d'un bon administrateur et se permettre des dissipations en abusant de sa propre chose dans la
manutention de son patrimoine, tandis que l'usufruitier ne doit jamais se permettre un abus de
jouissance. »

199. Le mari qui jouit des paraphernaux est
soumis à toutes les réparations d'entretien. Les
grosses réparations demeurent à la charge de la
femme, à moins qu'elles n'aient été occasionnées
par le défaut de réparations d'entretien, depuis l'ouverture de l'usufruit, auquel cas le mari en est aussi
tenu; Cod. civ., art. 605. Le Code civil détermine
quelles sont les grosses réparations : ce sont celles,
dit l'art. 606, des gros murs et des voûtes, le rétablissement des poutres et des couvertures entières;
celui des digues et des murs de soutènement et de
clôture aussi en entier ; toutes les autres réparations
sont d'entretien.

200. Quoique les grosses réparations restent à la charge de la femme, le mari doit néanmoins les faire faire en sa qualité d'administrateur, sauf à en répéter le prix. La raison en est que tout administrateur doit veiller à la conservation des biens qui lui sont confiés. Nous trouvons un appui à cette opinion, 1° dans la disposition de l'art. 1428, qui dispose que le mari (sous le régime de la communauté) a l'administration de tous les biens personnels de la femme, et qu'il est responsable de tout dépérissement causé par défaut d'actes conservatoires; 2° dans la doctrine professée sur ce point par le savant Proudhon, tom. 4, pag. 69; « lorsqu'il s'agit, dit-il, du fonds propre de la femme, soit que le mariage ait été célébré sous le régime communal, soit qu'il ait été célébré sous le régime dotal, la qualité d'administrateur impose au mari le devoir de pourvoir aux réparations de toute espèce, parce qu'elles sont nécessaires pour la conservation de la dot. Le même devoir est imposé aux père et mère qui ont l'usufruit légal des biens de leurs enfants mineurs, puisqu'ils en sont en même temps les tuteurs, et qu'en cette qualité, ils doivent veiller à la conservation de leurs biens. Mais dans ce cas, l'usufruitier qui fait une grosse réparation, n'acquittant pas sa dette propre, doit avoir un droit de répétition, ainsi que nous l'établirons plus amplement dans la suite. »

201. Ainsi, le mari a le droit de répéter le mon-

tant des grosses réparations qu'il a fait faire dans les biens paraphernaux; mais il n'a ce droit qu'autant que les grosses réparations n'ont pas été causées par le défaut de réparations d'entretien, car alors aucune répétition ne lui est permise à cet égard; Cod. civ., art. 6o5.

202. Que faut-il entendre par gros murs ? On désigne par ces expressions, tous les murs en pierres de taille, molasses, moëllons ou autres matériaux ayant assez d'épaisseur pour pouvoir supporter une charpente ; ainsi, tous les murs de face et de refend ; ceux qui, sans s'élever jusqu'au faîte du bâtiment, ne soutiennent qu'un étage ou une portion de construction supérieure. Il faut aussi entendre par gros murs, ceux des puits et des fosses d'aisances ; les contremurs que nécessitent les cheminées et les étables; enfin, tous ceux qui présentent assez de solidité pour servir d'appui ou de clôture extérieure.

203. Il y a une distinction importante à faire, néanmoins, à l'égard des murs de clôture et de soutènement. Ces espèces de murs sont bien dans la classe des gros murs, mais une simple réparation à faire ne serait pas à la charge de la femme; il faudrait, pour qu'elle fût tenue au paiement des travaux faits, qu'ils concernassent le *rétablissement entier* de ces sortes de murs; les réparations que son mauvais état aurait pu nécessiter seraient supportées par le mari; il n'en serait pas ainsi pour les gros

murs autres que ceux dont nous venons de parler.
Non-seulement leur rétablissement entier serait à la
charge de la femme, mais encore les simples *réparations.* La loi se servant de ce mot, et non pas de
celui de *reconstruction.*

204. Faudrait-il regarder comme gros murs ou
grosses réparations, le remplacement de plusieurs
marches d'un escalier en pierre? Nous pensons que
lorsque le législateur s'est servi de cette expression
gros murs, il a voulu désigner par là tout ouvrage
de grosse maçonnerie, parmi lesquels il faut nécessairement ranger l'escalier en pierre d'un édifice
quelconque. Il faut en dire autant du rétablissement
du piédestal d'une statue, des colonnes servant de
soutien à un bâtiment; en un mot, de toute construction forte, matérielle, faite avec de gros matériaux,
et destinée à servir de support ou de clôture.

205. Le mari ne serait pas obligé de faire des
réparations d'entretien aux choses qui se trouveraient
au moment de son entrée en jouissance dans un état
complet de dégradation. Ainsi, la cour de cassation
a jugé, par arrêt du 10 décembre 1828, au rapport
de M. Mousnier-Buisson, que l'usufruitier ne pouvait être condamné à faire réparer les planchers qui,
lors de son entrée en jouissance, étaient dans un
état de dégradation complète, à cause de leur
ancienneté. V. Sirey, tom. 29, 1, 14.

206. Sous le mot de *voûtes*, il faut comprendre celles des caves, serres, fours, les arcs de portes, de magasins, d'allées. Ainsi, le mari pourra répéter le prix des réparations qu'il aura faites à ces diverses choses, parce qu'elles appartiennent aux grosses réparations.

207. *Le rétablissement des poutres* doit être entendu en ce sens, que toutes les grosses pièces de charpente qui soutiennent la toiture et les planchers y soient comprises. M. Proudhon veut aussi que les poutrelles employées dans les édifices moins importants soient comprises dans la classe des poutres, attendu que leur établissement est un genre de réparation qualifié plutôt par la fonction que par le plus ou le moins de grosseur des objets qui sont à réparer. Nous partageons pleinement cette opinion : dès que les poutrelles tiennent lieu de poutres dans un petit bâtiment, leur rétablissement doit être considéré comme une grosse réparation. « Mais, ajoute M. Proudhon, le rétablissement total ou partiel des sablières placées sur terre pour servir à clouer ou poser le plancher de foulée du rez-de-chaussée; celui des lambourdes qui ne sont point destinées à renforcer les poutres, mais qui n'auraient été placées que pour ornement ou que pour ajuster un plafond après coup: celui des solives et soliveaux qui sont posés d'une poutre à l'autre pour servir immédiatement à soutenir le plancher, ainsi que celui des planches ou ais des parquets ou pavés, sont à la charge de l'usufruitier, comme réparations d'entretien. »

208. A l'égard *des couvertures entières*, il est à remarquer que ce mot *entière* ne doit pas être pris dans un sens mathématiquement rigoureux. Il ne faudrait pas mettre à la charge du mari le rétablissement de la couverture, parce qu'il resterait quelques petites portions qui n'auraient pas souffert; ce serait interpréter la disposition législative d'une manière jésuitique; les auteurs du Code ne l'ont sûrement pas entendu ainsi. Il sera peut-être quelquefois difficile de savoir à quel point il faudra placer la ligne séparative de l'obligation de l'usufruitier de celle du propriétaire; mais cette appréciation sera faite par les tribunaux ou par des gens de l'art.

209. Le mari usufruitier des paraphernaux est tenu, pendant sa jouissance, de toutes les charges annuelles de l'héritage, telles que les contributions et autres qui, dans l'usage, sont censées charges des fruits; Cod. civ., art. 608. *Usufructu relicto, si tributa ejus rei præstentur, ea usufructuarium præstare debere dubium non est*; l. 52, ff. *de usufr. et quemad.*

210. La loi place les contributions au premier rang des charges qui pèsent sur le mari usufruitier. Ces tributs ont toujours été considérés comme une

dette de la jouissance ; on les divise en contributions ordinaires et en contributions extraordinaires. Les contributions ordinaires sont celles qui se paient annuellement ; elles sont à la charge du mari et ne peuvent être répétées à la fin de l'usufruit. Les contributions extraordinaires sont celles qui se paient en une seule fois ; telles sont les *réquisitions en temps de guerre*, *l'emprunt forcé*, etc., lesquelles sont supportées par le propriétaire. Nous avions déjà émis une semblable opinion dans notre *Traité de la dot*, tom. 2, pag. 232, n° 185. Cette doctrine a été vivement contestée par M. Toullier, dans son tome 14e, page 403 ; nous ne voulons pas laisser cette attaque sans réponse, parce que nous croyons que nous n'avons pas eu le bonheur d'être compris par ce savant jurisconsulte qui a raisonné tout à fait en-dehors de la question. Voici comment il s'exprime à ce sujet :

« Nous trouvons dans le *Traité de la dot* de M. Benoit une doctrine *si étrange*, que nous ne pouvons nous dispenser d'en parler. Il dit que le mari peut répéter, sur les sommes dotales, le montant des contributions extraordinaires qu'il a payées pendant le mariage ; ainsi, ajoute-t-il, lorsque les biens dotaux ont été frappés de *réquisitions en temps de guerre*, ou bien *d'un emprunt forcé par le gouvernement ;* si, par la suite, le mari n'obtient pas le remboursement de ces valeurs, il aura le droit de les imputer sur la dot, à la dissolution du mariage. M. Benoit a-t-il donc oublié que nous ne vivons

plus sous le régime des ordonnances et *du bon
plaisir*, mais sous un gouvernement libre et repré-
sentatif , et que cette charte immortelle , contre
laquelle viendront toujours échouer tous les efforts
de la malveillance, porte , art. 48 : Aucun impôt
ne peut être établi ni perçu , s'il n'a été consenti
par les deux chambres et sanctionné par le roi? Le
gouvernement ne peut donc plus créer d'emprunt
forcé ni frapper des propriétés particulières de
réquisitions de guerre ou autres. Le ministre préva-
ricateur qui oserait contresigner une ordonnance
qui les autorisât serait mis en accusation et condamné comme concussionnaire. Le mari qui se serait
lâchement soumis à de pareilles exactions ne serait
pas plus autorisé à les imputer sur les sommes dotales, que nos fermiers ne furent autorisés , par les
tribunaux, à retenir les sommes et les réquisitions
qu'exigèrent d'eux, dans le temps de nos troubles,
de faux royalistes, ou plutôt des brigands sous le
nom de chouans. On n'a pas seulement le droit de
se refuser à tout impôt qui n'est pas consenti légalement; c'est, de plus, un devoir, ainsi que l'ont
prouvé les discussions qui se sont élevées au sujet
de la célèbre *association bretonne.* »

L'effervescent besoin de manifester une opinion
politique que je ne veux ni combattre ni approuver,
parce que ce n'est pas ici le lieu, a pu seul faire
sortir l'honorable M. Toullier des bornes d'une critique purement civile, et de la véritable question
proposée. Il ne s'agissait pas en effet du point de

savoir si les impôts et les réquisitions en temps de
guerre payés par le mari, étaient ou non conformes
à la loi constitutionnelle, encore moins d'examiner
si *l'association bretonne* était dans son droit en
refusant le paiement des contributions, mais simplement de savoir si le mari usufruitier des biens dotaux
pouvait imputer sur la dot les répétitions que j'avais
signalées. Mais qu'y a-t-il donc d'ailleurs de *si
étrange* dans la doctrine d'un auteur qui écrit pour
tous les temps et pour tous les lieux, dont le livre,
quelque imparfait qu'il soit, peut survivre à plus
d'un gouvernement et à plus d'un régime, que de
dire que les emprunts forcés et les réquisitions en
temps de guerre ne devraient pas être considérés
comme des charges de la jouissance du mari usufruitier des biens dotaux ? Est-ce que les opinions d'un
jurisconsulte doivent toujours être en harmonie
avec les institutions souvent mobiles de tel ou tel
gouvernement ? Ne lui sera-t-il pas permis de prévoir
une calamité publique qui mettrait une fraction de
la France aux prises avec ses ennemis intérieurs ou
extérieurs, et forcerait un état de siége momentané,
lors duquel l'application de toutes les lois sont sus-
pendues, et où *le bon plaisir* d'un seul homme est
le seul pouvoir reconnu ? Mais sous le règne de la
charte, lors des deux invasions que la France a eu
à subir, il y a eu des emprunts forcés, des réquisitions souvent considérables chez les propriétaires ;
et l'on n'a point traité de lâches les maris qui n'ont
pas fait le coup de fusil contre ceux qui venaient

leur enlever bien illégalement leurs denrées et leurs
récoltes. Sous le régime de la charte, ce *palladium*
de la liberté, j'ai été arrêté, emprisonné pendant
cinquante-six jours, sans avoir jamais été INTERROGÉ
NI JUGÉ; et cependant je pouvais invoquer toutes
les lois qui garantissent à chacun sa liberté indi-
viduelle; sous le régime de la charte, et dans l'une
des villes de France où la liberté constitutionnelle
a jeté son premier cri, j'ai vu affiché un arrêté signé
par un lieutenant-général et un préfet, portant que
« tout habitant chez lequel il sera trouvé des armes
de guerre, ou qui aurait en son pouvoir des armes
de chasse dont il n'aurait pas fait la déclaration,
*sera livré à la commission militaire, et sa maison
rasée.* »

Laissons donc de côté, dans cette discussion,
tout ce qui tient aux opinions politiques, et disons
que, sur la question proposée, nous avons eu raison
de dire que les emprunts forcés et les réquisitions
en temps de guerre ne peuvent être considérés
comme des charges usufructuaires, et qu'elles doivent rester pour le compte de la femme.

211. M. Proudhon distingue, entre les contributions qui ont pour objet l'entretien des choses com-
munales et celles qui concernent les frais de premier établissement de ces divers objets. Les premières
sont, selon lui, à la charge de l'usufruitier; les
secondes, à la charge du propriétaire, en concours
avec l'usufruitier. S'il s'agissait, dit-il, tom. 4,

n° 1796, de dépenses ordonnées pour fournir non à de simples réparations d'entretien, mais bien aux frais de premier établissement, ou même de grosses réparations des puits et fontaines publics, des églises et presbytères, des digues et chaussées, des canaux d'irrigation, de salubrité ou de dessèchement dont nous venons de parler, comme encore des frais de premier établissement pour l'ouverture et la confection d'un chemin vicinal, ou autres objets d'utilité municipale, les sommes exigées devraient être considérées comme des charges imposées sur la propriété même, et au paiement desquelles le propriétaire et l'usufruitier devraient concourir conformément aux règles qui seront expliquées dans le chapitre suivant. »

Nous ne partageons pas cette opinion de M. Proudhon ; nous pensons que ces frais de premier établissement et de grosses réparations étant convertis en impôt sous la dénomination de centimes additionnels, et ces centimes additionnels se percevant annuellement, doivent être rangés dans la classe des contributions ordinaires.

212. Le mari qui jouit des biens paraphernaux est aussi tenu du paiement des pensions viagères et des rentes. Le Code, au titre de l'usufruit, n'a aucune disposition à ce sujet ; mais on arrive à cette décision par un argument tiré de l'art. 1409 qui dispose que la communauté se compose passivement, 1°, 2°, 3°, des arrérages et intérêts seulement des

rentes ou dettes passives qui sont personnelles aux deux époux ; or, dit-on, la communauté usufruitière des biens personnels des deux époux étant chargée du paiement de ces arrérages de rentes et de ces intérêts, il faut en dire autant du mari usufruitier des biens paraphernaux.

213. Remarquons toutefois que cette décision ne concerne que l'usufruitier universel ou à titre universel ; d'où il faut conclure que le mari qui ne jouirait que d'un immeuble paraphernal, et non de la totalité ou d'une quotité des paraphernaux, ne serait pas tenu du paiement des rentes constituées hypothéquées sur cet immeuble ; c'est là du moins l'argument à tirer de l'arrêt rendu dans l'espèce suivante :

« Sous le Code Napoléon, décès de la dame de Waha. — Elle lègue à son mari l'usufruit de sa maison, dont la nue-propriété est dévolue à l'héritier légitime, la dame de G.... Ce qu'il importe d'observer, c'est que la maison dont il s'agit est spécialement hypothéquée pour sûreté du capital d'une rente constituée en perpétuel.

» Le créancier de la rente demande le paiement des arrérages ; question de savoir qui, de l'héritier légitime ou de l'usufruitier, doit servir ces arrérages.

» La difficulté s'élève entre le sieur de Waha et la dame de G....

» Jugement du tribunal de Louvain, qui met le paiement à la charge de l'héritier.

» Appel par la dame de G....

» L'appelant soutient que la rente constituée étant hypothéquée sur la maison de la dame de Waha, cette rente, par cela seul, forme une charge de l'héritage; qu'ainsi l'usufruitier doit en payer les arrérages annuels, d'après l'art. 608, C. N., ainsi conçu :

« L'usufruitier est tenu , pendant sa jouissance,
» de toutes les charges de l'héritage, telles que les
» contributions et autres qui, dans l'usage, sont
» censées charges des fruits. »

» A l'appui de ce système, la dame de G.... citait M. de Malleville, dans son analyse raisonnée du Code civil, sur l'art. 611. — « L'art. 1020 (ainsi s'exprime M. de Malleville) dit que si le testateur
» a grevé d'une hypothèque la chose léguée à usu-
» fruit, l'héritier n'est pas tenu de la dégager, à
» moins qu'il n'en ait été expressément chargé par
» le testateur. On a demandé sur cet article s'il
» dispensait l'usufruitier particulier d'acquitter la
» rente constituée sur le fonds; il a été répondu
» que cette rente était une charge de l'usufruit....»

» Le sieur de Waha répond par le texte de l'art. 611, Code Nap., portant en toutes lettres que « l'u-
» sufruitier à titre particulier n'est pas tenu du
» paiement des dettes auxquelles le fonds est hypo-
» théqué. » — Il soutient que cet article s'applique aux rentes constituées; que ces sortes de rentes sont de véritables *dettes* et non des *charges*, dans le sens de l'art. 608, C. N.; — il s'étaie à cet égard de l'autorité de Voët, sur le digeste, liv. 7 , tit. 1 ,

n. 37 , qui met expressément à la charge de l'héritier
de la nue-propriété, les rentes ou redevances autres
que les rentes foncières , encore qu'elles soient hypothéquées sur le fonds sujet à l'usufruit. *Sed et census
et canonis præstatio* (dit Voët, *loco citato*), *quoties agri censualis aut emphyteuticarii ususfructus
est. Idemque in reditibus fundorum aliis mere
realibus probandum. Alios sane reditus quod
attinet , pro quorum præstatione personalis obli-
gatio est, et simul prædia sive rustica sive urbana
pignoris jure devincta, eorum onus agnoscere non
tenetur is , cui prædii talis ususfructus singularis
constitutus est, cum etiam in ipsa rerum proprie-
tate legata ita jus sit, ut hæres pignus luere
debeat, et ita rem legatario præstare liberam a
pignoris obligatione....*

» Sur ces moyens, arrêt qui condamne les héritiers légitimes à servir les arrérages.

» Arrêt. — Attendu que l'art. 611 du Code Napoléon, en déclarant que l'usufruitier à titre particulier n'est pas tenu des dettes auxquelles le fonds
est hypothéqué, indique suffisamment que les arrérages d'une rente constituée à prix d'argent, et hypothéquée sur l'immeuble dont il a l'usufruit, ne sont
pas compris parmi les charges annuelles de l'héritage dont l'art. 608 vient de parler ;

» Qu'en effet, les arrérages de cette espèce de
rente ne sont ni des charges de l'héritage hypothéqué par le contrat de constitution, ni des charges
des fruits de cet héritage, mais la dette personnelle

de celui qui a reçu l'argent lors de la constitution de la rente, ou celle de ses héritiers;

» Qu'ainsi, ces arrérages doivent être classés parmi les dettes auxquelles le fonds est hypothéqué, et dont parle l'art 611 ;

» Qu'enfin, à raison de ces dettes, ni le légataire particulier de l'usufruit, ni celui de la nue-propriété du fonds hypothéqué pour sûreté du paiement d'icelles, ne peuvent être passibles que de l'action hypothécaire dans le cas de non-paiement de la part du débiteur personnel;

« Par ces motifs, la cour met l'appellation au néant, etc. »

214. Le mari qui jouit des biens paraphernaux n'étant tenu que des charges qui pèsent sur les fruits, n'est pas obligé au paiement de celles qui peuvent être imposées sur la propriété. Remarquons cependant qu'il en doit l'intérêt lorsque la femme les acquitte avec d'autres ressources qu'elle peut s'être réservées; la raison en est que si, au lieu de les payer avec ces ressources, elle eût pris sur les paraphernaux dont le mari jouit, l'usufruit en aurait subi une diminution ; il faut donc que la femme trouve, dans l'intérêt que lui paie le mari, la récompense de l'avance qu'elle a faite pour le paiement des charges imposées sur les immeubles paraphernaux, et que le mari subisse de son côté une réduction sur les revenus, attendu qu'il n'y a de biens dans le patrimoine de la femme, que déduction

faite des dettes; *bona non intelliguntur , nisi deducto ære alieno.*

215. Si le mari acquitte les charges qui peuvent être imposées sur la propriété avec ses deniers personnels, il a le droit de répéter le capital employé à ce paiement à la fin de l'usufruit. Cod. civ., 609.

216. L'art. 612 règle aussi de quelle manière le mari et la femme doivent concourir au paiement des dettes paraphernales; il porte que « on estime la valeur du fonds sujet à usufruit; on fixe ensuite la contribution aux dettes à raison de cette valeur. Si l'usufruitier veut avancer la somme pour laquelle le fonds doit contribuer, le capital lui est restitué à la fin de l'usufruit, sans aucun intérêt. Si l'usufruitier ne veut pas faire cette avance, le propriétaire a le choix, ou de payer cette somme, et dans ce cas l'usufruitier lui tient compte des intérêts pendant la durée de l'usufruit, ou de faire vendre, jusqu'à due concurrence, une portion des biens soumis à l'usufruit. »

217. Dans la pratique, et lorsque la femme laisse jouir son mari de ses biens paraphernaux, elle veille rarement elle-même à ses intérêts; c'est son mari qui administre et qui veille pour elle. Dans ce cas, en bon administrateur, il doit acquitter les dettes, pour ne pas payer des intérêts qui excèdent toujours le produit des immeubles, et alors les droits de chacun sont réglés par l'art. 612; cela ne peut donner lieu à aucune difficulté sérieuse.

218. S'il y a lieu d'intenter ou de soutenir un procès relatif aux biens paraphernaux, le mari et la femme doivent être en qualité. Si la contestation regarde la jouissance, le mari seul est tenu du paiement des frais et des autres condamnations auxquelles le procès peut donner lieu; Cod. civ., art. 613. Si le procès regarde à la fois la jouissance et la propriété, les frais se partagent entre le mari et la femme, en proportion de leurs droits.

219. Les termes de l'art. 613 peuvent n'être pas bien compris; il faut en connaître toute la portée.

D'abord, retenons que les frais de toutes les contestations qui ont trait à la jouissance du mari et à ses obligations comme usufruitier, doivent être supportés par lui seul. Ainsi, supposons, par exemple, qu'il s'élève entre le créancier de la femme et le mari un procès relatif au paiement des intérêts de la somme due, les frais seront à la charge du mari, parce que la contestation a pour objet une obligation attachée à sa jouissance.

Supposons, en second lieu, que le mari ait, dans l'exercice de sa jouissance, pratiqué quelque passage sur le fonds voisin ou tenté d'établir quelque autre servitude, et que cela ait donné lieu à une condamnation à des dommages et au rétablissement des lieux dans leur premier état, le mari seul supportera les frais et les réparations ordonnées.

Supposons encore que, dans une contestation relative à une revendication, il y ait une restitution de fruits ordonnée, elle devra être opérée par le mari seul, mais seulement en ce qui concerne la durée de sa jouissance.

220. Le mari supporte toutes les condamnations intervenues sur les actions possessoires intentées par lui seul; si la femme, sur la dénonciation qui lui est faite par le mari, intente elle-même le procès, quoiqu'il n'ait pour objet que la jouissance, le mari devra-t-il payer les frais et supporter les autres condamnations? M. Proudhon, qui examine cette question, se décide pour l'affirmative; il en donne pour raison, que le procès n'a pour objet immédiat que la jouissance; qu'il est par conséquent immédiatement dans l'intérêt de l'usufruitier, comme s'il avait agi lui-même; que c'est pour lui que la possession en a été revendiquée, et que s'il y a une restitution de fruits, c'est lui qui en profite. Nous partageons pleinement cet avis.

221. Si, pendant l'usufruit du mari, un tiers commet quelque usurpation sur les fonds paraphernaux, ou attente autrement aux droits de la femme, le mari est tenu de le dénoncer à celle-ci; faute de ce, il est responsable de tout le dommage qui peut en résulter pour la femme, comme il le serait de dégradations commises par lui-même. V. Cod. civ., 614.

222. L'obligation principale du mari, comme

celle de tout usufruitier, est de conserver la substance de la chose soumise à son usufruit , et de la
rendre lorsque cet usufruit vient à cesser ; toutefois
il n'est tenu à la représentation de cette chose que
lorsqu'elle a péri par sa faute. Ainsi, si l'usufruit
n'est établi que sur un animal qui vient à périr sans
la faute du mari, celui-ci n'est pas tenu d'en rendre
un autre ni d'en payer l'estimation ; V. Cod. civ.,
art. 615. Le droit romain avait une disposition semblable : *Sed quod dicitur debere eum submittere ,
toties verum est , quoties gregis , vel armenti , vel
equitii , id est universitatis usufructus legatus est.
Cæterum singulorum capitum nihil supplebit ;*
l. 70 , § 3, ff. *de usufr.*

223. Si le troupeau sur lequel l'usufruit du mari
serait exercé périt entièrement par accident ou par
maladie, et sans la faute de l'usufruitier, celui-ci
n'est tenu, envers la femme, que de lui rendre
compte des cuirs ou de leur valeur; si le troupeau
ne périt pas entièrement, l'usufruitier est tenu de
remplacer, jusqu'à concurrence du croît, les têtes
des animaux qui ont péri; Cod. civ., 615. Le mari
ne serait pas tenu, s'il n'y avait pas de croît,
d'acheter des animaux pour remplacer ceux qui
auraient péri , parce qu'on ne peut pas faire tourner
au détriment de l'usufruitier un droit qui a été
établi pour son utilité : *nulla juris ratio, aut æqui-
talis benignitas patitur , ut quæ salubriter pro
utilitate hominum introducuntur, ea non duriore*

interpretatione, contra ipsorum commodum pro-
ducamus ad severitatem; l. 25, ff. de legib.

§ 3.

Des Droits et des Obligations du mari qui jouit des biens
paraphernaux, malgré l'opposition constatée de la femme.

224. Le mari qui jouit des biens paraphernaux
de la femme, malgré son opposition constatée, doit
être assimilé au possesseur de mauvaise foi; aussi
voyons-nous que l'art. 1579 du Code civil l'oblige
à restituer, tant les fruits existants que ceux qui
ont été consommés. Mais quand est ce que le mari
doit être considéré comme jouissant des biens paraphernaux malgré l'opposition de la femme? De
quelle manière doit être formée cette opposition?
Voilà des questions qui ne sont pas d'une solution
facile.

La femme qui laisse à son mari l'administration
et la jouissance de ses biens paraphernaux est censée
avoir en lui toute sa confiance. Le législateur était
sans doute dominé par cette pensée, lorsqu'il a
tracé la règle portée par l'art. 1579; aussi voyons-
nous qu'il n'a pas voulu que cette confiance fût
enlevée au mari par un mouvement de colère ou
de mauvaise humeur; il n'a pas voulu que les droits
et les devoirs du mari, à l'égard des biens de la
femme, fussent subitement anéantis par l'effet d'un

caprice. Il a voulu au contraire que l'opposition de
la femme fût clairement manifestée et de manière
à pouvoir être prouvée au besoin ; en un mot, qu'elle
fût *constatée*. Mais de quelle manière devra être
faite cette opposition, pour que le vœu de la loi soit
rempli ? Roussilhe, *Traité de la dot*, tom. 1er,
pag. 172, pense que l'opposition de la femme doit
résulter de quelque acte judiciaire : « S'il paraît
quelque opposition, dit-il, à la jouissance, de la part
de la femme, soit directement, soit indirectement,
pourvu que cela résulte de quelque acte judiciaire,
le mari est alors, sans difficulté, tenu à la restitution
des fruits. » M. Malleville est du même avis, mais
il ajoute ces mots remarquables : *ce qui est pourtant
une cruelle extrémité*. M. Bellot des Minières, tom. 4,
pag. 310, se décide également pour l'opposition
signifiée par huissier ; enfin, M. Toullier s'exprime
en ces termes sur la question :

« Mais que faut-il entendre par une opposition
constatée, dans l'art. 1579 ? Nous croyons que c'est
une opposition notifiée au mari par écrit. On entend
généralement par le mot opposition, un acte judiciaire par lequel on déclare s'opposer à une chose
qui pourrait préjudicier à nos intérêts ; c'est un terme
de palais, et en ajoutant une opposition *constatée*,
il nous semble que le Code a voulu indiquer de
plus en plus que cette opposition doit être notifiée
au mari. Il a voulu par là prévenir les difficultés
sans nombre qui naîtraient d'une simple opposition
verbale, dictée souvent par un de ces instants d'hu-

meur dont ne sont pas exemptes les femmes les plus réservées et les plus sages. »

225. L'opinion de ces auteurs recommandables a été dictée par un motif de prudence bien louable sans doute, puisqu'il a pour objet de prévenir les procès auxquels pourrait donner lieu le défaut de preuve complète de l'opposition de la femme; toutefois, nous ne pensons pas que cette opinion doive être prise dans un sens absolu, c'est-à-dire que l'opposition de la femme ne puisse pas être *constatée* autrement que par un acte signifié au mari; ce serait *une trop dure extrémité*, comme l'a écrit M. de Malleville. Nous ne pensons pas même, comme le dit M. Toullier, qu'opposition *constatée* veuille dire opposition signifiée par écrit au mari; ce n'est pas là le sens de l'art. 1579. Ce mot *constaté*, selon nous, veut dire, prouvé, établi, démontré. *Constater* un fait, c'est en établir la vérité par des preuves incontestables; une opposition *constatée* est donc une opposition *prouvée;* or, on peut prouver l'opposition de la femme par une multitude de preuves autres qu'un acte signifié au mari.

Ainsi, supposons que la femme eût spécialement chargé un tiers de s'opposer à l'administration et à la jouissance de son mari, ou bien qu'elle eût donné à ce tiers tous les pouvoirs pour administrer en son nom; certes, on ne pourrait pas dire qu'il n'y eût pas là opposition *constatée* de la part de la femme; il y aurait, on peut le dire, une injustice criante de ne pas trouver cette opposition suffisante.

Supposons encore que la femme, au lieu de notifier au mari une opposition formelle, se fût con-
tentée de faire signifier des actes extrajudiciaires
aux fermiers, débiteurs et agents salariés, de ne plus
faire leurs paiements dans les mains de son mari,
parce qu'elle entendait reprendre elle-même l'administration et la jouissance exclusives de ses biens
paraphernaux; dirait-on encore qu'il n'y aurait pas
là opposition *constatée*?

Enfin, si, sans avoir pris toutes ces mesures, la
femme avait défendu, à plusieurs reprises différentes, verbalement ou par écrit, à son mari, de
s'immiscer, à l'avenir, dans la gestion de ses biens;
que cette défense pût être prouvée par des témoins
dignes de foi, entendus dans une enquête régulièrement faite; pense-t-on que le mari pût se défendre
en disant que l'opposition ne peut être constatée
que par une notification faite à sa personne ou à
son domicile? Non, sans doute, et un pareil système
serait, à coup sûr, repoussé par les tribunaux.

Cette opinion isolée peut recevoir quelque force
des termes dans lesquels est conçue celle de Roussilhe que nous avons citée au commencement de
cette discussion. On a remarqué sans doute ces
mots de cet auteur, *s'il paraît quelque opposition
de la femme, soit* DIRECTEMENT, *soit* INDIRECTEMENT;
une opposition *indirecte* est évidemment une de
celles que nous venons de signaler; c'est, par
exemple, une notification aux fermiers et débiteurs

de la femme ; c'est la déclaration faite au mari par un tiers, portant qu'il a été nanti de la procuration de la femme; etc. Si cet auteur eût vécu sous l'empire de la disposition de l'art. 1579, il eût été de notre avis, parce qu'il aurait pu s'étayer des termes d'une disposition législative ; tandis que dans le temps où il écrivait, il n'avait pour soutien que quelques opinions éparses et peu concluantes; il n'osait pas, on le voit, aller trop avant dans l'indication des manières de prouver l'opposition de la femme, parce qu'il ne savait sur quelle autorité fonder son opinion.

226. Une fois l'opposition de la femme *constatée*, le mari ne fait plus les fruits siens; il est constitué en état de mauvaise foi; il doit restituer tous ceux qu'il percevra à l'avenir et tous ceux qui existent en nature, provenant des biens paraphernaux; il y a plus: non-seulement il doit restituer les fruits en nature, mais la femme a le droit de se prévaloir, comme nous l'avons déjà dit dans le paragraphe précédent, du prix encore dû de ceux qui ont été vendus.

227. Le mari qui aurait joui des biens paraphernaux malgré l'opposition constatée de la femme, pourrait-il se soustraire à la restitution des fruits consommés, en alléguant qu'ils ont été employés aux dépenses du ménage et aux besoins de la famille?

Il faut distinguer : si tous les biens de la femme sont paraphernaux, celle-ci devant fournir aux besoins du ménage jusqu'à concurrence du tiers de ses revenus, le mari ne sera tenu qu'à la restitution des deux tiers des fruits consommés. Mais si la femme avait apporté une dot au mari suffisante pour subvenir aux charges du mariage, le mari serait tenu à la restitution entière des fruits ; la raison en est que c'est sur les produits de la dot que doivent d'abord être prises les valeurs nécessaires aux besoins communs, et que ce n'est que subsidiairement que les paraphernaux doivent y contribuer. Remarquons cependant que si tous les biens de la femme étaient paraphernaux, et que le mari fût sans ressources personnelles, la femme devant, dans ce cas, fournir à toutes les charges du mariage, le mari ne serait tenu à aucune restitution des fruits consommés, s'il était prouvé d'ailleurs qu'il eût réellement employé ces fruits aux besoins du ménage.

228. On agitait autrefois la question de savoir si le mari qui avait joui des biens paraphernaux malgré l'opposition de sa femme, était tenu de restituer les fruits consommés, lorsqu'il prouvait qu'il n'avait pas reçu la dot constituée, et qu'il avait employé ces mêmes fruits aux besoins du ménage commun.

On décidait généralement que le mari était tenu à la restitution, parce que si le mari n'avait pas reçu la dot, c'était sa faute, et que dans le cas où la dot n'était pas échue, elle portait intérêt. On adopterait sûrement aujourd'hui cette jurisprudence, parce qu'elle est fondée sur la justice. Il ne faut pas que le mari de mauvaise foi s'enrichisse au détriment de la femme envers laquelle il a le tort grave de jouir de ses biens malgré son opposition.

229. Le mari étant obligé de restituer tous les fruits consommés, serait-il écouté dans la demande qu'il ferait des frais de culture?

L'art. 548 du Code civil décide que « les fruits produits par la chose n'appartiennent au propriétaire, qu'à la charge de rembourser les frais de labours, travaux et semences faits par des tiers; » *hoc fructuum nomine continetur quod justis sumptibus deductis superest*, l. 1, C. *de fructib*. La loi ne dit rien, à la vérité, à l'égard du possesseur de mauvaise foi, mais nous trouvons encore dans le droit romain une décision spéciale à ce sujet : *Fructus intelliguntur deductis impensis quæ quærendorum, cogendorum, conservandorumque eorum gratia fiunt, quod non solum in bonæ fidei possessoribus naturalis ratio expostulat, verum etiam in prædonibus;* l. 36, § ult., ff. *de hæred. pet.;* V. aussi la l. 38, ff. *eod.*

230. Si après l'opposition constatée de la femme le mari continuait à jouir des biens paraphernaux, et que, pendant tout le temps de cette nouvelle jouissance, la femme, au lieu de reprendre la gestion de ses biens, gardât le silence et laissât son

mari jouir comme auparavant, pourrait-elle, à la dissolution du mariage, exiger la restitution des fruits existants et consommés depuis son opposition?

La question est délicate : on pourrait dire, en faveur du mari, que la femme, après son opposition, n'ayant point demandé la restitution immédiate des fruits, soit consommés, soit existants, a changé de détermination ; que le silence en est une preuve irrécusable; car si elle eût persisté dans sa première résolution, elle se serait mise de suite en possession et aurait géré elle-même tous ses biens; que ne l'ayant pas fait, elle doit être considérée comme ayant tacitement abandonné son opposition et donné, de la même manière, son assentiment à la nouvelle jouissance de son mari.

Pour la femme, on répondrait que la seule obligation que la loi lui impose pour faire cesser la jouissance de son mari et la perception de tous les fruits à son profit, est de former opposition à sa gestion; que la loi n'a pas voulu autre chose, afin de ne pas trop multiplier les causes d'irritation et de discorde entre les époux; que la femme, pour faire courir la restitution de fruits pour son compte, n'avait qu'à former cette opposition; que dès que cette opposition a eu lieu, le mari a été constitué en état de mauvaise foi; il a su, depuis cette opposition, qu'il jouissait indûment des biens personnels de la femme, et que plus tard il serait obligé d'en restituer les fruits inté٭   ٭nt. Cette opinion est.

au reste, celle que professe M. Toullier, tom. 14,
pag. 47.

« Ce n'est, dit cet auteur, que dans le cas où il
(le mari) jouit sans l'opposition de la femme, que
l'art. 1578 n'oblige le mari qu'à la représentation
des fruits existants, et le dispense du compte des
fruits consommés jusqu'alors, parce que jusqu'alors
aussi il jouissait de bonne foi, en vertu de la présomption légale du consentement tacite de la
femme. Sa bonne foi a cessé du moment où il a
connu la volonté contraire de la femme, art. 550;
il a su alors que s'il jouissait des biens paraphernaux
de sa femme, ou s'il continuait d'en jouir, il deve-
nait comptable de tous les fruits, tant existants que
consommés; l'art. 1579 l'en avertissait suffisamment.
Le silence de la femme, quelque long qu'il ait été,
ne peut être considéré comme un consentement
tacite que le mari continue de jouir, et de faire
siens les fruits consommés, lorsqu'il a été précédé
d'une opposition. »

Cette dernière opinion, appuyée sur l'autorité du
savant Toullier, nous paraît devoir être adoptée
préférablement à la première; toutefois, il pourrait
s'élever des doutes sérieux sur la solution de la
question, si le silence de la femme s'était prolongé
pendant plusieurs années; si depuis l'opposition, on
avait vu régner dans le ménage une parfaite harmonie;
s'il était prouvé que pendant tout le temps écoulé
depuis cette opposition, le mari eût régulièrement
employé les fruits des paraphernaux aux besoins de

sa femme et du ménage ; si des dettes de cette dernière avaient été acquittées ; si elle en avait reçu
elle-même les quittances des créanciers. Il ne faudrait donc pas prendre l'opinion de M. Toullier et
la nôtre d'une manière absolue : les circonstances
pourraient la modifier, et leur juste appréciation
confiée aux tribunaux serait, dans beaucoup de cas,
la seule autorité à invoquer.

231. Si le mari, jouissant des biens paraphernaux,
malgré l'opposition de la femme, était décédé sans
rendre compte, et que son héritier, en lui succédant,
eût continué, pendant un certain temps, à jouir des
paraphernaux, pourrait-il, cet héritier, alléguer sa
bonne foi personnelle, pour se soustraire à la restitution des fruits envers la femme?

Nous trouvons dans la loi 2, C. *de fructib. et lit.*
expens., une décision de laquelle on peut induire
une solution contre l'héritier du mari : *Litigator*
victus, porte cette loi, *qui post conventionem rei*
incumbit alienæ non in sola rei redhibitione tenea-
tur, nec tantum fructuum præstationem eorum
quos ipse percepit, agnoscat; sed etiam eos quos
percipere potuisset, non quos eum redegisse constat,
exsolvat ex eo tempore ex quo re in judicium
deducta, scientiam malæ fidei possessionis accepit.
HÆREDIS QUOQUE SUCCEDENTIS IN VITIUM PAR
HABENDA FORTUNA EST. On conçoit, en effet,
que l'héritier du possesseur de mauvaise foi doive
être condamné à la restitution des fruits par lui

perçus, même durant sa possession, parce que, bien qu'il soit de bonne foi, comme il représente le défunt, on ne doit pas consulter sa qualité, c'est-à-dire, s'il est de bonne ou de mauvaise foi; on a seulement égard à celle du défunt auquel il a succédé.

On pourrait encore s'étayer sur un arrêt de la cour de Caen, du 25 juillet 1826, rapporté par Sirey, tom. 28, 2, 131, qui a jugé que l'héritier du possesseur de mauvaise foi ne peut invoquer sa bonne foi personnelle pour se soustraire à la restitution des fruits envers le véritable propriétaire. En voici l'espèce en peu de mots :

« En 1801, décès du sieur Esseline, prêtre déporté. — Il laissait un frère, Jacques Esseline, et plusieurs sœurs. — Jacques Esseline, agissant comme seul habile à succéder à son frère, demanda et obtint du gouvernement l'envoi en possession de tous les biens dépendant de la succession.

» Peu de temps après, les sœurs élevèrent la prétention d'être admises, concurremment avec leur frère, au partage des biens. Une instance s'engagea sur ce point devant le tribunal de Coutances. — Mais, par jugement à la date du 19 mars 1805, la prétention des sœurs Esseline fut écartée.

» Les choses restèrent en cet état jusqu'en 1826. A cette époque, et le jugement de 1805 n'ayant jamais été signifié aux sœurs Esseline, elles en interjetèrent appel. — Par arrêt de la cour royale de Caen, leurs droits furent reconnus, et le partage de la succession du prêtre Esseline fut ordonné entre elles et leur frère.

» Lors de ce partage, les sœurs Esseline ou la veuve Haize et consorts, leurs représentants, réclamèrent la restitution des fruits depuis le jour de la demande en pétition d'hérédité, soutenant qu'à partir de cette époque, Jacques Esseline ne pouvait être réputé possesseur de bonne foi, et dès-lors avait cessé de faire les fruits siens.

» Les héritiers de Jacques Esseline ont repoussé cette réclamation, comme il va être dit ; mais d'abord il importe de savoir que, dès 1813, Jacques Esseline, attendu le silence que gardaient alors ses sœurs, avait procédé au partage, entre ses enfants, tant des biens qu'il avait recueillis dans la succession de son frère, que de ceux qui lui appartenaient d'ailleurs. Les enfants Esseline soutenaient, en premier lieu, que, depuis le jugement de 1805, qui avait rejeté la prétention des sœurs Esseline, jusqu'au jour où elles avaient redonné suite à leur réclamation, leur père ne pouvait être réputé possesseur de mauvaise foi; d'où il suit qu'il avait, pendant cet espace de temps, fait les fruits siens. — Ils soutenaient, en second lieu, qu'en tous cas, le vice de la possession de leur auteur ne pouvait leur être opposé à eux-mêmes, puisqu'ils possédaient en vertu du partage de 1813, et qu'ils avaient joui personnellement de bonne foi jusqu'au jour où les sœurs Esseline reprirent la poursuite de leurs droits. (V. M. Duranton, *Cours de droit fr.*, tom. 4, n° 357.)

» **Arrêt.** — La cour; — Considérant, quant à la restitution des fruits, qu'en droit, aux termes de l'art. 550, Cod. civ., le possesseur n'est de bonne foi, et comme tel ne fait les fruits siens, que quand il possède comme propriétaire, en vertu d'un titre de propriété dont il ignore les vices, mais qu'il cesse d'être de bonne foi du moment où ces vices lui sont connus; — En fait, qu'en supposant que Jacques Esseline ait pu croire qu'il fût seul habile à succéder à son frère, sous prétexte qu'étant marié lors de la déportation de celui-ci, ses sœurs étaient exclues de sa succession, cette erreur a dû cesser lorsque sesdites sœurs ont réclamé leurs droits à la succession du sieur Pierre Esseline; d'où suit qu'à l'époque de leur action, Jacques Esseline aurait cessé d'être possesseur de bonne foi; — Qu'en vain les représentants dudit Jacques Esseline invoquent subsidiairement leur possession personnelle, parce qu'en leur qualité d'héritiers du sieur Jacques Esse-line, leur père, ils succèdent aux forces et aux charges de sa succession, et sont par conséquent tenus des répétitions dont elle s'est trouvée grevée, et ne peuvent être réputés avoir possédé de bonne foi ce que leur père aurait possédé de mauvaise foi; qu'ainsi la demande en répétition des fruits, à compter du jour de leur action, formée par la veuve Haize et joints, est également bien fondée; — Infirme, etc. »

232. Cet arrêt et la loi romaine que nous avons

rapportée, bien qu'elle ne parle pas nommément de l'héritier de l'usufruitier des biens de la femme, doivent, selon nous, recevoir une application directe à la question proposée. Le mari, on ne saurait le contester, est un possesseur de mauvaise foi, dès qu'il continue à jouir des biens paraphernaux malgré l'opposition de la femme. Or, dès qu'il est constitué en état de mauvaise foi, son héritier, succédant au vice de sa possession, ne peut invoquer l'ignorance de ce vice et soutenir qu'étant lui-même de bonne foi, il ne doit pas être tenu à la restitution de fruits le concernant. Le décider autrement, serait heurter tous les principes.

233. Le mari qui jouit des biens paraphernaux malgré l'opposition de la femme, devant restituer tous les fruits, n'a par conséquent aucun des droits de l'usufruitier, et il est soumis à toutes les obligations imposées à ce dernier. Nous pensons même que ces obligations doivent être remplies par le mari, dans ce cas, avec plus de rigueur; ainsi, il sera tenu de gérer les biens paraphernaux, non-seulement comme un bon père de famille, mais il sera encore tenu de la faute la plus légère dans sa gestion. Il ne serait pas juste, en effet, que la femme qui se serait formellement opposée à la jouissance de son mari, dût souffrir le plus léger dommage provenant de son fait.

CHAPITRE V.

Des Droits et Actions de la femme contre le mari et contre les tiers, pour le recouvrement de ses paraphernaux.

234. La femme a contre son mari, qui jouit de ses biens paraphernaux, soit en vertu de son mandat exprès ou tacite, soit malgré son opposition, une action pour le recouvrement de la gestion et de la jouissance de ses paraphernaux. Si le mari résiste à la révocation du mandat ou à la reprise de la jouissance de la femme, celle-ci pourra l'assigner devant les tribunaux en délaissement de tous ses biens, meubles ou immeubles, et le délaissement prononcé, le jugement sera exécuté contre le mari comme il le serait contre tout autre détenteur. Cela est sans difficulté. Mais que faudra-t-il décider si les sommes paraphernales ont été employées par le mari à son profit, et si les immeubles paraphernaux ont été aliénés? La femme aura-t-elle, sur les biens de son mari, une hypothèque légale dispensée d'inscription pour le recouvrement des premières, et une action contre les tiers, possesseurs de ses biens?

235. En ce qui concerne la première de ces deux questions, nous l'avons examinée dans notre *Traité de la dot*, tom. 2, pag. 14 et suivantes; nous

y renvoyons le lecteur; il y verra que ce n'est qu'après avoir longuement médité sur les raisons pour et contre, que nous nous sommes décidé contre la jurisprudence de la cour de cassation qui s'était prononcée en faveur de la femme; toutefois, nous croyons devoir faire connaître ici un arrêt rendu par la cour de Grenoble, le 30 mai 1834, qui a jugé la question comme la cour suprême, et sur lequel il devient nécessaire, pour compléter notre discussion sur cette question, de présenter quelques observations.

Avant de rapporter cet arrêt et d'en discuter les motifs, il faut dire ici que depuis 1814, la cour de Grenoble avait constamment jugé la question dans un sens opposé à la cour de cassation. Voici l'indication des nombreux arrêts qui formaient la jurisprudence de cette cour avant celui rendu par elle le 30 mai 1834:

18 Juillet 1814, 1re chambre. — Ribes et Bouchet.

24 Août même année, 2e chambre. — Givodan et Gavet.

9 Juillet 1819, 2e chambre. — Billerey et les créanciers Nartus.

Ces trois arrêts sont rapportés dans le recueil de M. Villars, pag. 323 et suivantes.

8 Décembre 1823, 1re chambre. — Mermier.

19 Mai 1824, 2e chambre. — Cassan et Constantin.

22 Juin 1825, 1re chambre. — Murgier.

28 Décembre même année, 1re chambre. — Pigeron et Thivolle.

26 Juin 1828, 2ᵉ chambre. — Lalose.

17 Juillet 1828, 2ᵉ chambre. — Brandin et Cottel.

25 Août 1830, 1ʳᵉ chambre. — Ravier, la faillite Belluard.

Tous ces arrêts sont rapportés dans le journal de cette cour, tom. 1, 2, 4 et 5.

Une jurisprudence aussi constante ne semblait devoir subir aucune modification; toutefois il n'en a pas été ainsi, et voici quels sont les motifs qui ont amené ce changement. L'arrêt qui les contient est conçu en ces termes :

« Arrêt. — Considérant que l'art. 2121 du Code civil accorde une hypothèque légale à la femme pour tous ses droits et créances sur les biens de son mari, sans aucune espèce de limitation;

» Considérant que si l'art. 2134 dispose ensuite que les hypothèques légales ainsi que les autres ne prendront rang qu'à dater de leur inscription, il en excepte celles énumérées dans l'article suivant;

» Considérant que l'examen attentif de l'art. 2135 prouve que le législateur n'a voulu excepter aucune des créances de la femme de la dispense d'inscription qu'il prononce; qu'ainsi le premier paragraphe s'applique aux créances résultant des conventions expressément stipulées dans le contrat; le deuxième à celles résultant de donations et successions dotales échues depuis; et le troisième aux indemnités dues à la femme par le mari, ou à ses reprises résultant de l'aliénation qu'il aurait faite de ses biens *propres*, expressions qui doivent être comprises dans leur sens le plus général, et qui s'appliquent aussi bien aux paraphernaux de la femme qu'aux propres de la communauté, rien n'annonçant qu'on ait voulu limiter à la femme commune les dispositions de cet article ;

» Considérant que les auteurs du Code, dans la première rédaction du paragraphe premier de l'art. 2135, avaient dispensé la femme de s'inscrire pour sa dot, ses reprises et conventions matrimoniales, ce qui comprenait également, sous l'expression générale de reprises, ses créances de toute nature ; que si le mot *reprises* a disparu, sur les observations du tribunat, ce n'a pas été dans l'objet de limiter à certaines créances de la femme la dispense d'inscription, mais simplement pour distinguer les divers rangs d'hypothèque qu'on devait lui accorder, selon ses divers genres de créance;

» Considérant qu'il suffit d'examiner les articles qui suivent, et notamment les art. 2140, 2144, 2193 et 2195, pour s'assurer que le législateur a toujours continué à considérer la femme comme ayant hypothèque légale sans inscription pour sa dot, ses *reprises* et conventions matrimoniales, expressions qui comprennent toutes ses créances sans distinction, ce qui est d'ailleurs confirmé par la discussion qui a précédé la rédaction définitive de l'art. 2135, et par l'exposé des motifs de cet article fait par l'orateur du gouvernement;

» Considérant que la même impuissance morale qui peut empêcher la femme de s'inscrire pour ses créances dotales, existe également pour ses créances paraphernales, sur les biens de son mari, et qu'en se fondant sur cette impuissance pour la dispenser de s'inscrire, les législateurs ont dû l'étendre à toutes ses créances sans exception ;

» Considérant que l'intérêt des tiers n'est pas mieux compromis par le maintien sans inscription de l'hypothèque de créances paraphernales, qu'il ne l'est par l'hypothèque de la femme commune ou de celle dont tous les biens sont dotaux, qu'il ne l'est enfin par celle des mineurs, et que c'est là un inconvénient attaché à la dispense d'inscription en général ;

» Considérant que l'art. 1577, en déterminant les obligations du mari mandataire de la femme, et en les distinguant de celles résultant simplement du cas où il a administré et joui sans mandat, n'a nullement eu en vue d'augmenter ou diminuer les droits hypothécaires inhérents dans ce cas à la femme, droits qui devaient être traités dans un autre titre ;

» Considérant qu'autre chose est la reconnaissance du droit, autre chose sont les précautions à prendre pour sa conservation ;

» Considérant que cette question, dût-elle offrir des doutes sérieux, l'intérêt bien entendu des parties veut qu'elle soit tranchée dans le sens de la jurisprudence constante de la cour de cassation, pour leur éviter des frais inutiles ;

» Adoptant au surplus les motifs des premiers juges,

» La cour confirme le jugement dont est appel, rendu par le tribunal civil de Grenoble, le 8 janvier 1833. »

236. Y a-t-il dans cet arrêt quelques raisons nouvelles qui aient pu déterminer la cour de Grenoble à modifier sa première jurisprudence; nous les avons vainement cherchées. Nous n'y avons trouvé que le dernier motif qui nous ait paru avoir eu une grande influence sur l'opinion des magistrats, et, alors, la question de droit n'a point reçu de solution nouvelle, puisque ce ne serait qu'une considération de dépens faits inutilement par les parties, qui aurait déterminé cette cour à changer sa jurisprudence ; et comment, en effet, aurait-elle pu, oubliant tous les motifs de ses premiers arrêts, adopter subitement tous ceux que pendant vingt ans elle avait combattus et proscrits? Comment aurait-elle pu oublier que dans son arrêt du 8 décembre 1823, elle disait : « Quoique des autorités très-respectables aient adopté un système opposé par les cours royales du pays ci-devant de droit écrit, on ne peut que convenir que le système de ces cours royales *est dans la lettre et l'esprit de la loi*. La loi a voulu protéger la dot; dans les exceptions à la publicité des hypothèques, *elle n'a parlé que de la dot et des sommes dotales survenues dans le mariage;* elle n'a pu avoir en vue des biens dont la femme avait seule l'administration, et qui par cela seul est chargée de veiller à leur conservation. »

Enfin, aucun des motifs portés par le dernier arrêt de cette cour, peut-il détruire les trois objections suivantes?

1° Un droit hypothécaire dispensé d'inscription ne peut s'établir par voie d'argumentation; il doit être formellement exprimé; or, on ne trouve nulle part, dans la loi, la création de ce droit exorbitant en faveur des paraphernaux ;

2° Le quatrième paragraphe de l'art. 2135 n'accordant l'hypothèque légale à la femme que pour les sommes DOTALES qui proviennent de successions à elle échues, ou de donations à elle faites pendant le mariage, en exclut évidemment les sommes paraphernales qui arrivent dans le patrimoine de la femme par les mêmes voies; or, il arriverait ainsi que certaines parties des paraphernaux jouiraient de l'avantage de l'hypothèque légale, et que d'autres n'en jouiraient pas, ce qui serait une absurdité;

3° Le mari jouissant des biens paraphernaux de la femme, avec charge de lui en rendre compte, n'est tenu, vis-à-vis d'elle, que comme tout mandataire ; or, le mandant, dans aucun cas, n'a d'hypothèque légale sur les biens du mandataire.

Et qu'on lise attentivement les arrêts de la cour de cassation, et l'on se convaincra que jamais ces objections décisives n'ont été réfutées d'une manière victorieuse.

237. En ce qui concerne la seconde question par nous proposée, qui a pour objet de savoir si la femme

a une action contre les tiers détenteurs de ses biens
paraphernaux aliénés par son mari, la solution n'en
est pas difficile; il est certain que la vente passée
par le mari étant nulle, puisque le Code civil déclare
telle la vente de la chose d'autrui, la femme a
nécessairement le droit de revendiquer ses immeubles. Elle a ce droit non-seulement après la dissolution
du mariage, mais même avant; la femme, à l'égard
de ses paraphernaux, est considérée comme un
étranger qui a, dans tous les temps, le droit de
demander le délaissement de ses biens vendus par
un tiers. Le possesseur évincé est soumis à la restitution de fruits, du jour de la vente, si le mari lui
avait fait connaître la nature des biens vendus; si
au contraire le mari avait vendu les immeubles paraphernaux comme étant sa propriété, et que, d'ailleurs,
l'aquéreur fût de bonne foi, ce dernier ne devrait
les fruits que du jour où il serait mis en demeure;
mais, dans ce cas, le mari pourrait être condamné
envers la femme à des dommages-intérêts. V. Cod.
civ., 1599.

238. Lorsque le mari a autorisé la femme à aliéner
les immeubles paraphernaux, doit-il être garant du
défaut de remploi du prix?

Cette question s'est présentée devant la cour de
Besançon, le 27 février 1811; voici les motifs de
cet arrêt, dont nous sommes loin de partager la
doctrine :

« Arrêt. — La cour; — Considérant que, dans le

droit et suivant l'art. 1450 du Code civ., le mari
est garant du défaut d'emploi ou de remploi du
prix de l'immeuble que sa femme séparée a aliéné,
lorsque la vente a été faite en sa présence et de son
consentement; que vainement prétendrait-on que
cette disposition doit être restreinte au cas de la
séparation de biens, et n'est point applicable à l'aliénation des biens paraphernaux; car la responsabilité
du mari est la suite de son autorisation; elle a été
établie dans l'intérêt des familles, pour la conservation des biens de la femme mariée; or, l'art. 1576
du Code civil, exigeant cette autorisation pour la
vente des biens paraphernaux aussi bien que pour
ceux de la femme séparée, ce serait une formalité
illusoire, si cette autorisation n'entraînait pas dans
un cas la responsabilité qu'elle entraîne dans l'autre ;
d'ailleurs, l'art. 1450 rendant le mari responsable
du remploi des biens de la femme séparée, sans
distinction, embrasse la séparation partielle résultant des biens paraphernaux , aussi bien que la
séparation générale stipulée par contrat de mariage
ou prononcée par voie de justice. »

Nous avons dit que nous ne pouvions adopter la
doctrine consacrée par cet arrêt; en voici les
raisons :

La loi n'oblige nulle part le mari de la femme
paraphernale au remploi du prix de ses immeubles
aliénés avec son consentement. L'art. 1576 soumet,
à la vérité, la femme à demander à son mari l'autorisation de vendre ses paraphernaux, mais il se

tait entièrement sur l'emploi du prix ; dès-lors, la loi ne disposant rien à cet égard, on ne peut pas créer, par voie d'argumentation, une disposition aussi rigoureuse contre le mari. S'il existe une telle décision à l'égard du mari dans d'autres cas, elle doit être rigoureusement restreinte à ces cas. On ne peut pas, sans commettre une injustice, se décider par analogie. C'est donc vainement que, pour se former une action contre le mari, on invoque l'art. 1450 qui rend le mari garant du défaut d'emploi ou de remploi du prix de l'immeuble vendu par sa femme avec son autorisation. D'abord, cet article se trouve au chapitre de la communauté, dont les règles sont entièrement opposées au régime dotal qui a les siennes propres, lesquelles doivent seules régir la question ; lorsque le législateur a voulu appliquer au régime dotal des dispositions du régime de la communauté, il les a soigneusement répétées, ce qui se prouve par le rapprochement de plusieurs dispositions analogues qui se rencontrent dans l'un et l'autre chapitre. D'un autre côté, il n'est pas vrai que la responsabilité du mari soit la suite de son autorisation, car cette autorisation a été créée dans l'intérêt de la puissance maritale, plus encore que dans l'intérêt de la femme ; en permettant à cette dernière de séparer sa fortune de celle de son mari, on n'a pas voulu lui laisser une trop grande liberté qui eût humilié le chef de la société conjugale ; en cela, le droit actuel a réformé le droit romain qui ne permettait pas au mari de s'immiscer dans les biens paraphernaux. Si le législateur eût eu l'intention de donner à l'autorisation du mari l'effet de le rendre garant du défaut d'emploi, il l'eût dit au chapitre ‸ des paraphernaux, comme il l'a constamment fait, lorsqu'il a voulu rendre commune une disposition de la communauté au régime dotal ; la raison tirée de ce que l'art. 1450 embrasserait, dans sa disposition, la femme paraphernale comme la femme séparée de biens, est tout-à-fait inadmissible, car il n'y a que des analogies fort éloignées entre la paraphernalité et la séparation, lesquelles ont, d'ailleurs, chacune leurs règles particulières. Enfin, la femme, en se réservant une partie ou la totalité de ses biens en paraphernaux, a annoncé par là qu'elle se croyait la capacité nécessaire pour régir elle-même ses biens ; qu'en conséquence, si il lui arrive quelques pertes par suite de sa mauvaise gestion, c'est elle et non son mari qui doit en subir la peine.

FIN.

TABLE ALPHABÉTIQUE

DES MATIÈRES.

A

B

C

COMMERCE.

La femme qui aurait des paraphernaux, et qui serait marchande publique, ne pourrait ester en jugement, à raison de ces mêmes biens, quoiqu'elle pût s'obliger pour ce qui concernerait son commerce. 98

COMPENSATION.

Le mari, procureur fondé pour l'administration des paraphernaux, pourrait-il prétendre que ce qu'il devait porter en recette pour dommages qu'il aurait causés à sa femme dans une affaire, devrait se compenser avec de grands avantages qu'il lui aurait procurés dans d'autres affaires ? 177

COMPROMIS.

L'exécution de la femme, d'un compromis nul consenti par le mari à raison de ses paraphernaux, résulte suffisamment du fait que la femme l'aurait remis tel quel aux arbitres, pour qu'ils eussent à procéder à l'arbitrage. 218

COMPTE.

L'obligation de rendre compte est absolue ; elle ne peut être modifiée par aucune circonstance. 160

CONTRIBUTIONS.

A la charge du mari. 348
Distinction de M. Proudhon à l'égard des contributions à la charge du mari. 352
Réfutation de cette opinion. 353

COUVERTURES.

Quid, des *couvertures entières?* Sont-elles grosses réparations? 348
Explication du mot *entières.* *Ibid.*

CROIX.

Le mari qui fait une croix au bas de l'acte consenti par la femme ne l'autorise pas suffisamment, alors même qu'il ne sait pas signer. 89

CULTURE.

Le mari, obligé de restituer tous les fruits, peut-il se retenir les frais de culture ? 368

D

DÉCHARGE.

La femme doit procurer au mari la décharge des obligations qu'il a contractées pour l'exécution du mandat. 245

DÉCONFITURE.

Que faut-il entendre par ce mot ? 287

DÉGRADATIONS.

Le mari qui jouit des paraphernaux, sans avoir fait dresser un état des immeubles, peut-il être admis à prouver l'existence de dégradations avant son entrée en jouissance? 336

DÉLAI.

La ratification de la femme résulte d'un délai accordé à l'acquéreur pour payer. 218

DEMEURE.

De quelle manière le mari, reliquataire de sommes paraphernales, doit-il être mis en demeure? 184

Une lettre suffirait-elle? *Ibid.*

Quand y a-t-il péril en la demeure, aux termes de l'art. 1991? 267

DÉPENSES.

Lorsque la femme est obligée de pourvoir, en grande partie ou en totalité, aux frais du ménage, qui doit être chargé, du mari ou de la femme, de faire les dépenses? 143

DONATION.

La femme paraphernale peut-elle, sans autorisation, accepter une donation qui lui serait faite sous la condition que les biens donnés lui seraient paraphernaux? 70

E

ÉPOUX.

F

FEMME.

FRAIS.

FRUITS.

I

N

O

P

PARAPHERNALITÉ.

PARAPHERNAUX (Biens).

PENSION VIAGÈRE.

R

Si le mari avait reçu le pouvoir de se substituer quelqu'un dans la gestion des paraphernaux, et qu'il vînt à mourir après la substitution, le mandat serait-il éteint, et la femme pourrait-elle rentrer dans la gestion de ses biens? 269

SUCCESSION.

Le mari mandataire, pour administrer les biens paraphernaux et poursuivre par toutes voies le remboursement des créances, pourrait-il accepter une succession à laquelle un des débiteurs aurait renoncé en fraude des droits de la femme? 192

T

TIERS.

Les tiers seraient-ils considérés comme étant de bonne foi, s'ils avaient traité avec le mari, après avoir eu connaissance de la révocation du mandat donné par la femme, mais avant que la notification en eût été faite ? 260

Si, pendant la jouissance du mari, un tiers commet des usurpations sur le fonds paraphernal, le mari est tenu de le dénoncer à la femme. 360

TITRES.

Le retrait des titres et pièces équivaut-il à une révocation de la part de la femme ? 259

TRÉSOR.

Droits du mari au trésor découvert dans le fonds paraphernal. 320

TROUPEAU.

Droits du mari sur le troupeau paraphernal de la femme. 344

Quid, du troupeau qui périt entièrement sans la faute du mari? 364

U

V

FIN DE LA TABLE.

www.ingramcontent.com/pod-product-compliance
Lightning Source LLC
Chambersburg PA
CBHW060955220326
41599CB00023B/3725